세계 엘리트들이 읽는 MBA 필독서 50권을 한 권에

STRATEGY

CUSTOMER &
INNOVATION

사장을 위한
MBA 필독서

50

MARKETING

나가이 다카히사 지음 | 김정환 옮김

PEOPLE

LEADERSHIP &
ORGANIZATION

MUST-READ
MBA Business Classic 50

센시오

세계의 엘리트들이 공부하는
'비즈니스 이론'을 섭렵하라!

'나는 업무에 필요한 이론적 바탕이 튼튼하다. 세계 어떤 엘리트들과 비교해도 뒤처지지 않는다!'

이렇게 자부할 사람이 몇이나 될까. 바쁜 직장인으로서 MBA 과정을 공부하고 싶은 마음은 굴뚝같지만 절대적으로 시간이 부족하다고 느끼는 당신에게 권할 만한 '이론을 탄탄하게 만드는 지름길'이 있다. 바로 경영의 클래식이라 불리는 필독서를 섭렵하는 것이다. 평소 가벼운 내용의 비즈니스 서적을 읽으면서, 그래도 공부를 하고 있다는 안도감을 느껴왔는가. 그런데 안타깝게도 그런 책들은 업무에 필요한 이론적 체계를 쌓는 데에는 별로 도움이 안 된다.

세계적인 MBA 과정에서 비즈니스 엘리트들이 시대를 초월해

사장을 위한 MBA 필독서 50

열독하는 비즈니스 서적을 엄선해 정독하고 이해하는 과정이 필요하다. 이들 필독서는 정밀한 연구와 검증을 토대로 비즈니스 세계의 표준이 된 사상과 이론을 담고 있다. 이론적 바탕을 튼튼히 하는 데에도 도움이 될 뿐 아니라, 실제 업무에서 곤란함을 겪을 때 효과적인 지침이 되어주기도 한다.

통탄할 만한 것은 '그런 책은 읽어본 적이 없다'는 직장인들이 많다는 점이다. 심지어 커다란 기업을 경영하는 경영자들조차 인문학 책은 열심히 읽으면서도 정작 경영의 본질을 가르쳐주는 책들을 읽는 데는 소홀한 경우가 있다. 애초에 어디부터 읽어야 할지 알지 못하는 경우도 많다. 알아도 어려운 용어로 가득한 난해한 내용의 책을 몇 장 들추다가 이내 포기하고 만다. 읽고 습득하고 해석해 업무에 활용하는 것은 언감생심이다.

이 책은 세계적인 MBA 엘리트들이 꼭 읽어야 할 필독서 50권을 한 권에 정리했다. 말하자면 더 깊은 공부의 세계로 들어가게 해주는 친절한 안내서와 같다고 생각하면 된다. 선정 방법은 다음과 같다. 먼저 세계 유수의 MBA 과정에서 수강생들에게 권하는 필독서를 조사해 가장 많이 언급되는 책들을 추렸다. 그렇게 했더니 100권이 훨씬 넘는 리스트가 만들어졌다. 그 다음 '지금 비즈니스 현장에 있는 사람들이 꼭 이해했으면 좋겠다!'고 판단되는

50권을 다시 추려냈다. 눈물을 머금고 탈락시킨 책들도 많다. 특히 전문성이 높은 회계·재무 분야는 제외했다.

책의 내용을 소개하되 요약 수준이 아니라 실제 업무에 활용할 수 있는 것을 중심으로 핵심 개념을 간추렸다. 책 한 권을 소개하는 데 길어도 십여 페이지를 넘지 않도록 조정했으며, 책에 소개된 사례 혹은 필자가 직접 발굴한 비즈니스 사례들과 접목해서, 이론을 이해하면서도 현실에 적용할 수 있도록 '실무 적용도'를 높였다.

어려운 용어나 이론을 최대한 이해하기 쉽고 재밌게 소개하기 위해 최선을 다했다. 비즈니스 필독서 50권 중에는 실제 꽤 난해한 책들도 있다. 하지만 그 본질을 확실하게 담으면서도 한 권당 3~5분만 투자하면 업무에 도움이 되는 포인트를 파악할 수 있도록, 친근한 사례와 업무에 활용하기 위한 지침도 추가했다.

학습 이론에 의하면 여러 권의 책을 횡적으로 읽는 독서 방법은 특정 분야에 대한 이해를 높이고 시야를 넓히는 데 도움이 된다. 따라서 50권을 6개 범주로 나눠서 분문 중에서 서로 관련이 있는 부분을 참조할 수 있게 구성했다. 앞에서 봤던 내용이 다시 어떻게 변주되는지를 보면서, 각각의 책들이 어떤 학문적 배경과 전통 속에서 탄생했는지 그 흐름도 알 수 있다.

목차를 보고 책 제목이나 부제가 흥미롭게 느껴지는 부분부터 먼저 읽기를 바란다. 업무를 하면서 고충을 느꼈던 영역부터 시작해도 좋다. 잘 모르겠다거나 흥미가 덜 가는 부분은 건너뛰어도 무방하다. 흥미가 가는 것부터 읽어도, 평소 넘어서기 어려웠던 이론서를 쉽고 직관적으로 접할 수 있으니 많은 것을 얻을 수 있을 것이다.

책을 다 읽고 나면, 이런 생각이 들 것이다. '경영 이론이라는 게 고리타분하고 딱딱한 줄 알았는데 정말 흥미롭구나. 업무하는 데도 큰 도움이 되겠어!' 더 나아가서 '이 책은 전체를 다 읽어보고 싶다'는 의욕도 생겨날 것이다. 그런 책이 있다면, 꼭 직접 읽어보길 권한다. 그렇게 된다면 비즈니스 이론의 세계로 안내하고자 하는 이 책의 소임을 다한 셈이니, 정말 기쁠 것이다.

배운 것은 꼭 실무에 응용하기를 바란다. 실제 이 책들은 해당 영역에 대한 이해를 높이고 뛰어난 성과로 연결시켜주기에, 지금도 세계 굴지의 기업들이 이론적 바탕으로 삼아 숭앙하는 비즈니스의 스승들이다. 당신 역시 이들 이론을 바탕으로 현장에서 시행착오를 거듭하다 보면 단기간에 놀랄 만큼 성과가 오르는 걸 경험하게 될 것이다.

그리고 그것은 누구도 따라잡을 수 없는 당신만의 비장의 무기가 되어줄 것이다.

Contents

Chapter 1
전략 Strategy

Chapter 2

고객과 혁신 Customer & Innovation

Chapter 4

마케팅 Marketing

Chapter 5
리더십과 조직 Leadership & Organization

Chapter 1

전략
Strategy

명장(名將)은 전략으로 말한다. 전략은 경영의 시작이자 기본이다.
물론 시대에 따라 전략은 변한다. 유연함은 그 자체로 매우 뛰어난
전략적 자질이다. 상황과 환경에 따라 전략적 유연함을 구사하는 것
은 뛰어난 리더의 덕목이다.

여기, 시대를 막론하고 불변이라 할 정도로 막강한 경영 전략의 정
수들이 있다. 경영의 구루 마이클 포터의 책을 필두로 비즈니스 리
더가 꼭 읽어야 할 경영 전략의 명저들을 소개한다.

BOOK.1

마이클 포터의
경쟁 전략

경쟁자와 싸우지 않고
싸움에서 이기는 기술

《Competitive Strategy:
Techniques for Analyzing
Industries and Competitors》

마이클 E. 포터
Michael Eugene Porter

하버드 비즈니스스쿨 교수. 1969년 프린스턴 대학 항공우주기계공학과를 졸업하고 1971년 하버드 대학에서 경영학 석사, 1973년 경제학 박사 학위를 받았다. 1982년에는 하버드 대학 사상 최연소 정교수로 취임했다. 세계 각국의 정부 고위직, 기업 경영자의 자문역으로도 활약하고 있다.

경쟁이 코앞에 닥쳐왔을 때, 사람들의 반응은 대개 둘로 나뉜다. 첫째 유형은 아드레날린을 뿜으면서 전투력이 상승한다. '드디어 리이벌과 숙명의 결전이다! 절대로 질 수 없지.' 주먹을 불끈 쥐고 밤을 새워서라도 기필코 이겨내려 노력한다. 반면, 둘째 유형은 왠지 의기소침해진다. '경쟁 따위는 정말 싫어.' 싸움을 피할 길은 없을지 슬슬 꽁무니를 빼고 싶어 한다.

고백하자면, 필자는 후자 쪽이다. 혹자는 경쟁을 피해 도망치기만 해서는 패배자가 될 뿐이라 할 것이다. 하지만 하나만 알고 둘은 모르는 말씀. 진짜 경쟁에서 이기는 길은 애초에 경쟁 따위를 하지 않는 것이다. 경쟁을 싫어하는 평화주의자, 필자와 당신에게 필요한 책이 바로 《마이클 포터의 경쟁 전략》이다. 제목에는 버젓이 '경쟁'이 들어가 있지만, 이 책은 경쟁을 다루지 않는다. 치열한 경쟁을 현명하게 회피하면서도 이길 수 있는 법을 다룬다.

이 책은 미국 경영자라면 반드시 곁에 놓아둔다는 경영 전략의 '바이블'이다. 어떻게 하면 효과적인 경쟁 전략을 세울 수 있는지, 실제 비즈니스 상황에 맞춰 실로 명쾌하게 제시한다. 내용이 방대하지만, 핵심적으로 알아야 할 것은 바로 '5가지 힘' 개념과 '경쟁의 기본 전략' 개념이다.

세상은 불공평하다. 이익을 내는 업계와 이익을 내지 못하는 업계가 있다. 무역이나 금융, 제약업 등은 상대적으로 고부가가치 사업이지만, 서비스업은 경쟁도 치열하고 수익도 크지 않다.

포터는 수익이 나는 업계와 수익이 나지 않는 업계가 나뉘는 이유를 콕 짚어서, 해당 업종의 '경쟁 상황' 때문이라고 진단한다. 경쟁이 치열한 업종일수록 수익도 크지 않다. 또 하나 포터의 탁월한 혜안은 우리가 경쟁해야 할 상대를 업계 경쟁자에만 국한하지 않는다는 점이다.

공급자, 구매자, 잠재적 진입자, 대체품 등도 경쟁 상대다. 하나 상대하기도 벅찬데, 5개 경쟁자를 상대해야 하다니? 머릿속이 복잡할 것이다. 하지만 '눈앞에 있는 업계 경쟁자만 박살내면

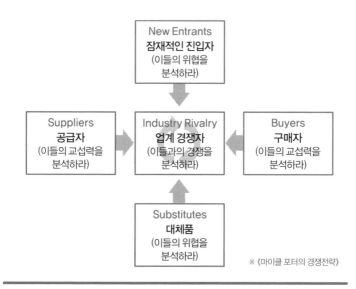

업계의 경쟁 상황을 가늠할 수 있는 5가지 힘(five forces)

New Entrants
잠재적인 진입자
(이들의 위협을
분석하라)

Suppliers
공급자
(이들의 교섭력을
분석하라)

Industry Rivalry
업계 경쟁자
(이들과의 경쟁을
분석하라)

Buyers
구매자
(이들의 교섭력을
분석하라)

Substitutes
대체품
(이들의 위협을
분석하라)

※ 《마이클 포터의 경쟁전략》

그만'이라는 생각으로 임하면, 변화하는 시장에 충분히 대처할
수 없을뿐더러 체력과 정신력만 소모시킨다.

그래서 탄생한 것이 바로 '5가지 힘(Five Forces)'이라는 발상
이다.

어차피 싸워야 한다면 현명하게 이기는 게 최선이다. 우리 주
변에서 흔히 보는 편의점 업종에 접목시켜 이해하기 쉽도록 설
명해보겠다.

공급자의 교섭력
_ 공급자와 싸울 것인가 협력할 것인가?

편의점 세븐일레븐에 갔다가 깜짝 놀랐다. 자체 브랜드 상품인 '금(金) 식빵'이 유명 제과회사 야마자키의 최고급 식빵인 '유어 퀸 골드'보다 가격이 비쌌다. 엄선한 유기농 밀가루에 홋카이도산 우유 등을 재료로 하는 야심작이라고 광고한다. 사서 먹어봤는데, 맛은 분명 훌륭했다.

어떻게 편의점 PB 상품이 전문 제과회사 상품보다 더 비싸게 팔릴 수 있을까? 금 식빵은 '편의점 식빵도 맛있어질 수 있다'는 발상에 입각해, 세븐일레븐이 제분·제과회사와 공동 개발한 상품이라고 한다.

판매자인 세븐일레븐의 입장에서 보면, 제조사인 제분·제과회사는 공급자(Supplier)다. 공급자인 제조사 입장에서, 세븐일레븐은 전국 2만 개 매장을 거느린 막강한 판매력의 소유자다. 그들은 제조사가 갖지 못하는 풍부한 고객 정보도 보유하고 있다. 공급자로서는 세븐일레븐과의 공동 개발에 큰 매력을 느낄 수밖에 없다.

요컨대 판매력과 고객 정보를 보유한 세븐일레븐은 '공급자'인 제조사보다 힘이 더 강하다. 힘의 우위를 이용해 공급사와 협력해 '세븐 프리미엄'이라는 고급상품 시리즈를 공동 개발할 수 있었다. 세븐 프리미엄은 2016년 한해에만 매출액 1조 엔(약 11

조 원)을 달성했다.

교섭력(Bargaining Power)이란 다른 말로 하면 협상력이다. 즉 거래의 당사자로서 얼마나 힘을 가졌느냐 하는 것이다. 5가지 힘의 주체들이 갖춘 교섭력을 분석하는 것은 경쟁 환경 파악에 매우 필수적이다.

잠재적 진입자의 위협
_ 다른 분야의 침입자를 경계하라

편의점 업계는 전통적으로 신규 진입이 어렵다고 알려져 있다. 상품 매입, 배송, 주류 판매 면허, 정보기술, 직원 교육 등 돈과 인력이 투입되어야 할 영역이 한두 곳이 아니다. 이렇듯 신규 진입을 가로막는 벽을 '진입 장벽(Barrier of Entry)'이라고 한다. 일본의 편의점 공룡인 세븐일레븐, 패밀리마트, 로손 등을 지금부터 만들라고 하면, 누구라도 불가능하다고 고개를 저을 것이다. 진입 장벽이 높다는 것은 새로운 경쟁 상대가 여간해서 등장하지 않는다는 의미다.

그런데 미국의 경우 가뜩이나 온라인 시장의 팽창으로 골머리를 앓던 소매점 업계가 다시 한 번 긴장해야 할 상황이 생겼다. 새로운 적(敵)이 앞세운 것은 테크놀로지다. 온라인을 점령한 유통 강자 아마존(Amazon)이 오프라인 시장까지 넘보며, 편의점 업계 경쟁자들을 위협하고 나섰다. 바로 아마존의 무인 편의점 아마존고(Amazon Go)가 그 주인공이다. 고객은 물건을 쇼핑백에 담고 계산대를 거칠 필요 없이 바로 출구를 통과하면 된다. 물건을 사는 내내 매장 안에 있던 카메라가 그 모습을 촬영하고 인공지능(AI) 인터페이스가 자동으로 계산해낸다. 이미 등록된 고객 결재 정보를 통해 매장을 나서는 순간 자동으로 지불된다. 월마트가 만든 샘스클럽(Sam's club), 중국의 온라인 유통회사 알리바바가 만든 타오카페(Taocafe), 중국 유통 스타트업이 만든 빙고박스(Bingobox) 등 무인 편의점은 확장일로에 있다.

편의점이 노하우가 많이 필요하고 진입 장벽이 높은 업종이라곤 하지만, 새로운 기술은 얼마든지 그 장벽을 무력화할 수도 있다는 점을 간과해선 안 된다.

대체품의 위협
_ 나를 대체할 수 있는 경쟁자를 파악하라

요즘 드럭스토어가 유사 편의점으로 변신 중이라는 뉴스를 종종 보게 된다. 전통적으로는 약이나 화장품만을 판매했지만, 최근에 들어서는 문구류, 식료품, 심지어 신선 채소까지도 판매한다. 일본 홈센터 연구소의 조사에 따르면, 2001년부터 15년 사이 드럭스토어의 매출과 매장 수 모두 3배가량 급증했다. 매출액 규모 5조 엔(약 55조 원)으로 편의점 업계의 절반에 육박하기에 이르렀다.

물론 더 위협적인 대세는 온라인 판매업이다. 당일, 심지어 몇 시간 후에 배송되어 편리하기 그지없다. 온라인 판매 역시 2010년부터 6년 사이에 규모가 급성장 중이다.

편의점 업계의 입장에서 대체품이라 할 수 있는 드럭스토어와 온라인 판매는 각각 다양한 상품 라인업과 편리함을 앞세워 맹렬히 침입 중이다.

이럴 때에는 대체품인 상대의 강점을 적극 벤치마킹하는 것이 효과적인 전략이다. 편의점은 드럭스토어보다 더 많은 상품 라인업을 확보하기 위해 노력한다. 구매 연령에 맞춰 노인용 기저귀, 건강식품, 돋보기안경까지 구비한 매장도 있다. 편리함을 무기로 하는 온라인 판매에 대응하기 위해서, 인터넷 주문을 통한 배달 서비스나 고령자에게 찾아가는 서비스 같은 대면 서비스를 확대하는 것도 경쟁 전략의 일환이다.

구매자의 교섭력
_ 사는 사람이 뭘 원하는지 파악하라

외출을 나왔다가 갑자기 사야 할 물건이 생각나면, 집 근처에 있는 편의점에 들러 사게 된다. 좀 더 발품을 팔아 슈퍼마켓에 가면 더 싸게 살 수 있지만, 귀찮고 그만큼 시간도 더 들기 때문에 아무데나 눈에 띄는 편의점에 들르는 편이 훨씬 편하다.

이는 마치 고객인 내가 슈퍼마켓이 아니라 편의점을 선택하는 것처럼 보일 것이다. 그러나 실은 그렇지 않다.

편의점이 '가깝고 편리하다'는 강점이 있기 때문에, 나로 하여금 편의점을 선택하게 만든 것이다. 그러니 '고객의 니즈(Needs) 혹은 필요'도 이들의 경쟁 상대다. 구매자인 고객 역시 경쟁 대상으로 보고 양자의 협상력, 즉 힘의 균형을 잘 고려할 필요가 있다는 것이다.

필자의 집 근처에는 노가미라는 식빵 전문점이 있는데, 그곳 빵은 며칠 지나도 맛이 좋아서 항상 사려는 사람들로 붐빈다. 비교적 후미진 곳에 있고 주차도 되지 않아 불편하지만, 소비자들은 기꺼이 불편함을 감수하고 줄을 서서 대기한다. 재고가 떨어지면 언제라도 영업을 종료하다보니, 제과점의 흔한 세일 판매 따위도 이곳에는 해당사항이 없다. 이 빵집은 다른 가게들이 도저히 따라잡을 수 없는 뛰어난 맛이라는 교섭력을 앞세워 구매자를 압도한다.

대개의 소매 업종에서는 어설픈 따라 하기 전략보다 독보적인 품질력이 구매자의 교섭력을 이겨낼 수 있다. 품질력이 고만고만하다면 다른 교섭력 우위 요소를 찾아야 할 것이다.

업계 경쟁자와의 경쟁
_ 제살 깎아먹기 식 출혈 경쟁을 지양하라

편의점만큼 경쟁이 치열한 업종도 드물다. 일본의 경우 대형 편의점 세 곳이 거의 대부분의 시장점유율을 차지하는데, 이들이 경쟁하는 법을 가만히 관찰해보면 흥미롭다. 경쟁도 치열하고 서비스와 품목 등을 놓고 혁신을 거듭하는 와중에도, 이들은 절대 가격 인하 경쟁은 하지 않는다. 다만, 서로가 다른 체인과 어떤 면에서 차별화되는지 부각시키기 위해 노력할 뿐이다. 어설픈 가격 경쟁이 공멸의 길임을 알고 있기 때문이다.

일본인들의 국민 식단이라 할 수 있는 쇠고기덮밥 체인도 대형 세 곳뿐이다. 하지만 한 체인이 가격을 대폭 인하하고 나선 이후 치열한 가격 전쟁이 촉발되었고, 업계 전체가 저 수익 상태에 빠져버렸다.

5가지 힘
_ 효과적인 경쟁 전략의 수립

이렇듯 '5가지 힘'에 따라 편의점 업계의 경쟁 상황을 분석하면, 향후 어떤 전략이 유리할지 도출해볼 수 있다.

- 구매자, 업계 경쟁자, 대체품 대책 → 좀 더 편리하게, 좀 더 가깝게, 좀 더

다양한 상품 라인업

- 잠재적 진입자 대책 → 신기술 동향을 면밀히 확인
- 업계 경쟁자 대책 → 가격 경쟁을 회피하고 가격을 높게 유지할 방편을 모색

5가지 힘의 관점에서 본 편의점 업계

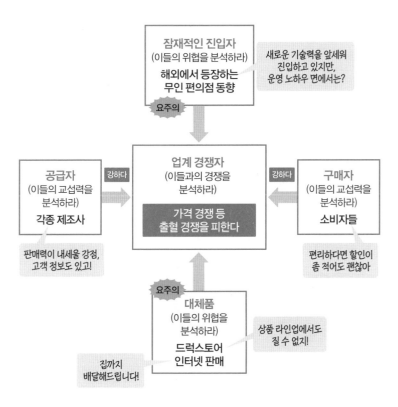

잠재적인 진입자
(이들의 위협을 분석하라)
**해외에서 등장하는
무인 편의점 동향**

새로운 기술력을 앞세워
진입하고 있지만,
운영 노하우 면에서는?

요주의

공급자
(이들의 교섭력을
분석하라)
각종 제조사

강하다

업계 경쟁자
(이들과의 경쟁을
분석하라)
**가격 경쟁 등
출혈 경쟁을 피한다**

강하다

구매자
(이들의 교섭력을
분석하라)
소비자들

판매력이 내세울 강점,
고객 정보도 있고!

편리하다면 할인이
좀 적어도 괜찮아

요주의

대체품
(이들의 위협을
분석하라)
**드럭스토어
인터넷 판매**

상품 라인업에서도
질 수 없지!

집까지
배달해드립니다!

※ 《마이클 포터의 경쟁전략》에 입각해 필자가 새로이 작성

경쟁의 3가지 기본 전략
_ 이기기 위한 3가지 무기

그렇다면 업계의 다른 라이벌들을 이기려면 어떻게 해야 할까? 포터는 3가지 핵심 무기를 제시한다. 여기서도 그의 탁월한 분석력이 빛을 발한다. 이 3가지 경쟁 전략이야말로, 이 책의 핵심 중 핵심이다. 그러니 머릿속에 단단히 새겨두기 바란다.

❶ 비용 우위(Cost Leadership) 전략

❷ 차별화(Differentiation) 전략

❸ 집중(Focus) 전략

❶ 비용 우위 전략 _ 비용을 줄여 이익을 극대화하라

이기기 위해 경쟁자보다 비용을 줄이는 전략이다. 많이 팔아서 규모를 키움으로써 제품 당 고정비를 낮추는 '규모의 경제(Economy of Scale)'나, 많이 만들어서 경험을 쌓음으로써 효율화를 꾀하는 '경험 곡선(Experience Curve)'을 추구해나간다.

대형 편의점 체인이 중소 편의점 체인을 연거푸 인수한 결과, 일본에는 대형 3사의 점유율이 90퍼센트에 이른다. 이들은 규모의 경제와 경험 곡선을 추구해왔다고 볼 수 있다.

❷ 차별화 전략 _ 고객을 공략할 포인트를 확실히 하라

고객의 특정한 니즈에 대응함으로써 좀 더 비싼 가격에 팔 수 있는 전략이다. 비싼 가격에도 기꺼이 지갑을 열도록, 고객의 니즈에 부응해 가치를 높인다. 세븐일레븐의 금 식빵도 차별화 전략의 좋은 예다.

❸ 집중 전략 _ 잘할 수 있는 영역에 최대한 집중하라

시장이나 상품을 좁게 한정하고 그곳에서 최고를 지향하는 전략이다. 이른바 틈새(Niche) 시장을 겨냥하는 것을 말한다.

세이코마트는 집중 전략에 성공한 결과, 홋카이도에서 3대 편의점 체인을 제치고 업계 1위를 수성하고 있다. 홋카이도만의 소비자 니즈에 특화해서 원가가 저렴하면서도 맛있는 지역 식자재를 이용해 직접 만든 반찬을 100엔(천 원)에 판매하는 한편, '지지 않기 위해 홋카이도 밖으로는 나가지 않는다'는 방침을 고수한다. 세이코마트의 사례는 뒤에 더 자세히 설명하겠다.

포터의 경쟁 전략을 잘 이해하면 라이벌과의 소모전을 피하면서도 경쟁에서 이길 수 있는 핵심 힌트를 많이 얻을 수 있다. 전략의 기본으로 꼭 알아둬야 할 발상이다.

POINT
경쟁 전략은 피 튀기는 경쟁은 피하고 높은 수익을 올릴 수 있는 최고의 싸움 전략이다!

마이클 E. 포터
Michael Eugene Porter

하버드 비즈니스스쿨 교수. 1969년 프린스턴 대학 항공우주기계공학과를 졸업하고 1971년 하버드 대학에서 경영학 석사, 1973년 경제학 박사 학위를 받았다. 1982년에는 하버드 대학 사상 최연소 정교수로 취임했다. 세계 각국의 정부 고위직, 기업 경영자의 자문역으로도 활약하고 있다.

가전제품 양판점에 가보면 한눈에도 어느 것이 뛰어난 품질과 브랜드력의 오리지널 제품이고, 어느 것이 어설픈 흉내 내기를 한 카피 제품인지 한눈에 알아볼 수 있다. 일례로 다이슨 무선청소기와 아주 비슷하게 생기고 기능도 비슷해 보이지만 장난감 같아 보이는 물건도 있고, 로봇청소기 룸바를 흉내 냈지만 거의 팔리지 않는 상품들도 있다.

특히 요즘 일본 기업 상당수가 독창적인 제품 대신 카피 제품을 만드는 데 골몰하고 있다는 점은 부끄럽기 짝이 없는 노릇이다. 성공하는 라이벌 제품을 분석해서 벤치마킹하는 것까지는 봐줄 수 있다고 쳐도, 단순한 모방품을 넘어 질이 떨어지는 2등 3등 제품은 곤란하다.

포터는 이 책 앞머리에서 이러한 일본 기업의 행태를 신랄하게 비판한다.

"일본 기업은 '모든 고객이 원하는 모든 제품을 만든다.'는 발상으로 서로 모방하고 경쟁하며 개선하기만 한다. 일본 기업에는 전략이 없다. 일본 기업은 전략을 배워야 한다."

가격 경쟁력과 품질이라는 두 마리 토끼를 모두 좇으며 어정쩡한 경쟁 상품만 내놓는 사이, 핵심 경쟁력을 상실하고 말았다는 지적이다. 이 책이 처음 출판된 것이 1999년인데, 안타깝게도 이 지적은 20년이 지난 지금도 유효하다.

포터는 전략을 수립할 때 가장 먼저 생각해야 할 전제가 바로 '무엇을 하지 않을 것인가?'라고 강조한다. 한꺼번에 두 사람으로부터 결혼하자는 프러포즈를 받았다. 둘 중 하나만 선택해야 한다. 한쪽은 인물이 수려하고 다른 쪽은 능력이 출중하다. 어느 쪽을 택할 것인가? 인생은 선택의 연속이다. 이쪽을 선택하면 저쪽은 포기해야 한다. 이것이 바로 트레이드오프(Trade-off)라는 개념이다. 전략 역시 그 바탕에는 트레이드오프 개념이 자리하고 있어야 한다. 모든 것을 다 좇는 것은 아무것도 좇지 못하는 것과 같다.

• 어떤 고객을 버리고, 어떤 고객에게 부응할 것인가?

• 어떤 니즈를 버리고 어떤 니즈에 대응할 것인가?

트레이드오프를 이해해야 진정으로 강한 전략을 세울 수 있다.

홋카이도에서만 1등 _ 세이코마트의 경쟁 전략

대형 편의점 3사의 전략은 매우 유사하다. 자사의 PB 상품은 제조사에 생산을 위탁하고, 배송은 자사의 상표를 단 외부 배송업자에게 맡기며, 24시간 영업으로 전국에 골고루 매장을 확대한다.

그런데 [Book 1]에서 소개한 세이코마트의 전략은 이들과 완전히 다르다. 이들은 홋카이도 지역에서 편의점 점유율 1위를 하고 있다. 이들은 '무엇을 하지 않을 것인가?'가 명확하다.

먼저, 매장을 전국으로 확장하지 않고 홋카이도에만 집중한다. 24시간 영업에도 집착하지 않는다. 노령 인구가 많은 농촌 지역이자 소멸 도시가 늘고 있는 홋카이도의 사정에 맞춰, 13시간 반만 영업하는 직영점도 있다. 이런 인구 소멸 도시에 매장을 과도히 많이 개설하면 자연히 매출액도 줄고 그만큼 이익도 감소한다. 따라서 원가가 저렴하면서도 맛있는 홋카이도 산 식자재를 조달해서 아웃소싱 하지 않고 자사가 직접 제조한 식품을, 자사 직영 트럭 수백 대로 매장에 배송한다. 이렇게 철저히 비용을 절감, 반찬을 100엔(천 원)에 팔면서도 이익을 낸다. 매출의 50퍼센트는 이렇게 직접 만든 홋카이도 산 식품에서 나온다. 대형 편의점이라면 당연히 판매하는 일본 오뎅이나 도넛 같은 품목은 취급하지 않는다. 먹고 싶으면 세븐일레븐이나 로손에 가서 사먹으라고 권한다.

트레이드오프의 관점에서 생각하면, 세이코마트는 매우 합리적인 전략을 실천하는 셈이다. 세이코마트는 홋카이도 주민들에게 없어서는 안 될 생활 기반이다. 2018년 지진으로 홋카이도 전역에 정전이 발생해 수많은 매장이 휴업했지만, 세이코마트 매장은 95퍼센트가 영업을 계속했다. 홋카이도에 뿌리를 내리

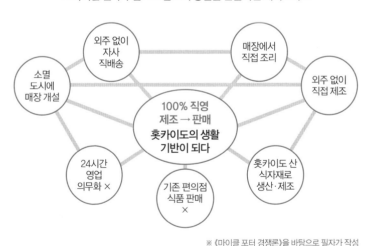

활동 시스템
효과적인 전략 수립으로 압도적 강점을 만들어낸 세이코마트

※《마이클 포터 경쟁론》을 바탕으로 필자가 작성

고 영업하느라 태풍, 폭설, 재해에 대비한 시뮬레이션 훈련을 거듭해온 덕분이다.

세이코마트는 '무엇을 하지 않을 것인가?'를 확실히 해서 트레이드오프를 최적화하고, 다양한 전술을 밀접하게 연계시킴으로써 홋카이도에서 없어서는 안 될 존재가 되었다. 그래서 막강한 세븐일레븐 같은 공룡에도 대적할 수 있는 것이다.

압도적인 강점을 만들어내는 활동 시스템

자사의 독자적인 활동들을 연계시키면 압도적인 강점을 만들어낼 수 있다. 이것이 바로 포터가 말하는 전략적 활동 시스템 (Activity System)이다. 활동을 서로 연계시켜서 시스템으로 만든다는 의미다.

개별적인 단독 활동은 금방 라이벌들이 모방할 수 있지만, 이렇듯 밀접하게 연계된 활동 시스템을 확립하면 쉽사리 모방하기 어렵다. 한 가지 활동을 모방할 수 있을 가능성이 70퍼센트라면, 10가지 활동이 연계된 활동 시스템을 모방할 수 있는 가능성은 3퍼센트 이하(0.7의 10제곱)다. [Book 34]에서 소개할 '고슴도치의 전략' 역시 이와 관련이 있다.

당신 회사 회의실에서 의제로 다음과 같은 이슈를 내놓았다고 생각해보라.

"자, 앞으로 우리가 무엇을 하지 않을지 결정합시다!"

그러면 득달같이 반응이 나올 것이다.

"무슨 소리입니까? 할 수 있는 건 최선을 다해 전부 해야지요!"

"해야 할 일을 생각하기에도 모자랄 시간에 하지 않을 걸 생각하다니 한가한 소리하네!"

"그래서는 매출이 오르지 않아요."

"소극적이고 네거티브적인 사고방식입니다."

"지금 농담합니까? 대놓고 농땡이나 치자는 말이에요?"

모두가 모든 것을 하려고 하면 같이 망하는 지름길이다. 편의점 업계나 가전업계처럼 진입장벽이 높은 영역에서 경쟁자를 이기자면 더욱 그렇다. 전략에서 중요한 것은 라이벌과의 차별화다. 전부 하려고 들어서는 라이벌과의 차이점을 드러낼 수 없다. 고만고만한 모습으로는 고객에게 마이너리그 카피 제품으로 인식되는 다이슨의 모방 상품들처럼 소모전 끝에 패하고 만다. 용기를 내서 '무엇을 하지 않을 것인가?' 결정해야 하는 이유다.

POINT

전략을 수립할 때 가장 먼저 '무엇을 하지 않을 것인가?'를 결정하라. 진정한 당신의 강점이 만들어질 것이다.

BOOK.3

전략 사파리

수백 가지 중 야생에서
살아남을 최고의 전략은?

《Strategy Safari: The Complete
Guide through the Wilds of
Strategic Management》

헨리 민츠버그
Henry Mintzberg

캐나다 맥길 대학 교수. 월스트리트 저널이 뽑은 '세
계에서 가장 영향력 있는 경영 사상가 20'에 선정된
경영학의 권위자. 매니지먼트와 경영 전략에 관한
탁월한 전문가로 평가 받는다. 미국경영학회로부터
최고연구자상을 수여 받았으며, 독창성 풍부한 책
을 다수 썼다.

임원회의에서 MBA 출신의 한 엘리
트 중간경영자가 인상 깊은 프레젠
테이션을 한다.

"업계 분석 결과, 우리 회사에는
이러한 전략이 필요합니다!"

실로 멋진 퍼포먼스에 누구라도
설득될 법한 명쾌한 결론이다. 그런데 아무리 훌륭하고 설득력
있는 경영 전략이라 해도, 끝까지 추진되어 성공하는 경우를 본
적이 있는가? 실제로 그런 일은 극소수에 불과하다. 예외 중의
예외라고 해도 과언이 아니다.

세계 최고의 경영 사상가로 꼽히는 민츠버그 역시 그런 점에
착안한다.

"내로라하는 화려한 분석 기법을 통해 전략을 개발한 사람은 없다. 전략은 분석 기법이 아니라 사람이 만들어내는 것이다."

10가지 전략 학파들의 강점과 단점을 망라

민츠버그는 1960년대부터 대두하기 시작한 경영 전략론을 10개 학파(스쿨)로 분류한다.

- **디자인 학파**(Design school) : 발상의 과정을 통해 전략을 도출, SWOT 분석 등 구조화된 전략 기법 선호.
- **플래닝 학파**(Planning school) : 규정된 양식을 통해 전략을 도출, 제품 마케팅 성장 매트릭스 등 세부 계획 수립 선호.
- **포지셔닝 학파**(Positioning school) : 분석 과정을 통해 전략을 도출, 마이클 포터로 대표되는 경쟁 구도 하에서의 위치 선점 개념.
- **기업가정신 학파**(Entrepreneurial school) : 리더의 상상력과 포부를 통해 전략을 도출, 창발적 전략 즉 실행 과정에서 독창적으로 도출되는 창의력을 중시.
- **인지 학파**(Cognitive school) : 정신적 과정을 통해 전략을 도출, 통찰이나 직관을 통한 전략 수립.
- **학습 학파**(Learning school) : 구성원들의 역량에 의해 전략을 도출, 핵심역량-학습조직-지식기업 등의 개념 수립.
- **권력 학파**(Power school) : 협상 과정을 통해 전략을 도출, 권력과 정치를 통한 전략 수립.
- **문화 학파**(Cultural school) : 축적된 절차를 통해 전략을 도출, 조직문화 등

기업이 축적한 문화적 역량을 통한 전략 수립.

- **환경 학파**(Environmental school) : 주어진 환경에 대한 대응으로 전략을 도출.
- **구성 학파**(Configuration school) : 변화의 절차를 통해 전략을 도출.

통상 경영 전략이라고 하면 여전히 플래닝 학파나 포지셔닝 학파에만 주목하는 것이 현실이지만, 이들 역시 다양한 경영 전략의 일부일 뿐이다. 특히 민츠버그는 기업가정신 학파나 학습 학파에서 중시하는 창발적 전략(Emergent Strategy)을 강조하는데, 이 책에 등장하는 혼다 사례라든가 앞서 설명한 세이코마트 사례 등이 바로 그런 전략 도출의 예라 하겠다.

창발적 전략
_ 먼저 실천하고 시행착오를 통해 전략을 찾아라

민츠버그가 책에서 소개하는 혼다 이펙트(Honda effect) 사례를 보자. 1960년대 일본과 영국 시장을 점령한 혼다는 미국 시장 공략을 위해 야심차게 나섰다. 그러나 미국에서는 할리 데이비슨으로 대표되는 미국 산 혹은 영국 산 대형 고가 모터사이클이 시장의 주류를 이뤘다. 혼다는 이러한 미국 시장을 공략하기 위해 250cc, 305cc 모델을 새로이 선보이며 눈물겨운 마케팅 활동을 벌였다.

영업자들은 차고에다 직접 모터사이클을 쌓아두고 바닥에 이불을 깔고 숙식하면서 영업점을 찾아다니며 홍보 활동을 벌였다. 무려 1년 동안이나 맨땅에 헤딩을 했지만 전혀 먹히지 않았다. 그러던 중 우연히 이들 영업사원이 매장을 방문할 때 이용하던 50cc 소형 모터사이클이 소매점 시어스(Sears)의 바이어 눈에 띄었던 모양이다. 바이어가 중형 모델 말고 소형 모델을 매장에 진열하자고 제안했다. 애초에 미국 시장을 분석했을 때는 전혀 경쟁력이 없다고 판단한 제품이지만, 영업자들은 자포자기심정으로 제품을 내놓았다. 의외로 큰 히트를 기록했고, 혼다는 50cc 제품을 시작으로 중형 모터사이클 시장에서도 서서히 점유율을 늘려갈 수 있었다.

[Book 2]에서 소개한 홋카이도 1등 편의점 세이코마트 역시 거창한 전략에서 시작한 것이 아니었다. 지금은 '홋카이도 밖으로 나가지 않는다', '대형 편의점이 하는 것은 하지 않는다' 등의 전략이 확고해졌고, 포터의 집중 전략을 모범적으로 실천한다. 하지만 이 전략이 엘리트 경영자의 철저한 계획과 포지셔닝에서 출발한 것은 아니다.

창업자는 1960년대 당시 주류 도매상의 영업사원으로 일하고 있었다. 개인이 경영하는 영세한 주류 판매점이 체인점과의 경쟁에 밀려 고전을 면치 못하던 때였다. 그는 영업 대상인 영세 주류 판매점들을 살릴 방법이 없을까 고심하다가, 우연히 미국에 편의점이 확산되고 있다는 신문기사를 읽게 되었다. 주류 판매점을 근대화할 수 있는 방편이라고 생각한 그는 독학으로 편의점에 대해 공부하기 시작했고, 매장을 일일이 방문해서 점주들을 설득했다. 회사에서는 주류 영업이나 하지 무슨 딴 짓이냐고 싫어했지만, 끈질기게 설득한 끝에 1971년 처음으로 1호 편의점을 개점시켰다. 세븐일레븐보다 무려 3년이나 일렀다.

3년 후, 그는 주류 도매상에 사표를 던지고 세이코마트를 창업했다. 처음에는 프랜차이즈 방식이 주류였다. 하지만 홋카이도에서 영업하려면 인구가 줄어드는 소멸 도시에도 매장을 내야 했다. 그런 곳에선 프랜차이즈 방식으로 해선 채산이 맞지 맞았다. 직영점이 늘어난 것은 궁여지책이었던 셈이다. 비용을 줄이려다보니 식품 제조나 배송도 아웃소싱 하지 않고 자사에서 직접 하게 되었다.

세이코마트 사장은 이렇게 회고한다. "지역은 광활한데 인구는 적은 홋카이도에서 어떻게든 살아남으려다보니, 자연스럽게 이리 되었지요."

요컨대 처음부터 용의주도하게 세세한 전략을 수립하고 실천한 것이 아니다. 그저 '영세 주류 판매점을 살리고 싶다. 편의점으로 경영 현대화를 꾀하면 좋지 않을까?' 하는 가벼운 발상으로 시작했고, 실천과 학습을 거듭하면서 현실에 맞춰 전략을 서서히 수정해나간 결과 현재의 전략에 도달한 것이다.

처음 구상한 전략이 현실 비즈니스에서 처음부터 끝까지 잘 먹힐 리 없다. 예상치 못한 일이 반드시 일어나게 마련이다. 우여곡절을 거듭한 결과, 애초의 것과는 전혀 다른 전략에 도달하는 일도 많다. 그저 후일담 격으로 '되돌아보니 그때 그 전략이 주효했구나.' 하고 인식하게 될 뿐이다.

실행을 통해서 배우고 수정해야 진짜 훌륭한 전략이다

민츠버그는 전략에는 사전에 철저히 궁리해서 수립해낸 '계획된 전략(Planned Strategy)'과 시행착오를 통해 학습을 축적함으로써 완성시키는 '창발적 전략(Emergent Strategy)'이 있다고 말한다.

'계획된 전략'에만 의지하고 실행을 통한 학습을 경시하면 현실의 벽에 부딪혀 성공하지 못한다. 반대로 즉흥적이고 창발에만 의지한 전략도 방황만 거듭할 뿐 성공하지 못한다. 양자를 조합할 때라야 훌륭한 전략이 탄생한다.

앞서 [Book 2]에서 마이클 포터 교수가 일본 기업의 전략 부재에 대해 쓴 소리를 했다고 언급한 바 있다. 이에 대해 민츠버그 교수는 신랄하게 비판한다. "토요타의 놀라운 성공 사례 등을 생각하면 일본 기업은 전략을 배워야 할 것이 아니라 오히려 포터에게 전략의 ABC를 가르쳐야 마땅하다."

훌륭한 전략은 계획적 전략과 창발적 전략의 조합

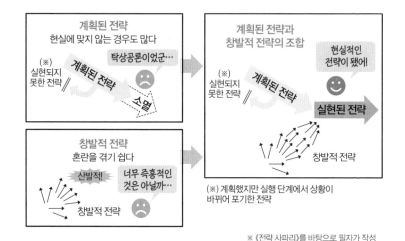

(※) 계획했지만 실행 단계에서 상황이
바뀌어 포기한 전략

※ 《전략 사파리》를 바탕으로 필자가 작성

재 웰치는 GE의 CEO로 부임하자마자 두꺼운 보고서를 양산하는 부서의 인원을 가장 먼저 정리한 것으로 유명하다. 계획만 세우느라 분주한 대신, 실천을 통해 유연하게 전략을 수정해가는 민첩함을 강조한 것이다. 반면 계획이 없이 이리저리 내키는 대로 움직이는 것은 비효율적이고 산만하다.

민츠버그 역시 포터의 전략 이론을 폄훼하기만 하진 않는다. 그의 이론은 높이 평가하지만 포터의 계획된 전략만으로는 부족하고, 실행 속에서 학습한 사항을 바탕으로 대담한 수정을 가할 때 비로소 훌륭한 전략이 탄생한다고 강조한다.

좋은 경영자가 되고 싶다면
우물 밖으로 나와라

민츠버그는 이론만 화려한 경영 이론을 철저히 비판한다. 그는 항상 실천을 중시하며, 아트(Art, 직감)와 크래프트(Craft, 장인의 기술), 사이언스(Science, 과학) 사이의 균형을 유지하는 것이 중요하다고 강조한다.

현장에서 고군분투하는 경영자에게는 실로 격려가 되는 말이 아닐 수 없다. 우수한 전략이란 먼저 경영 이론을 바탕으로 궁리하고, 현장에 나와 실천하면서 그것을 통해 배운 것으로 창발적인 진화를 시킬 때 비로소 탄생한다.

이 책은 쉽고 빨리 노하우를 가르쳐주는 유형의 서적은 아니다. 세상의 온갖 전략 이론들을 도마 위에 올려놓고 좋은 점과 나쁜 점을 열거한 다음, 특유의 신랄한 어투로 비판하면서 독자에게 깊게 생각할 거리를 주는 책이다. 그런 책이기에 읽는 동안 지식이 몸에 밴다. 부디 시간을 내서 탐독해보기 바란다.

> **POINT**
> 먼저 '계획된 전략'을 궁리했다면, 현장에서 실천하고
> 배운 점을 조합해 '창발적 전략'으로 진화시켜나가라

BOOK.4

경쟁 우위의 종말

변화의 시대에 꼭 필요한
민첩함이라는 혁신의 DNA

《The End of Competitive
Advantage: How to Keep Your
Strategy Moving as Fast as Your
Business》

리타 건터 맥그래스

Rita Gunther McGrath

콜롬비아 대학 비즈니스스쿨 교수. 불확실하고 불안정한 경영 환경에서의 전략에 관한 권위자로 세계적으로 높은 평가를 받고 있다. 피어슨 PLC, 코카콜라, GE 등의 기업 컨설팅도 하고 있다. 2011년과 2013년 'Thinkers 50', '영향력 있는 경영 사상가 20인', '트위터에서 팔로우해야 할 비즈니스스쿨 교수 10인'으로 선정되었다.

코미디언은 정말 힘든 직업이다. 한때 대히트 코너나 유행어를 만들어내 크게 성공했더라도 금세 식상해져 잊히고 마는 원 히트 원더(one hit wonder)가 매우 많다. 즉 개그 코너나 유행어 하나로는 '경쟁 우위'가 지속되지 못한다. 살아남는 코미디언은 새로운 코너나 유행어를 연달아 만들어낸다.

현대의 기업도 이들 코미디언과 같다. '경쟁 우위를 지속시키자'고 노력해도 한 가지 상품이나 서비스의 유통 기한은 금방 끝난다. 저자 맥그래스는 이에 관해 이렇게 강조한다.

"경쟁 우위가 지속되는 시대는 끝났다. 일시적 경쟁 우위

(Transient Competitive Advantage)를 끊임없이 획득해야 한다."

저자는 전 세계 시가 총액 10억 달러 이상(1조 클럽)의 상장 기업 5,000개 중 2000년 이후 10년 동안 수익과 순이익을 매년 5퍼센트 이상 성장시킨 10개 기업을 골라 분석했다. 분석 결과, 성장을 계속한 10개 기업이 '일시적 경쟁 우위'를 지속적으로 획득하는 능력을 지니고 있음을 알았다. 이 책에서 이들 10개 기업의 공통적인 6가지 핵심 포인트를 소개한다.

포인트 1
안정성과 민첩성을 조화시켜
지속적 변화를 추구한다

10개 기업은 안정성(stability)과 민첩성(agility)을 양립시키면서 끊임없이 변화를 거듭한다. '안정적이면서 동시에 민첩하다니, 모순이잖아?' 하는 생각이 들 것이다. 굳건히 버티고 있으면서 재빨리 움직이라고 하는 셈이니 말이다. 그러나 이 두 요소는 분명 양립이 가능하다. 사람에 비유하면 다음과 같은 식이다.

'항상 일관되게 높은 목표를 지향하면서, 주위 사람들과의 관계를 소중히 생각한다. 문제가 생기면 재빨리 판단해서 지금까지 지속해왔던 일이라도 망설임 없이 중지시키고, 어떤 상황에서도 흔들림 없이 목표를 향해 나아간다.'

어떤가? 그런 사람이 옆에 있다면 믿음직하지 않겠는가. 기업
도 마찬가지다. 먼저 안정성을 확고히 하기 위해서는 다음과 같
은 요소들이 필요하다.

❶ 명확한 전략과 웅대한 목표를 세운다.
❷ 기업 전체가 공통된 가치관과 목표를 지향한다.
❸ 배우는 힘을 중시하며 인재를 육성한다.
❹ 흔들림 없는 전략 수행을 위한 리더십을 갖춘다.
❺ 협력 파트너들과 안정적인 관계를 유지한다.

변화에 적응하면서 민첩함을 유지하기 위해서는 다음과 같은
요소들이 필요하다.

❶ 작은 변혁을 거듭한다.
❷ 어느 한 부문이 경영 자원(사람, 물자, 돈)을 독점하는 것을 허용하지
　않는다.
❸ 분기별로 전략과 경영 자원 배분을 재검토한다.
❹ 혁신(Innovation)을 우연에 의지하지 않는다.
❺ 작은 초기 투자로 새로운 사업에 도전해보고, 아니다 싶으면 깔끔하게
　포기한다.

이러한 민첩함을 강조한 것에서 탄생한 것이 바로 애자일 조
직(Agile Organization) 이론이다.

안정성과 민첩성, 이 두 가지 상반된 역할이 시너지 효과를 만들어내어서, 일시적 경쟁 우위를 지속적으로 획득하게 만들어준다.

포인트 2
쇠퇴의 징조를 감지하면
효과적으로 철수한다

디지털 카메라의 등장으로 필름 시장은 단기간에 소멸했다. 그런데 필름 시장의 양대 산맥이었던 코닥(Kodak)과 후지(Fuji)의 운명이 극과 극으로 갈렸다는 사실을 아는가?

사멸해가는 필름 시장에 집착했던 코닥은 파산했지만, 시장 쇠퇴의 징조를 감지하고 과감히 철수를 결정하고 새로운 사업 영역을 개척해 변신에 성공한 후지는 살아남았다. 2000년 당시 후지의 필름 사업은 전체 매출의 60퍼센트, 이익의 2/3를 벌어들이는 주력 분야였다. 그러나 필름 시장은 이듬해부터 매년 20~30퍼센트씩 큰 폭으로 축소되었다.

쇠퇴의 조짐은 조금만 주의를 기울이면 쉽게 발견되게 마련이다. 오히려 업계 밖에 있는 사람들이 이런 변화를 더 잘 감지한다. 하지만 회사 안에서 매일 반복적인 업무에 몰두하다 보면, 중요한 변화의 조짐을 놓치고 만다.

자사의 상품이나 서비스를 대체할 신기술에 주목하고, 고객들이 얼마나 그것을 받아들이고 있는지 끊임없이 관찰하면서 빠르게 대응할 필요가 있다.

포인트 3
자원 배분을 재검토해
효율성을 높인다

필름 시장에서 철수하기로 결정한 후지는 사진 필름 공장, 현상소, 특약점 등의 업무를 단순화하고 집약시켜서 효율을 꾀하는 한편, 자사의 기술력을 철저히 조사했다. 그리고 그를 바탕으로 신소재 분야, 헬스케어 분야 등 신사업에 과감하게 투자했다.

이처럼 쇠퇴하는 사업에서 성장하는 사업으로 경영 자원을 신속하게 이동시킬 필요가 있다. 기존의 '지속적 경쟁 우위'를 전제로 한 자원 배분 방식이 바뀌어야 한다는 말이다. 이럴 때 큰 벽으로 다가오는 것이 조직 이기주의다. 파워를 가진 기존 영역이 사람, 물자, 자금을 끌어안고 내놓지 않으려고 한다. 한 부문이 회사의 경영 자원을 인질로 잡은 채, 변화를 거부한다. 그러므로 경영 자원의 관리는 최소화된 민첩한 의사결정 기관으로 일원화할 필요가 있다.

포인트 4
파도타기를 즐기듯
일상적인 혁신에 익숙해진다

계속해서 새로운 사업을 시도하려면 혁신은 필수적이다. 그러나 기업은 어떠한가. 특히 한 영역에서 성공한 기업일수록 혁신은 구호에 그칠 뿐 실천으로 이어지지 못한다.

'혁신을 해봐야 성공할지 실패할지 모를 도박을 하는 셈이잖아. 가망도 없는 무모한 짓을 하느니, 지금의 안정된 영역에 집중하는 게 나아.' 이런 사고방식이 혁신을 가로막는 장애물이다. 물론 내키는 대로 즉흥적으로 하는 혁신은 성공하기 힘들다.

3장에서 다룰 혁신의 체계적 방법론을 차분히 공부한 다음 제대로 시도한다면, 혁신 가능성은 크게 높아진다.

실패를 피하기만 해서도 안 되고, 실패가 빤한 일을 시도하는데 만족해서도 안 된다. 실패를 통해 배웠으니 충분하다고 자족하는 것에 그쳐서도 안 된다. 혁신은 정교하지만 과감한 실험과도 같은 것이 되어야 한다.

포인트 5
변화에 능숙해지는 것만이 경쟁력이다

넙치 사원이라는 말이 있다. 위만 보며 사는 넙치처럼 상사의 눈치만 보면서, 절대 반대를 하지 않는 직원을 가리키는 말이다.

지속적 경쟁 우위가 존재했던 과거라면, 지금 하는 일을 더 잘 해내는 것으로 충분했다. 현재의 방식을 긍정적으로 받아들이고 순응하는 예스맨이 환영받았으므로, 넙치 사원들이 좋은 평가를 받고 승진에도 유리했던 것이 사실이다. 하지만 지속적 경쟁 우위가 사라진 오늘날에는 변화를 좀 더 빠르게 감지하는 역량이 무엇보다 중요하다. 문제를 파악하지 못하고 무작정 고분고분하고 성실하기만 하면 귀중한 시간을 낭비하고 만다. 문제가 보이는데도 고치기를 미루면 미룰수록 손실은 커진다. 과거

일시적 경쟁 우위의 세계에서는 사고방식을 바꿔야 살아남는다

── 낡은 사고방식 ──	── 새로운 사고방식 ──
• 한 번 얻은 경쟁우위가 지속된다	• 경쟁 우위는 금세 수명을 다한다
• 현재의 방식이 가진 장점을 생각한다	• 현재의 방식이 가진 문제점에 대해 늘 겸허히 반추해본다
• 호재가 될 소식을 환영한다	• 악재가 될 소식을 환영한다
• 늦더라도 정확한 것이 제일 중요하다	• 80점이면 된다는 생각으로 속도를 중시한다
• 결과를 잘 예측하고 그에 맞춘다	• 가설을 세우고 도전해본다

※ 《경쟁 우위의 종말》을 바탕으로 필자가 작성

에 성공했던 모델이라도 계속 바꿔나갈 필요가 있다. 그러므로 리더라면 '유효기간이 경과된 것'이 무엇인지 빠르게 감지하고, 현실을 솔직히 인정하고 변화를 솔선해 받아들이는 자세를 가져야 한다. 이런 리더에게 듣기 좋은 말만 주워섬기는 넙치 사원은 존재 가치가 없다. 넙치 사원을 총애하는 기업 역시 빠르게 쇠퇴의 길을 걸을 뿐이다.

포인트 6
변화하는 환경에서 개인에게 필요한 역량을 고려한다

지속적 경쟁 우위의 시대에는 조직에 대한 충성심이 중요한 요소였다. 개인은 회사에서 출세하는 것을 목표로 삼으며, 조직 역시 좋은 인재를 울타리 안에 가둬놓았다. 반면 일시적 경쟁 우위의 시대에는 바람직한 개인의 자세도 달라진다. 기업이 일시적 경쟁 우위를 반복해 성취하려면, 구성원 개개인이 새로운 지식과 스킬을 끊임없이 습득하면서 외부 자원과 활발한 네트워크를 유지하는 것이 필요하다. [Book 50]에서 이렇듯 오늘날 기업이 필요로 하는 '약한 유대를 많이 보유한 인재'에 대해서 살펴볼 것이다. 이런 인재는 기업에도 도움이 될 뿐 아니라, 조직을 초월해 다방면에서 환영 받고 활약할 수 있게 된다.

앞으로는 '회사에 의지하지 않고 나 자신의 커리어를 스스로 만들어가고 나만의 스킬을 갈고닦는 것'이 프로페셔널의 기본 사고방식이 된다. 자율적으로 성장하는 인재, 유연하게 변화하고 소통하는 인재가 더욱 각광받는 시대가 된다는 말이다. 스스로 성장을 거듭하는 인재라면 설령 일자리를 잃더라도 금세 다음 일자리를 찾을 수 있을 것이다.

이 책은 2013년에 출간되었지만, 여러모로 보아 이 책에서 묘사한 세상이 매우 빨리 자리 잡고 있다. 이 책의 이론을 바탕으로 다양한 이론적 확장도 생겨나고 있다는 점에서 클래식의 반열에 오른 명저라고 할 수 있다.

요컨대 변화는 커다란 위기처럼 보이지만, 한편으로는 커다란 기회이기도 하다. 강력한 라이벌이나 시장 지배자의 경쟁 우위도 오래 지속되지 않기 때문이다. 누구에게나 기회가 있다. 자신이 어떻게 하느냐에 따라 크게 성공할 수 있다. 격동하는 시대에 살아남기 위해서 어떻게 해야 할 것인가? 이 책은 우리에게 그 힌트를 제공한다.

> **POINT** 한 번 뛰어난 경쟁 우위를 확보했더라도 지속되기 힘든 시대, 변화의 조짐을 감지하고 유연하고 민첩하게 대처하는 능력이야말로 최고의 전략 포인트다.

BOOK.5

전략의 거장으로부터 배우는
좋은 전략 나쁜 전략

똑똑한 조직이 왜
나쁜 전략으로 실패하는가?

《Good Strategy Bad Strategy: The
Difference and Why It Matters》

리처드 P. 루멜트
Richard P. Rumelt

UCLA 앤더슨 경영대학원 석좌교수. '전략가를 위한 전략가'로 불리는 경영 전략의 구루. 애플, IBM, GM 등 유수의 글로벌 기업뿐 아니라 비영리 기구, 정부 기관에 전략을 조언하며 전략 컨설팅을 하고 있다.

왜 '나쁜 전략'을 세우게 될까? 누구도 지는 것이 분명한 전략을 세우고 싶을 리 없다. 그런데 실제 전략 중 다수는 나쁜 전략에 불과하며, 이는 곧 경영 현장에서의 실패로 귀결된다.

이 책은 전략을 '좋은 전략'과 '나쁜 전략'으로 나누고, 둘의 차이를 극명하게 나눠 설명한다.

저자는 전략 이론과 경영학의 세계적인 권위자이지만, 다작을 하지 않는 편이다. 2011년 출판된 이 책만 해도 첫 책에 이어 무려 30년 만에 쓴 두 번째 저서다. 세계적인 시사 주간지 〈이코노미스트〉는 그를 '경영 이론과 기업 관행에 있어 가장 영향력 있는 25인' 중 하나로 선정했다.

'좋은 전략'은 단순 명쾌하다. 나폴레옹이 영국 침공을 꾀하던 1805년, 트라팔가 해협에서 프랑스·스페인 연합 함대 33척과 영국 해군 군함 27척이 맞붙었다. 당시 함대 전투의 정석은 먼저 양군이 함포 사격으로 상대에게 타격을 입힌 다음, 근접전으로 싸우는 것이었다. 그러나 영국 해군의 넬슨 제독은 상식을 뒤엎고 적의 측면으로 함대를 돌진시켰다. 전투 결과 프랑스·스페인 연합 함대의 손실은 22척에 이르렀지만, 영국 해군은 단한 척도 잃지 않았다. 이 승리로 영국은 위기에서 벗어날 수 있었다.

넬슨은 숫자에서 우위인 적을 둘로 나누고 싶었다. 마침 적군의 포수는 숙련도가 좋지 못했고, 당일 바다의 일기가 거칠었다. 이런 상황을 활용해 넬슨은 '적 함대는 돌진해오는 영국 함대를 정확히 타격할 능력이 없다'고 판단, 함대를 돌진시키는 리스크를 택했다. 그 결과 적이 혼란에 빠져서 통제 불능 상태가 된다면, 이길 수 있다.

실패로 귀결되는 나쁜 전략이 왜 나올까?

이처럼 '좋은 전략'은 단순 명쾌하다. 주어진 상황에서 결정적요소를 파악하고 노림수를 좁혀서 병력을 집중시킨다. 그러나

넬슨 제독의 상황 판단과 단순 명쾌한 좋은 전략

기존의 정석		넬슨 제독의 전략

상대에게 대포를 쏜다 ➡ 그 후 근접전

노림수 ➡ 수에서 우위인 적을 분단시킨다!
분석 ➡ 적은 정확하게 포격할 능력이 없다
전략 ➡ 측면으로 돌진해 적을 분단시킨다
(선두는 위험에 노출되지만, 전체의
피해는 적을 것이다)

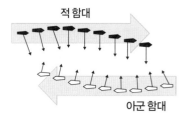

적 함대

아군 함대

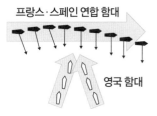

프랑스·스페인 연합 함대

영국 함대

※ 《전략의 거장으로부터 배우는 좋은 전략 나쁜 전략》을 바탕으로 필자가 작성

세상에는 '나쁜 전략' 쪽이 압도적으로 많다. 나쁜 전략은 크게 4
가지 특징을 가진다.

나쁜 전략의 특징1 _ 알맹이가 없다

한 대형 은행의 핵심 전략은 다음과 같다. '고객 중심의 연결
서비스를 제공하는 것!' 그런데 이것은 그냥 은행 업무 그 자체
일 뿐 전략이라 볼 수 없다. 고객 행복을 위해 빠르고 효율적인
서비스를 제공한다는 식의 미사여구는 실제로는 아무것도 담

고 있지 않다. 심지어 아무리 어려운 말을 동원해 만든 전략이라 해도, 정작 뜯어봤을 때 알맹이가 없다면 제대로 된 전략이라 할 수 없다. 중요한 것은 그럴듯한 카피나 슬로건이 아니다. '알맹이'다.

나쁜 전략의 특징 2 _ 중대한 문제를 무시한다

루멜트는 실적 부진에 빠진 한 회사가 값비싼 컨설팅 회사를 고용해서 작성했다는 두꺼운 '통합 전략'을 본 적이 있다고 경험담을 전한다. 사실 이런 전략 보고서는 흔하디흔하다. 보고서에는 이듬해부터는 급성장을 이룬다는 계획이 담겨 있었다. 이 보고서는 어떻게 작성되었을까? 사내 각 사업부로 하여금 특정 서식에 맞춰 향후 비전과 전략 목표를 작성하게 하고, 컨설팅 회사는 그것을 취합해 도식화하고 정리했다. 언뜻 매우 방대하고 완벽해 보이는 자료지만, 정작 실적 부진의 원인이 무엇이며 어떻게 해결할지에 대해서는 어디에도 나와 있지 않았다.

사실 이 회사가 실적 부진에 빠진 진짜 원인은 잉여 인원을 끌어안은 비효율적인 조직들이었다. 컨설팅 회사는 그런 방만한 조직들에게 각자 살아남아야 하는 이유와 변명을 쓰게 하고 그걸 취합해 앞으로는 좋아질 것이라는 막연한 청사진을 그린 셈이다. 문제도 적시하지 않고 분석도 없다면, 그렇게 세운 전략이 성공할 리 없다.

나쁜 전략의 특징 3 _ 목표와 전략을 혼동한다

루멜트는 대기업 CEO로부터 다음과 같은 의뢰를 받았다.

"우리 회사의 전략 목표는 매출 두 자릿수 성장입니다. 그런데 직원들에게서 이를 반드시 관철한다는 강한 의지가 보이지 않습니다. 전략 목표를 실현하기 위해 직원들의 사기를 높이고 동기부여를 하는 코칭을 해주었으면 합니다."

이 CEO가 말한 전략은 전략이 아니다. 희망사항일 뿐이다. 그는 막연한 목표를 세워놓고, 정작 그것을 어떻게 달성할지 구체적 전략은 직원들에게 떠넘기고 있는 셈이다. 전략은 막연한 목표나 의지가 아니다. '함대를 측면으로 돌진시킴으로써 적을 분단시켜 승리한다'는 넬슨 제독의 작전처럼 구체적이고 명확해야 한다.

나쁜 전략의 특징 4 _ 단순한 모음집이다

한번은 미국의 한 시장(mayor)이 시 위원회가 만든 전략을 루멜트에게 보여줬다. 47개에 달하는 전략과 178개의 액션 플랜이 망라되어 있었다. 심지어 122번 액션 플랜은 '전략 계획을 작성한다!'였다. 루멜트는 실소를 금할 수 없었다고 고백한다. 단순한 '할 일 목록(to do list)' 역시 전략은 아니다.

문제를 제대로 분석하지 않고 생각을 게을리 하며 선택을 미룬 결과, '나쁜 전략'이 탄생하고 만다. 루멜트는 DEC(Digital

Equipment Corp.)의 전략 회의에 참가했던 경험을 소개한다. 당시만 해도 미니컴퓨터 시장의 강자였던 DEC는 1992년 당시 PC의 등장으로 인해 점유율을 빠르게 잃고 있었는데, 이 때문에 임원들이 모여 대응 전략을 두고 열띤 논의를 벌였던 것이다.

A "PC에 비해 사용이 편리한 장점을 살려, 하드웨어와 소프트웨어를 통합한 박스(box) 형식의 대안 상품 전략 쪽으로 집중해야 합니다(박스 전략)."

B "지금 등장하는 PC 역시 빠르게 일용품화 될 것입니다. 우리는 고객의 문제를 해결하는 솔루션 서비스 제공 전략 쪽으로 선회해야 합니다(솔루션 전략)."

C "앞으로 PC가 대세가 되더라도 반도체 기술은 살아남을 것입니다. 반도체 칩 개발 전략에 주력해야 합니다(칩 전략)."

세 가지 서로 다른 전략이 팽팽하게 맞섰고, 이들은 한 치도 양보하려 하지 않았다. 당시 CEO였던 켄 올슨(Ken Olsen)은 이리저리 망설이다 결국 선택을 내리지 못했고, 회의 참석자들로 하여금 합의를 도출하라고 요구하기에 이른다. 결국 타협안이 도출되었다. 'DEC는 고품질의 제품과 서비스를 제공하며 데이터 처리 분야 선두주자를 지향한다.'

전략은 이해당사자들의 합의문이 아니다. 살아남으려는 절실한 싸움의 플랜이다. 결국 이런 아무 의미 없는 절충안을 전략으로 도출한 이 회사의 실적 부진은 계속되었고, CEO는 경질되었다.

좋은 전략에는 '중핵'이 있다

'좋은 전략'은 넬슨 제독의 해전처럼 그 결과만 보면 누구라도 세울 수 있을 것처럼 여겨진다. 하지만 전략을 세울 때 가장 어려운 것이 바로 '선택'이다.

[Book 2]에서 포터가 강조한 '전략을 세울 때 가장 먼저 무엇을 하지 않을 것인가부터 생각하라'는 명제와 같다. 결단·선택을 하지 않으면 나쁜 전략이 되고 만다. 이것저것 다 하겠다는 것은 어느 것도 제대로 하지 못한다는 의미이기 때문이다. 이렇듯 '좋은 전략'은 충분한 근거에 입각한 '중핵(Kernel)'이 반드시 수반되어야 하는데, 이것이 있어야만 일관된 행동으로 연결될 수 있기 때문이다.

좋은 전략의 핵심인 '중핵'은 진단(Diagnosis), 추진 방침(Guiding Policy), 일관된 행동(Coherent Action)이라는 3가지 요소로 구성된다.

루멜트는 IBM을 변혁시킨 CEO 루 거스너(Lou Gerstner)의 전략을 소개했다. 이에 대한 좀 더 자세한 내용은 [Book 39]에 소개된다.

좋은 전략의 요소 1 _ 진단

의사가 병을 제대로 진찰해야 제대로 된 치료법을 도출할 수 있듯이, 전략을 도출하기 위해 가장 먼저 전제되어야 하는 중핵은 '진단'이다. 즉 상황을 제대로 파악하고 향후 어떤 과제에 힘을 쏟아야 할지 판별하는 것이다. 당시 컴퓨터 업계는 PC, 반도체 칩, 소프트웨어, OS 등 각각의 분야로 특화한 세분화(segmentation)가 진행 중이었다. IBM을 진단한 많은 이들 역시 이 회사의 공룡과 같은 큰 덩치를 지적했다. 해체해서 세부 영역으로 분할하고 몸집을 가볍게 해야 한다는 진단이 압도적이었던 것도 그런 배경에서다. 하지만 거스너는 생각이 달랐다.

'업계에서 세분화가 대세라곤 해도, 고객 입장에선 하나의 기업으로부터 통합적인 서비스를 받을 수 있는 편이 더 좋다. IBM의 문제는 다양한 역량을 통합해 제대로 된 서비스를 제공하지 못하고 여러 부문이 분산되어 있다는 것이다. 고객에게 종합 솔루션을 제공하는 통합된 서비스 기업으로 변신하자.'

좋은 전략의 요소 2 _ 추진 방침

진단이 제대로 이루어져 앞으로 집중해야 할 과제가 도출되었다면, 전사적으로 이를 지시하는 포괄적인 추진 방침을 제시해야 한다. 거스너는 '고객에게 통합된 맞춤 솔루션을 제공한다!'는 방침을 명확하게 제시했다.

좋은 전략의 요소 3 _ 일관된 행동

전사가 집중해서 추진 방침을 따르기 위해서는 일관성 있는 구체적 행동이 이어져야 한다. 거스너는 서비스 분야와 소프트웨어 분야를 강화했으며, 기존의 금기를 깨고 고객에게 필요하다면 타사 제품도 결합시켜 제공하기로 결정했다.

전략을 세운다는 것은 문제와 정면으로 마주하고 분석해서 '해야 할 일'과 '하지 않을 일'을 선택하고 명확한 추진 방침을 수립하고 구체적인 행동으로까지 연결하는 일련의 과정을 포괄한다.

흔히 "전략은 좋았는데 실행이 문제였어." 하고 말하는 사람을 종종 볼 수 있는데, 이는 애초에 전략에 대해 잘못 생각하고 있었던 것뿐이다. 계획만 있는 것은 좋은 전략이 아니다. 좋은 전략에는 명확한 실행 지침도 포함되어 있다.

전략은 가설이다. 우수한 과학자는 지식을 확실히 익힌 다음, 미지의 세계를 해명하기 위해 가설을 세우고 그 가설이 옳은지 실험한다.

비즈니스도 마찬가지다. 좋은 전략이란 '이렇게 하면 잘 될 것'이라는 가설인 셈이다. 미지의 세계에 발을 들여놓기 위해 자신이 알고 있는 것을 바탕으로 가설을 만들고 실제로 시험해보며 검증한다.

전략적 사고에 도움이 되는 3가지 테크닉

하워드 슐츠(Howard Schultz)는 이탈리아 밀라노의 에스프레소 바에서 느낀 감동에서 출발해 스타벅스를 만들었다. '맛없는 커피를 마시는 미국인들이 이 에스프레소를 경험하면 틀림없이 좋아할 것'이라는 가설을 세우고, 미국에서 작은 에스프레소 바를 열어 고객의 반응을 관찰하면서 미국인의 기호에 맞춰 진화시킨 것이 스타벅스의 출발이었다.

요컨대 '가설 → 데이터 → 새로운 가설 → 데이터 → …'로 반복되는 학습 프로세스가 필요하다. 이러한 전략적 사고에 도움이 되는 3가지 테크닉이 있다.

전략 사고의 테크닉 1 _ 항상 중핵이 되는 발상으로 되돌아갈 것

항상 '진단·추진 방침·일관된 행동'이라는 중핵 3요소로 되돌아가는 습관을 들이면, 전략이 탈선하는 일이 없어진다. 처음부터 3요소를 전부 생각하지는 못하더라도, 일단 한 가지만 제대로 도출하면 다른 두 가지 사고로 확장될 수 있다.

전략 사고의 테크닉 2 _ 문제점을 정확하게 파악할 것

'무엇을(what)'만이 아니라, 항상 '왜(why)'와 '어떻게(how)'를 생각한다. 문제점을 파악하고 항상 의식하면 전략에 일관성이 생긴다. 충분히 진단하지 않고 무언가를 하기로 결정하기만 한다면 좋은 전략이 되지 못한다.

전략 사고의 테크닉 3 _ 최초의 안을 타파할 것

최초의 안(案)을 고집하는 사람이 많은데, 처음에 떠오른 생각을 가지고 전략을 세우는 것은 나쁜 전략의 전형적인 패턴이다. 최초의 안은 '시안(試案)'일 뿐이다. 사실을 확인하고 철저히 재검토해서 약점을 도려내고 모순점을 찾아내 시안을 타파할 때, 비로소 좋은 전략이 탄생한다.

루멜트는 머릿속에서 '현자와 가상의 대화'를 나눈다고 한다. 스승으로 우러러보는 사람들을 머릿속에 떠올리고 '스승이라면 뭐라고 말할까?'를 의식하며 대화한다. 이렇게 하면 많은 힌트가 담긴 적확한 평가를 얻을 수 있다고 한다.

이 책은 오늘날 모든 경영자와 기업 현장의 사람들에게 필요한 '전략을 도출하는 힘'을 키우는 데 도움을 줄 것이다.

POINT 좋은 전략은 정확히 문제를 진단하고, 단순하고 명쾌한 해결책을 도출하며, 구체적인 행동으로까지 연결된다

BOOK.6

코피티션

─────────

경쟁자로부터
협력을 끌어내는
새로운 전략 개념

《Co-Opetition》

애덤 브란덴버거

Adam Brandenburger

뉴욕 대학 스턴 비즈니스스쿨에서 경영경제학 및
전략 담당 교수로 재직 중이다. 영국 런던 태생으로,
게임 이론, 정보 이론, 인지 과학 등을 전공했다. 게
임 이론의 새로운 영역을 개척하는 일에 힘쓰는 동
시에 게임 이론을 기업 전략에 접목해 다양한 방법
론을 연구한다.

숙명의 라이벌을 철저히 짓밟는다!

비즈니스 분야에서는 이런 사고
방식을 당연시 여기는 이들이 많다.
하지만 비즈니스에서는 손바닥 뒤
집듯이 '승리' 혹은 '패배'만 존재하
는 것이 아님을 경험이 많은 이들은
공감한다. 상대에게 이기려고 끝없이 가격 경쟁을 벌이다가 공
멸하는 경우도 적지 않다. 현실의 비즈니스는 전쟁이라기보다
게임에 가깝다. 게임에선 '이기고 지는 것'이 나뉘기도 하지만,
양자가 모두 이기면서 서로 즐겁게 배우기도 한다. 게임 이론은
바로 후자의 방법론을 가르쳐주는 학문 분야다. 이 책은 전략에
게임 이론을 접목해 알기 쉽게 가르쳐준다.

게임의 다양한 이해 당사자들을 이해하라

이 책의 핵심을 정리하면 명쾌하다. 우리 회사를 빵집, 우리가 만드는 애플파이를 가치라고 가정한다면, 게임의 룰은 다음과 같다.

첫째, 애플파이(가치)를 만들 때는 상대방과 협력한다.

둘째, 애플파이(가치)를 나눌 때는 상대방과 경쟁한다.

가치 관계망(Value Net)을 그리면서 생각해보면, 쉽게 이해할 수 있다. 게임 이론에서는 비즈니스 당사자들을 게임 참가자에 비유해서 플레이어(Player)라고 한다.

가치 관계망

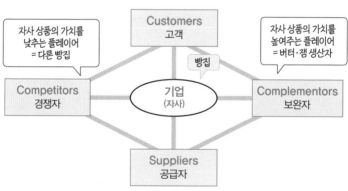

※ 《코피티션》을 바탕으로 필자가 작성

플레이어는 5가지 유형이 있는데, 여기서 핵심은 보완자(Complementors)와 경쟁자(Competitors)다.

보완자란 자사 상품의 가치를 높여주는 플레이어로, 빵을 만든다면 버터나 잼 같은 것이다. 이들은 애플파이라는 가치를 함께 높여 나가는 동료라고 할 수 있다. 경쟁자는 자사 상품의 가치를 낮추는 플레이어다. 가령 우리 빵집 인근의 빵집은 애플파이 시장을 나눠 갖는 경쟁 상대다.

공급자(Suppliers)나 고객(Customers)과의 관계도 매우 중요하다. 기업은 때로 공급자를 둘러싸고 경쟁자와 대립하기도 한다.

하나의 플레이어라고 해도 가치 관계망은 하나가 아니다. 이를테면 항공사 JAL과 ANA는 고객인 승객이나 공항(공급자)을 두고는 서로 경쟁자이지만, 보잉이나 에어버스 같은 제품 공급자에게 항공기를 주문할 때에는 보완자 관계가 되어 항공기 구매 비용을 낮추기 위해 협력한다. 그러므로 당사자들과의 관계는 어느 하나에 한정되지 않는다.

비즈니스를 게임이라고 바라보면, 유리한 위치를 선점하기 위해서는 게임의 시스템을 나에게 유리하게 바꿔나가야 한다. 게임 시스템은 플레이어(Players), 부가 가치(Added value), 규칙(Rules), 전술(Tactics), 범위(Scope) 등 5가지 요소로 구성되며, 각각의 머리글자를 따서 PARTS라고 부른다.

게임 시스템 1 플레이어(Players)

내가 새로이 플레이어로서 게임에 참전했을 때, 고객 입장에서 게임이 어떻게 변할지 상상해보는 것은 매우 중요하다.

　아스파탐은 설탕보다 200배나 당도가 강한 감미료로, 코카콜라와 펩시가 오랫동안 사용해왔다. 아스파탐 특허를 보유한 미국의 몬산토가 독점 판매로 이익을 내고 있었는데, 특허 기간이 만료되자 네덜란드의 HSC가 아스파탐을 생산해 코카콜라와 펩시에 싸게 팔기 시작했다. 코카콜라와 펩시의 반응은 어땠을까? 당연히 처음에는 HSC를 환영했다. 하지만 결국 HSC가 아니라 몬산토의 아스파탐을 계속 사용했다. 왜일까? 독점 판매 기간 동안 몬산토의 교섭력이 우위에 있었다. 하지만 HSC라는 경쟁자가 생겨나자 그들의 교섭력이 약해졌다. 덕분에 코카콜라와 펩시는 몬산토의 아스파탐을 싼 값에 후려쳐서 살 수 있게 되었다. 그러니 군이 실적이 분명하고 평판이 좋은 몬산토의 아스파탐 대신 HSC 제품을 살 이유가 없었던 것이다.

　HSC가 아스파탐 게임에 뛰어든 것은 코카콜라와 펩시에게 큰 이익이 되었다. HSC는 자기가 제공할 수 있는 이러한 이익을 공짜로 넘겨주고 만 셈이다. HSC가 고객인 코카콜라 입장에서 게임을 분석했다면, 시장에 진입하기 전에 미리 교섭해서 구매 확답을 받는 식의 전략을 구사할 수도 있었을 것이다. 이렇듯 다른 게임 플레이어의 관점에서 게임을 바라볼 필요가 있다.

이처럼 시야를 넓혀서 모든 플레이어를 바라보면 '승패라는 단순한 발상'에서 벗어날 수 있다. 고객의 제안이나 의뢰는 승패의 발상에서는 커다란 기회처럼 보인다. 하지만 고객의 속셈은 당신을 들러리 삼아 가격 협상의 레버리지로 쓰려는 것인지 모른다. 게다가 현실에서는 게임에 참가하는 것 자체로 비용이 발생한다. 아무것도 얻지 못한다면 굳이 게임에 참가할 필요는 없다.

고객이 늘어나면 한정된 고객에게 의존하지 않아도 된다. 고객을 상대로 강한 지위를 얻을 수 있다.

공급자가 늘면 특정 공급자에게 의존하지 않아도 된다. 몬산토가 독점 판매하는 아스파탐을 구입하던 코카콜라가 HSC라는 새로운 공급자의 등장을 환영한 이유도 이 때문이다.

보완자가 늘면 상품의 가치도 높아진다. 가령 게임기는 소프트웨어가 많을수록 가치가 높아진다.

경쟁자가 늘어서 오히려 이익이 되는 경우도 있다. 토요타는 하이브리드 자동차 기술을 다른 자동차 제조사에 적극적으로 제공한다. 경쟁자가 많아지면 친환경 자동차 시장이라는 파이도 커진다.

게임 시스템 2 **부가 가치**(Added Value)

부가 가치는 해당 게임에서 누가 힘을 갖고 이익을 얻을지를 결정하는 요소다. 그리고 부가 가치를 결정하는 것은 희소성이다. 가령 공기는 우리가 살아가는 데 꼭 필요하지만 공짜다. 다이아몬드는 없어도 사는 데 아무런 지장이 없지만 고가다. 다이아몬드는 채굴이 어려워서 희소성이 있으니까 그럴 거라고 생각하기 쉬운데, 사실 채굴량은 증가하고 있다. 다만 거의 모든 다이아몬드가 드비어스(De Beers) 사의 유통 시스템을 통해서 판매되며, 이 회사가 희소성 유지를 위해 공급을 철저히 제한한다. 그래서 비싼 것이다.

드비어스는 다이아몬드가 곧 변치 않는 사랑의 상징이라고 광고하면서, 되팔지 말고 영원히 소유하라고 강조한다. '다이아몬드는 영원히(Diamonds are forever)'라는 캠페인이 그것이다. 이들은 이 세계적인 캠페인과 더불어 다이아몬드의 전매를 없애 공급을 더욱 제한함으로써 희소성을 연출해 부가 가치를 높이는 전략을 취한다.

대부분 기업들은 상품이 많이 팔려서 공급이 수요를 따라잡지 못하면 생산을 늘리는 방법을 취한다. 하지만 공급이 증가하면 희소성이 사라져서 고객과의 교섭력을 잃고 만다. 부가 가치의 관점에서만 생각하면 공급 부족 상태인 편이 희소성을 만들어 가치 창출에 도움이 된다. 다만 여기에는 단점도 있다. 팔 수 있는 상품이 부족해서 팔지 못하게 되면 당장 매출 감소가 발생하며, 심하면 거래 관계를 잃을 수도 있다. 상품을 사지 못한 고객의 반감을 살 수도 있다.

자신의 부가 가치(=희소성)을 파악하기 위해서는 고객의 관점
에서 사고할 필요가 있다.

작은 공장을 경영하는 Y사장은 A사의 4개 사업부에 같은 제
품을 공급한다. 다만 이들 각 사업부는 미묘하게 다른 자신들만
의 독자 규격을 주문했는데, Y사장은 까다로운 그들의 주문에
맞춰 제품을 만들어 공급했다. 그런데 이것이 너무도 비효율적
이라고 판단한 그는 A사에 제안을 하기에 이른다.

"상품 규격을 통일시켜주십시오. 그러면 저희도 생산 비용을
낮출 수 있으니, 그만큼 싼 가격에 드리겠습니다." A사는 이 제
안에 흔쾌히 응했다.

그런데 이후에 어떻게 되었을까? 이 공장보다 규모가 큰 라이
벌 공장들이 같은 부품을 더 저렴한 가격에 팔겠다고 A사에 연
이어 제안하고 나섰다. 이전에는 사업부마다 미묘하게 다른 A
사의 주문을 맞출 수 있었던 곳은 규모가 작아 유연한 Y사장의
공장뿐이었다. 그런데 규격을 통일하고 나니, 너도 나도 덤빌 수
있는 제품이 되고 말았다. 규모의 경제를 내세워 더 싼 값에 공
급할 공장이 더 많아진 것이다.

Y사장은 남들이 흉내 내지 못하는 자신만의 부가 가치(=희소
성)를 스스로 훼손시키고 만 것이다.

게임 시스템 3 **규칙**(Rules)

규칙은 게임의 진행 방식을 결정한다. 그리고 규칙은 바꿀 수 있다.

소매업에서는 할인 판매가 당연시되었는데, 이 때문에 다음 세일까지 구입을 보류하는 소비자들도 있었다. 그런 이유로 월마트 같은 소매점은 할인 판매 방식을 중단하고 '매일 최저가 보증(Everyday low price)'이라는 전략으로 선회했다. 이것은 '싸게 팔려면 세일이라는 할인 판매 방식을 사용한다'는 업계의 룰을 바꾼 사례다.

게임 시스템 4 **전술**(Tactics)

게임은 사람들의 인식으로부터 영향을 받는데, 전술을 통해 그 인식을 바꿀 수 있다.

마이크로소프트의 파워포인트는 현재 가장 유명한 프레젠테이션 소프트웨어지만, 처음에는 인기가 별로 없었다. 사람들은 먼저 나온 다른 회사 제품을 선호했다. 마이크로소프트는 파워포인트 점유율을 높이고 싶었지만, 그렇다고 헐값에 팔기는 싫었다. 그래서 가격은 그대로 둔 채 자사의 인기 소프트웨어인 워드, 엑셀 등과 묶어서 '마이크로소프트 오피스'를 출시했다. 사람들은 비싼 소프트웨어를 공짜로 쓸 수 있는 것에 좋아하며 사용하기 시작했고, 파워포인트는 인기 소프트웨어가 되었다.

공짜가 아니지만 공짜인 것처럼 느끼게 하는 것. 이것 역시 하나의 게임 전술이다.

게임 시스템 5 범위(Scope)

게임의 바운더리를 바꿀 수도 있다. 다른 게임과 연결시켜서 범위를 확장할 수도 있다. 예를 들어 호텔 투숙객에게 레스토랑 할인권을 주는 것은 숙박과 식사라는 별개의 게임을 연결시켜 하나의 범위로 확장시키는 전략이다.

게임의 규칙을 모르고 정공법만 고집하지 마라

게임이라고 하면 왠지 비열해 보인다고 말하는 사람도 있다. 시장에 새로이 참여한 플레이어를 앞에선 환영하는 시늉을 하고 결국 이용하는 것, 독점을 이용해 일부러 공급 부족 사태를 만들어 고객을 기만하는 것, 상대를 들러리로 이용하고 버리는 것 등은 비열한 술책일 뿐이라고 말이다.

　서구 MBA에서 게임 이론은 매우 광범위하게 적용되는 학문이며, 비즈니스 현장에서 기업들은 다양한 기법을 활용해 능숙하게 협상하고 교섭한다. 그런 룰을 모르고 비즈니스 세계에서 전문가 행세를 한다면, 애송이 취급을 받을 뿐이다. 그런 전략에 능숙한 서구 기업과 아무것도 모른 채 순진하게 교섭하는 것은 바둑의 규칙도 모르면서 프로 바둑 기사와 대결하려 덤비는 꼴이나 다름없다.

일본의 한 가전제품 양판점에서 외국 기업의 가전제품을 들여와 대히트를 시켰다. 그러자 해당 외국 기업은 일본에 자회사를 차리고 직접 판매를 시작했다. 이에 가전 양판점은 '대체할 제품은 얼마든지 있다'며 또 다시 외국의 다른 상품을 발굴해 일본에서 판매하고 있다. 게임 이론을 이해하면, 어디에 문제가 있는지 알 수 있을 것이다. 게임을 모르니까 '신상품을 발굴해 히트시킨다!'는 자신만의 강점을 제대로 활용하지 못하는 것이다. 애써 만든 기회를 고스란히 날리고 또 다시 반복해서 경쟁자 좋은 일만 시켜줄 것이다.

상대의 속셈을 아는 것은 매우 중요하다. 창피한 일도 비열한 일도 아니다. 체면과 예의를 중시하느라, 비즈니스 현장에서조차 이러한 게임 이론에 입각한 전략 사고의 중요성이 간과되는 것은 매우 안타까운 일이다. 밀고 당기기에 서툰 경영자라면 꼭 읽어봤으면 하는 책이다.

POINT 비즈니스는 상대가 있는 게임이다. 여러 당사자들의 역학관계를 고려해 효과적인 전략을 구사하라

BOOK.7

시대를 앞서는 미래 경쟁 전략

미래에도
당신을 먹여 살릴
진짜 강점을 찾아내라

《Competing for the Future》

게리 해멀·C. K. 프라할라드
Gary Hamel · C. K. Prahalad

게리 해멀은 런던 비즈니스스쿨 객원 교수로 경영론과 전략론을 가르치며, 세계적인 기업의 컨설팅도 하고 있다. C. K. 프라할라드는 미시간 대학 로스 경영대학원 교수로 재직했다. 기업 전략론을 연구하면서 수많은 글로벌 기업의 컨설팅도 하고 있다. '세계에서 가장 영향력 있는 비즈니스 사상가'에 수차례 선정되었다.

이 책이 출판된 1995년 당시, 일본 기업은 압도적인 강력함을 자랑했다. 한편 미국 기업은 오랜 부진에서 벗어나 회생 단계에 접어들려 하고 있었다. 이런 상황에서 미국 기업을 향해 '자사의 강점을 갈고닦아서 미래를 열라!'고 제언한 것이 이 책이다. 원제 의미대로 '미래를 위한 경쟁(Competing for the Future)'을 제안한 것이다.

이 책에는 소니, 혼다, 샤프, 도시바 등 많은 일본 기업이 성공 사례로 등장하는데, 아이러니하게도 이들 기업은 그 후 부진에 빠진 반면 미국 기업들은 부활에 성공했다. 그렇다면 왜 이들 기업은 부진에 빠진 것일까? 내 생각에는 이들이 '자사의 강점'을 갈고닦기를 게을리 하거나 스스로 내팽개쳐 버렸기 때문이 아닐까 싶다. 이 책은 과거 강한 일본 기업이 가졌던 '강점'을 공부할 때 매우 좋은 참고가 된다.

역사는 미래를 위한 좋은 시금석이다. 과거의 영광이 왜 빛바랬는지 살펴보는 것도 훌륭한 공부가 된다. 그러면 이 책의 포인트를 소개토록 하겠다.

경쟁력의 원천은 핵심 역량이다

기업의 강점은 미래를 여는 원동력이다. 이 책에서는 당신의 기업만 가지는 강점을 '핵심 역량(Core Competence)'이라고 정의한다.

핵심 역량(만두소)이 제품을 만들어낸다

※《시대를 앞서는 미래 경쟁 전략》을 바탕으로 필자가 작성

조금 샛길로 빠지는 얘기지만, 필자는 만두라면 사족을 못 쓴다. 특히 만두피가 얇고 만두소가 많은 것을 좋아한다. 기업을 만두에 비유하자면, 핵심 역량이란 기업의 능력 중에서도 가장 맛있는 만두소 부분을 말한다.

핵심 역량이란 고객 가치(Customer Value), 즉 고객의 이익을 충족시키는 핵심 기술(Core Technology)이다. 이것이 강력한 제품을 만들어낸다. 과거에 소니의 핵심 기술은 '소형화 기술'이었다. 소니는 전자와 기계 분야 기술을 조합시켜 제품 소형화를 이뤄냈고, 이를 통해 고객에게 '휴대성'이라는 가치를 제공했다. 그 결과 휴대용 라디오, 워크맨, 핸디캠 등 고객의 심장을 뛰게 하는 제품을 여럿 탄생시켰다.

혼다의 핵심 기술은 '최고 수준의 엔진 기술'이다. 1970년대 대기 오염이 심각했던 일본과 미국은 세계에서 가장 엄격한 배기가스 규제를 실시하고 있었다. 혼다는 CVCC라는 엔진 기술을 이용해 에너지 절약과 배기가스 감축이라는 두 마리 토끼를 잡은 초창기 시빅(Civic) 모델을 출시했다. 연비도 훌륭했기에 이 모델은 오일 쇼크에 따른 휘발유 가격 상승 환경에서 세계적인 대히트를 기록할 수 있었다.

샤프의 핵심 기술은 액정 기술이었다. 액정 기술은 제품의 소형화와 에너지 효율 최적화를 가능케 했고, 샤프는 이를 통해 소형 전자계산기, 전자수첩 자우루스(Zaurus), 액정 텔레비전 등을

'핵심 기술 +고객 이익'이 강력한 제품을 만들어낸다

기업	핵심이 되는 기술	고객의 이익	제품
소니 (1950 ~2000년대)	전자+기계 기술을 통합시킨 소형화 기술	휴대성	휴대용 라디오, 워크맨, 핸디캠
혼다 (1970년대)	엔진 기술	에너지 절약, 배기가스 규제 대응	초창기 시빅
샤프 (1970 ~2000년대)	액정 디스플레이 기술	초박형, 초소형, 에너지 고효율	전자계산기, 전자수첩 자우루스, 액정 텔레비전
	이 조합이 핵심 역량		경쟁력 있는 제품

※ 《시대를 앞서는 미래 경쟁 전략》을 바탕으로 필자가 작성

연거푸 히트시켰다.

핵심 역량은 경쟁력 있는 제품을 만들어낸다

그러나 10년 단위로 보면 자사만이 보유하던 핵심 역량이 다른 경쟁사들도 다 가진 단순한 능력으로 바뀌는 경우가 있다. 가령 '소형화'와 '휴대성'은 과거에 소니의 핵심 역량이었지만, 이제는 애플이나 삼성 같은 스마트폰 제조사들도 갖추고 있는 능력이 되었다. 누구도 흉내 낼 수 없는 맛있는 만두소를 만들어낸들, 언젠가는 반드시 라이벌들이 그 맛을 따라잡는다. 핵심 역량

도 시간을 들여서 끊임없이 갈고닦아야 하며, 한편으로 새로운 핵심 역량(=맛있는 만두소) 또한 지속적으로 키워나가야 한다.

핵심 역량을 재검토함으로써
부활에 성공할 수 있다

제품 개발은 단거리 이어달리기와 비슷하다. 누가 시장에 더 빠르게 연속해서 상품을 내놓느냐 하는 승부다. 한편으로 핵심 역량을 만들어내는 경쟁은 장거리 수영에다 180킬로미터 자전거 경주와 마라톤을 조합한 철인 3종 경기(Triathlon)와 닮았다. 다양한 종목을 두루 섭렵해야 하는 트라이애슬론처럼 핵심 역량에도 다양한 요소가 복잡하게 얽혀 있다. 이것들을 서두르지 않고 지긋이 키워 나가서, 최고로 만들어야 한다.

다만 기업이 정작 자사의 핵심 역량을 알아보지 못하는 경우도 많다. 자사의 핵심 역량을 제대로 파악하는 것은 특히 회사가 위기를 맞이했을 때 더욱 중요하다. 핵심 역량의 재검토를 계기로 다시금 성장할 수도 있기 때문이다. 가령 유니참(Unicharm)은 2002년 실적 부진에 빠졌을 때 철저한 재검토를 거쳐 자사의 핵심 역량을 다음과 같이 재정의 했다.

'부직포 흡수체의 가공·성형 기술을 이용해 청결하고 위생적이며 신선하고 쾌적한 환경을 제공하는 것!'

여기에서 앞부분의 '부직포 흡수체의 가공·성형 기술'이 핵심 기술이고, 뒷부분의 '청결하고 위생적이며 신선하고 쾌적한 환경을 제공하는 것'이 고객의 이익이다. 핵심 역량을 이렇게 정의한 유니참은 핵심 역량을 활용할 수 있는 5가지 사업에만 집중하고, 그렇지 않은 사업은 매각 또는 철수를 단행했다. 강점에 특화한 것이다. 그 결과 유니참은 글로벌 기업으로 성장하는 데 성공했다.

[Book 4]와 [Book 9]에서 소개한 후지필름의 사례 역시 핵심 역량을 재검토함으로써 부활에 성공한 경우라 하겠다.

반면 샤프는 자신들의 핵심 역량을 스스로 내팽개쳐 버렸다. 과거의 승리 패턴은 핵심 기술인 액정 기술을 신제품으로 연결시키는 것이었다. 그러나 액정 텔레비전이 매출액에서 큰 비중을 차지하자 핵심 기술에 대한 투자를 게을리 하고 그 대신 제품 기술인 액정 텔레비전에 중점적으로 투자했다. 그러다 액정 텔레비전이 쇠퇴하기 시작하자 후속 주력 상품을 만들어내지 못해 부진에 빠진 것이다. 지금은 외국 기업에 합병되어 재건을 꿈꾸고 있다.

많은 일본 기업의 성공 사례를 소개한 이 책이 출판된 지도 어언 20여 년이 넘었다. 그 사이 핵심 역량을 갈고닦거나 재검토해 성장한 기업도 있고, 그와 반대로 자신들의 강점을 잃고 부진에 빠졌거나 파산한 기업도 있다. 많은 기업이 '자사만의 강점'

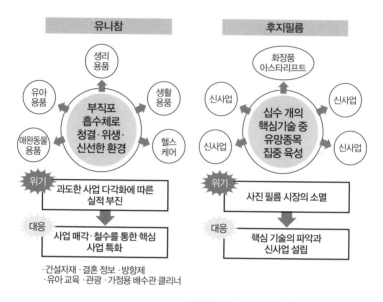

핵심 역량을 파악해 재성장을 꾀한다

유니참

생리
용품

유아
용품

생활
용품

부직포
흡수체로
청결·위생·
신선한 환경

애완동물
용품

헬스
케어

위기 → 과도한 사업 다각화에 따른
실적 부진

대응 → 사업 매각·철수를 통한 핵심
사업 특화

·건설자재 ·결혼 정보 ·방향제
·유아 교육 ·관광 ·가정용 배수관 클리너

후지필름

화장품
아스타리프트

신사업

신사업

십수 개의
핵심기술 중
유망종목
집중 육성

신사업

신사업

위기 → 사진 필름 시장의 소멸

대응 → 핵심 기술의 파악과
신사업 설립

※《시대를 앞서는 미래 경쟁 전략》을 바탕으로 필자가 작성

을 보유하고 있지만, 아직도 '기업의 강점'이 가져야 할 구조를
제대로 이해하지 못하는 경영자들이 적지 않다. 지금이야말로
이 책을 읽고 배움을 얻을 때가 아닐까 싶다.

> **POINT**
> 자사의 '핵심 기술'과 '고객의 이익'이 만나는 접점에 핵심
> 역량이 있다! 이를 바탕으로 히트 제품을 만들어내는 것이
> 성장의 열쇠다

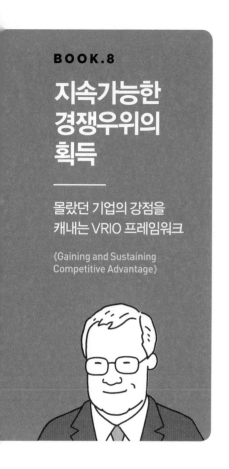

BOOK.8

지속가능한 경쟁우위의 획득

몰랐던 기업의 강점을
캐내는 VRIO 프레임워크

《Gaining and Sustaining
Competitive Advantage》

제이 B. 바니
Jay B. Barney

오하이오 주립 대학 경영학부 피셔 비즈니스
쿨 기업 전략 석좌교수. 미국의 경영 전략 영역에
서 자원 기반 관점이 발전하는 데 원동력을 제공
한 전략 이론가다. 휴렛팩커드, 텍사스 인스트루
먼트, 알코 등 여러 기업에 전략 컨설팅을 하고
있다. 재직한 3개 대학에서 총 5회의 교육상을
수상한 교육자이기도 하다.

필자가 사는 동네에서는 수많은 케이크 가게가 격전을 펼친다. 그런데 그중에서도 단연 손님들의 행렬이 끊이지 않는 가게가 있다. 그곳 케이크는 다른 곳들과 비교해도 각별하게 맛있다.

어딜 가나 이런 독보적인 주인공은 있다.

경쟁이 치열하기로 유명한 게 소매업계지만, 독특한 컨셉의 잡화점 돈키호테에는 언제나 사람들이 북적인다. 역시 피 튀기는 전장이라 할 만한 스마트폰 업계에서도 애플 아이폰은 비싼 가격에도 불구하고 잘 팔린다. 신형이 나오면 다른 회사들이 재빨리 모방하기도 한다. 그렇지만 실제로 써보면 비슷한 모양의 다른 회사 제품은 뭔가 조잡하고 성에 차지 않는다.

이처럼 아무리 경쟁이 치열한 업계에서도 좋은 실적을 내는 기업은 늘 존재한다. 그런 모습을 보면서 이 책의 저자 바니는 다음과 같이 생각했다고 한다.

'기업의 실적이란 업계의 경쟁이 얼마나 치열한가가 아니라, 그 회사가 어떤 경영 자원을 보유하고 있느냐에 따라서 결정되는 것이 아닐까?'

예를 들어 자동차 제조사라는 하나의 범주에 묶인다 해도, 효율을 철저하게 극대화하는 토요타의 생산 방식이라든가 에너지 효율이 높고 대기 오염이 적은 엔진을 만드는 혼다의 기술력은 다른 기업들이 쉽사리 흉내 내지 못하는 요소들이다. 같은 업계이고 기업들이 서로 비슷한 것 같아도, 의외로 매우 다른 특성을 보이는 경우가 많다. 독보적인 기업일수록 다른 기업이 흉내 내기 어려운 독자적인 경영 자원(Managing Resource)을 갖게 마련이다. 경영 자원이란 기업이 가진 인재·능력·스킬·노하우 등을 합친 것을 말한다.

바니가 제창한 '자원 기반 관점(Resource Based View, RBV)'은 바로 이러한 경영 자원에 주목해 기업의 경쟁력을 판단한다. 이 책에서는 자원 기반 관점을 통해 세상의 수많은 기업 전략론을 통합해서 소개하는데, 여기서는 자원 기반 관점이 무엇인지를 중점적으로 소개하고자 한다.

기업의 강점을 측정할 수 있는 VRIO 프레임

RBV, 즉 자원 기반 관점에 입각해서 VRIO 프레임워크가 도출되었다. 다음 4가지 판단 기준의 머리글자를 따서 만든 개념이다.

❶ 가치(Value)가 있는가?
❷ 희소성(Rarity)이 있는가?
❸ 모방 불가성(In-imitability)이 있는가?
❹ 조직적인 체계(Organization)가 있는가?

요컨대 기업의 진정한 강점은 '고객에게 가치를 제공하고, 희소성이 있어야 하며, 모방하기 어렵고, 조직적인 체계를 제대로 갖춘' 경영 자원으로부터 나온다.

❶ V(가치) _ 고객에게 가치를 제공하는가?

케이크에 자신이 있다는 가게들이라면 당연히 '우리 매장의 강점은 맛입니다!' 하고 주장할 것이다. 그러나 서비스나 제품을 제공하는 사람이 아무리 주장한들 의미가 없다. 고객이 '맛있다!'고 가치를 느껴야만 진정한 강점의 출발점이 마련됐다고 할 수 있다. '그 집 케이크는 나쁘지 않지….' 하고 느끼는 것과 '그 집 케이크 맛은 한 번 보면 절대 잊을 수가 없어!' 하고 느끼는 것은 다르다. 후자의 고객 가치를 만드는 것이 강한 제품의 출발점이다.

VRIO 프레임워크… 우리 회사의 진짜 강점은 무엇인가?

고객 가치(Value)	No	Yes	Yes	Yes	Yes
희소성(Rarity)		No	Yes	Yes	Yes
모방 불가성(In-imitability)			No	Yes	Yes
조직적인 체계(Organization)				No	Yes

	약점	강점	고유의 강점	◀▌▌▌▌▶	고유의 (지속가능한) 강점

> 가치와 희소성이 있고 흉내 내기 어려운가?
> 나아가 조직적인 체계를 제대로 갖추고 있는가?

※ 《지속가능한 경쟁우위의 획득》을 바탕으로 필자가 작성

❷ R(희소성) _ 다른 데서 쉽사리 찾아보기 힘든가?

고객이 가치를 느끼더라도 다른 기업들도 얼마든지 제공할 수 있는 것이라면, 그것은 '고유의 강점'이라고 보기 힘들다. 우리 동네 정말 맛있는 케이크 가게의 진면목은 간판 상품인 딸기 쇼트케이크에서 드러난다. 겉보기에는 평범해 보이지만, 한 입 물면 특유의 풍미가 있으면서 적당한 당도의 크림이나 최고급 딸기와 부드러운 빵의 조화가 절묘하다. 한 번 먹어보면 자꾸 생각나서 견딜 수 없을 정도다. 다른 가게에도 비슷한 제품이 있지만, 이 가게 것은 독보적이다.

❸ I(모방 불가) _ 쉽게 흉내 내기 어려운가?

고유의 강점이라고 해도 다른 기업이 흉내 내기 쉽다면 금방 모방당하고 말 것이다. 모방이 어렵다는 것은 그만큼 특유의 노하우와 연구개발, 경험과 시행착오가 축적되어왔다는 의미다. 우리 동네 명물 케이크 가게의 쇼트케이크가 그렇다. 설령 겉모양은 흉내 낼 수 있어도, 그 맛과 조화는 절대 흉내 낼 수 없다.

❹ O(조직적인 체계) _ 시스템이 뒷받침되어 지속가능한가?

나아가 조직적인 체계가 갖춰져 있다면, 이러한 기업의 강점은 '지속 가능한 고유의 강점'으로 영속성을 가질 수 있게 된다. 우리 동네 명물 케이크 가게 역시 간판 파티시에가 지휘하는 가운데, 직원들이 일사분란하고도 체계적으로 일한다. 설령 파티시에가 아파서 나올 수 없어도, 정해진 레시피와 작업 매뉴얼대로 아무 문제없이 작업할 수 있다.

기업의 강점을 결정하는 희소성과 모방 불가성은 일맥상통하는 특징이다. 독보적 특징을 보유하는 것은 그만큼 강점 형성에서 중요한 요소다. 모방을 힘들게 하는 방법에는 여러 가지가 있다. 특허로 보호하는 방법도 있고, 독자적인 조직 문화를 축적하는 방법도 있다. 타깃 고객에 특화된 다양한 활동을 밀접하게 조합시켜 '활동 시스템'을 만들어내는 방법도 있다.

[Book 2]에서 포터가 '기업의 경쟁력은 시장에서의 포지션에 따라 결정된다'고 주장하며 자원 기반 관점을 비판하며 내세운 것이 활동 시스템(Activity System)이다. 흥미롭게도 포터의 기법은 그가 비판한 이 관점에서도 유용하다. 간단히 복습해보면, 홋카이도에서 편의점 1위를 수성하는 세이코마트가 홋카이도에 특화된 다양한 활동을 조합해서 다른 회사가 흉내 내기 힘든 압도적인 강점을 손에 넣은 것이 바로 활동 시스템이다.

기업의 진짜 강점은 한눈에 파악하기 힘들다

강점을 판단할 때 흔히 아주 자주 저지르는 실수가 있다.

첫째, 자사의 강점을 지나치게 과소평가하는 것이다. 애초에 해당 비즈니스를 시작하게 만든 힘이었다. 이제껏 지속해왔기에 별로 고맙거나 대수롭게 여겨지지 않기도 한다. 특히 기업 내부 당사자들의 눈에는 '당연한 것'으로 보이기 때문에, 독자로 판단해서는 발견하기 어려울 때도 많다. 그럴 때는 외부의 신선한 관점을 빌리는 것이 도움이 된다.

필자는 회사 생활에서 평소에 궁리해두었던 전략을 다른 사람들에게 설명할 기회가 많았다. 책을 많이 읽고 연구도 많이 하는 편이라, 그런 일은 별 대수롭지 않다고 생각했다. 그런데 어느 날 한 사람이 정색을 하며 감탄했다. "어떻게 그렇게 어려운 전략 개념을 알기 쉽게 설명할 수 있어요?" 그때 그동안 당연하게 여겼던 것이 나의 아주 특별한 강점이라는 걸 처음으로 깨달았다. 덕택에 훗날 커리어를 설계하는 데 큰 도움이 되었다.

둘째, 자사의 강점을 지나치게 과대평가하는 것 역시 흔한 실수 중 하나다. 강점이 무엇이냐고 물으면, '직원들이 성실하고 충성스러우며 기술력이 뛰어나다'는 식으로 어느 기업에서든 통용되는 일반적 특징을 나열하는 경우가 있다. 모두가 하는 것은 강점이 될 수 없다. 경쟁사도 다들 그 정도는 한다.

셋째, 진짜 강점은 겉으로 잘 드러나지 않으니 유의해야 한다.

앞서 언급한 우리 동네 명물 케이크 가게 앞의 줄이 어느 순간부터 서서히 줄어들기 시작했다. 내막을 알고 보니 이랬다. 매장 점주가 바뀐 모양이다. 새로 온 점주가 주방 돌아가는 모습을 관찰해보니, 간판 파티시에는 별달리 일을 하지 않는 것처럼 보이고 직원들만 분주하게 케이크를 만들고 있었다. 이 모습만 보고 점주는 일이 잘 돌아가게 되자 파티시에가 농땡이를 친다고 판단했다. 점주는 인건비가 비싼 간판 파티시에를 해고해버리고 말았다. 사실 간판 파티시에는 기존의 케이크 만들기 업무는 직원들에게 일임하고, 본인은 직원 교육과 새로운 메뉴 구상에 힘을 쏟고 있었다. 파티시에가 떠나자 직원들도 하나둘 가게를 그만뒀고, 그 결과 케이크 맛이 점점 떨어졌다.

케이크 가게라는 우리 주변의 흔하고 작은 조직의 경우도 이런데, 기업의 진짜 강점은 한눈에 파악하기가 더욱 어렵다. 경영자로서 잘못된 판단을 내리기도 쉽다. 그러므로 충분히 시간을 들여서 관찰하고 관계자들과 이야기를 나누면서 자사의 강점을 도출해보는 것이 필요하다.

넷째, 기업의 강점은 영원히 존속될 수 없다는 것도 잊지 말아야 한다.

[Book 7]에서 소개했듯이, 소형화 기술을 통한 휴대성이라는 강점으로 소니는 최고의 지위를 구가했다. 하지만 이제는 다른 기업들도 얼마든지 따라 할 수 있어 희소성이 사라지고 말았다.

지금 최고의 위치에 있는 기업은 모두 '자사만의 강점'을 갖고 있다. 그렇지만 그 강점이 무엇인지 꿰뚫어보지 못하는 경우가 많다. 또한 강점이라고 생각했던 것의 유통 기한이 이미 지나버렸거나 이제 막 기한을 다해가는 경우도 있다.

이 책을 통해 자사의 강점을 수시로 재인식한다면, 지속적인 경쟁력 강화에 큰 도움이 될 것이다.

POINT
기업의 진짜 강점을 판단하는 VRIO 프레임워크를 염두에 두고 수시로 자사의 경쟁력을 재확인하라

BOOK.9
동적 역량과 전략 경영

변화의 외중에 굶어죽지
않기 위해 움켜쥐어야 할 것

《Dynamic Capabilities and
Strategic Management:
Organizing for innovation and
Growth》

데이비드 J. 티스
David J. Teece

UC버클리 하스 비즈니스스쿨 교수로서 글로벌
비즈니스 분야의 경영 관리론을 담당하고 있으
며 비즈니스 이노베이션 연구소 소장도 맡고 있
다. 기업 이론, 전략 경영, 기술 변화의 경제학, 지
식 경영, 기술 이전, 반독점 경제학과 이노베이션
의 대가다.

'밤늦게까지 일하는 올빼미 족이
출세한다!', '감기로 쉬다니 약해
빠졌군!', '가정은 희생해라'…

필자가 젊었을 때만 해도 이것
이 기업 전사들의 상식이었다. 물
론 지금은 시대착오적인 발상일
뿐이다. 시대와 함께 기업 구성원에게 요구되는 강점도 바뀌고
있다.

기업도 마찬가지다. 지금은 전성기를 구가하고 있다 해도 언
젠가는 강점의 유통 기한이 찾아오며, 유통 기간 자체가 점점 짧
아지고 있다. 계속해서 새로운 강점을 만들어내야 한다. 여기서
하나 유의할 점이 있다. 새로운 강점을 창조할 때, 아무것도 없

는 무(無)에서 만들어내려 애쓸 필요가 없다는 점이다. 기업은 이미 무엇이라도 강점을 갖고 있게 마련이다.

[Book 1]에서 마이클 포터는 '5가지 힘'에 대해 언급했고, [Book 8]에서 제이 바니는 '자원 기반 관점(RBV)'을 소개했다. 데이비드 티스 교수는 "이 둘 모두 '기업 환경이 안정적'이라는 전제 하에서 나온 발상"이라고 비판한다.

지금은 어떤가? 환경이 끊임없이 격변한다. 그래서 포터의 방식으로 환경 변화를 감지하고 바니의 방식으로 경영 자원을 인식하되, 이를 역동적으로 재편성하자는 것이 이 책의 저자 티스가 제창해 주목 받고 있는 동적 역량(Dynamic Capabilities) 이론이다.

동적 역량이란 시대의 변화에 따라 자사의 강점을 변신시켜가는 능력이다. 변화의 요구에 따라 끊임없이 움직이는 다이내믹한 힘을 가진다면, 기업은 얼마든지 유연하게 적응하고 리드할 수 있다.

동적 역량에는 3가지 구성 요소가 필요하다. 감지하고 포착하고 변혁하는 것! 이 3가지 동적 역량을 통해 기업은 변화를 선점할 수 있다. [book 4]에서 소개했던 후지필름의 변신 스토리를 이 관점에 입각해 더욱 깊이 파고들어보자. 주지하듯이 시대 변화에 따라 사진 필름 시장이 사멸해가는 동안, 후지필름은 아주 멋지게 그 위기를 극복해냈다.

역동 역량 1
감지(Sense)하라

첫 번째 동적 역량은 환경 변화를 감지하는 능력이다.

2000년 당시 후지필름은 사진 필름 사업으로 매출의 60퍼센트, 이익의 2/3를 벌어들이며 승승장구했다. 그러던 중 '사진 필름 시장은 매년 두 자릿수 감소가 계속되어 몇 년 안에 시장의 95퍼센트가 소멸할 것'이라는 충격적인 조사 결과를 보고받았다. 남은 시간이 별로 없다. 즉시 대응해야 한다.

역동 역량 2
포착(Seize)하라

두 번째 동적 역량은 변화를 기회로 만들기 위해 기존 경영 자원을 조합해 재이용하는 능력이다.

후지필름은 '우리 회사의 강점은 무엇인가?' 궁리하기 시작했다. 전 세계적으로 컬러 사진 필름을 만들 수 있는 회사는 몇 곳뿐이었다. 미세 입자를 다루는 나노테크놀로지 등 고도의 기술력이 필요하기 때문이다. 이들은 자사의 핵심 기술이 무엇인지 검토해 십여 개로 특정한 다음, 그것을 조합해 신사업을 시작하기로 했다.

변혁(Transform)하라

세 번째 동적 역량은 강점을 새롭게 조합시켜 새로운 경쟁 우위
를 확립하는 능력이다.

후지필름은 사진 필름 제조를 통해 축적한 핵심 기술을 활
용해 신사업을 시작했다. 안티에이징 화장품 아스타리프트
(Astalift)도 그중 하나다. 사진 필름을 만들 때 사용하는 콜라겐
은 피부 탄력을 유지하는 데 유용하다. 사진의 색바램을 막는 항
산화 기술 역시 피부 노화 방지에 도움을 준다. 나노테크놀로지
기술은 성분을 피부에 침투시키는 데 활용할 수 있다. 아스타리

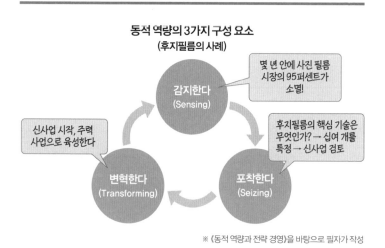

동적 역량의 3가지 구성 요소
(후지필름의 사례)

감지한다
(Sensing)

몇 년 안에 사진 필름
시장의 95퍼센트가
소멸!

후지필름의 핵심 기술은
무엇인가? → 십여 개를
특정 → 신사업 검토

포착한다
(Seizing)

변혁한다
(Transforming)

신사업 시작, 주력
사업으로 육성한다

※ 《동적 역량과 전략 경영》을 바탕으로 필자가 작성

프트는 이 3가지 핵심 기술의 조합을 통해서 탄생했다. 그 밖에도 액정 보호 필름 등 고기능 재료 분야를 비롯해 다양한 사업을 전개해 주력 사업으로 육성하고 있다.

저자 티스는 책의 앞머리에서 이렇게 말한다.

'1990년대 이후 일본 경제가 약해진 원인은 동적 역량이 부족하기 때문이다. … 만장일치 경영 식의 일본 기업 특유의 가치는 새로운 비전을 품은 리더가 새로운 시장을 창조할 능력을 발휘하는 데 제약이 되었을 것이다. … 탁월한 소비 제품을 탄생시켜 시장을 변혁하는 일은 이제 수십 년 전 이야기가 되어버렸다.'

이 지적처럼 1990년대까지 무적이었던 일본 기업들은 대부분 시장 변화에 대응하지 못한 채 '잃어버린 20년'이라고 불리는 장기 부진의 늪에서 헤매고 있다. 반면 후지필름처럼 돌발적인 위기에도 리더십을 발휘하며 과감하게 대응하고 강점을 재구성해 위기를 기회로 바꾼 기업들도 있다.

동적 능력을 잃어버리면, 기업은 언제든 변화의 와중에 좌초되기 쉽다. 변화를 두려워하지 않고 과감히 변혁할 준비가 되어 있다면, 기업은 크게 성장할 수 있을 것이다.

POINT 변화를 감지하고 현재의 강점을 재구성해 변혁함으로써, 새로운 시대에 맞는 새로운 강점을 창조해내라

BOOK.10

지식 창조 비즈니스

기업의 새로운 지식은
어떻게 창조되어
전파되는가?

《The Knowledge—Creating
Company: How Japanese
Companies Create the
Dynamics of Innovation》

노나카 이쿠지로 ·다케우치 히로타카

野中郁次郎·竹内弘高

노나카는 히토쓰바시 대학 명예 교수로 지식 창조 이론을 세계에 소개한 지식 경영의 권위자. 2017년에 UC버클리 비즈니스스쿨에서 평생 공로상을 받았다. 다케우치는 히토쓰바시 대학 교수를 거쳐 2010년부터 하버드 비즈니스스쿨 유일의 일본인 교수로 재직 중이다. 이 책은 미국 출판협회에서 올해의 베스트셀러로 선정되었다.

헤엄치는 법을 말로만 설명 들어서 이해할 수 있을까?

실제로 물속에 들어가서 호흡하는 법이라든가 발장구 치는 법 등을 연습해야 비로소 헤엄을 칠 수 있다. 말로 표현할 수 없는 지식도 분명히 존재한다. 이렇듯 말로는 전달할 수 없는 지식을 '암묵지(暗默知, tacit knowledge)', 말로 전달할 수 있는 지식을 '형식지(形式知, explicit knowledge)'라고 한다.

지식의 구조는 마치 빙산과 같다. 해수면 위로 보이는 빙산 아래에 그보다 훨씬 더 거대한 얼음 덩어리가 있듯이, 말로 전달되는 형식지 아래에는 말로 전달할 수 없는 방대한 암묵지가 있다.

지식 사회라고 불리는 현대에는 기업 내부에서 만들어지는 '지식'이 경쟁력을 좌우한다. 그러나 지식이 기업 내부에서 '어떻게' 만들어지는지에 관해서는 거의 알려진 바가 없었다.

조직 내부에서 개인과 개인이 형식지와 암묵지를 서로 교환하는 가운데 지식이 만들어진다. 필자가 편집자와 책을 기획할 때도 마찬가지 과정이 존재한다.

"초안을 생각해왔습니다. 어떤가요?"

"글쎄요, 이건 좋은데요", "저것은 이렇게 바꾸면…", "제 생각에는…". 편집자와 함께 고민하고 대화를 거듭하며, 암묵지와 형식지가 반응하면서 책의 기획과 아이디어가 더욱 구체화된다.

SECI 모델: 조직적 지식 창조의 프로세스

	암묵지	암묵지	암묵지	
암묵지				
암묵지	**공동화** (Socialization) 경험의 공유를 통해 암묵지를 창조한다	**표면화** (Externalization) 암묵지를 명확한 컨셉으로 나타낸다	형식지	
암묵지	**내면화** (Internalization) 개개인이 배운 새로운 노하우를 암묵지로 조직에 퍼뜨린다	**조합화** (Combination) 컨셉을 조합해 지식 체계를 만들어낸다	형식지	
	형식지	형식지	형식지	**형식지**

※ 《지식 창조 비즈니스》를 바탕으로 필자가 작성

조직에서 지식을 탄생시키는 SECI 모델

조직에서 지식이 탄생하는 이 시스템을 모델화한 것이 'SECI 모델'이다. 암묵지와 형식지가 4단계로 변환되면서 조직에서 지식이 창조되어간다.

1981년 혼다가 내놓은 소형차 시티(City)를 예로 생각해보자. 당시는 전고가 낮고 평평한 차가 많았는데, 시티는 작은 엔진에 콤팩트하고 전고가 높은 독특한 디자인으로 대히트를 기록했다.

혼다는 '모험을 하자'는 컨셉으로 새로운 자동차를 만들기로 하고, 젊은 기술자와 디자이너로 팀을 결성했다. 최고 경영진은 '저렴하지만 값싸 보이지 않는, 기존 모델과 근본적으로 다른 자동차'를 만들라고 지시했다.

SECI 단계1 _ 공동화(암묵지 → 암묵지)

공동화(Socialization)란 개인과 개인이 경험을 고유함으로써, 새로운 암묵지를 만들어내는 단계를 말한다.

혼다는 여럿이 시끄럽게 떠든다는 일본어에서 따온 와이가야(わいがや) 방식을 이용해, 구성원 각자가 가진 경험이나 암묵지를 교환하고 문제의식을 공유했다.

SECI 단계2 _ 표면화(암묵지 → 형식지)

표면화(Externalization)란 암묵지를 명확한 컨셉으로 표현하는 단계를 말한다.

이 프로젝트의 리더였던 와타나베 히로오(渡近洋男)는 '모험을 하자'라는 최고 경영진의 방침에 입각해 '자동차 진화론'이라는 개념을 떠올렸다. "자동차가 생명체라면 어떻게 진화할까?"

구성원들은 토론을 거듭한 끝에 흥미로운 결론에 도달했다.

'자동차는 궁극적으로 구형으로 진화할 것이다. 전장이 짧고 전고가 높은 자동차를 만든다면, 가볍고 가격도 저렴하고 공간감을 확보할 수 있고 더 견고해지기 때문에 매력적이다.'

이를 통해 '톨보이(tall-boy)' 같은 흥미로운 컨셉을 도출할 수 있었다.

SECI 단계 3 _ 조합화(형식지 → 형식지)

조합화(Combination)란 여러 개의 컨셉을 조합시켜서 지식 체계를 만드는 단계다.

혼다는 '톨보이'라는 컨셉을 바탕으로 도시형 자동차 혼다 시티를 만들어냈다.

SECI 단계 4 _ 내면화(형식지→암묵지)

내면화(Internalization)는 개개인이 배운 암묵지를 조직 전체에 퍼뜨리는 단계다. 시티 개발에 참여했던 프로젝트 구성원들은 이후에도 거기서 쌓은 자신의 경험을 바탕으로, 다양한 프로젝트에서 지식을 발전시키고 축적하는 데 기여했다.

이렇듯 지식을 공유하고 결합해 축적하기 위해서는 사내에 지식을 공유할 다양한 공간이 마련되어야 한다. 혼다의 경우 와이가야 기법이라는 특유의 시스템이 존재했다. 합숙을 하면서 7~8명이 구체적인 주제에 대해 사흘 밤낮으로 토론한다. 첫날은 서로 자신의 주장을 강하게 밀어붙여 열띤 논쟁이 가열된다. 둘째 날에는 서로 의견을 이해하기 시작한다. 셋째 날이 되면 나올 만한 논리적인 의견은 다 나오게 되는데, 이때 다시 첫날의 토론으로 돌아가면 더 깊고 본질적인 논의를 할 수 있게 되어서 창조적이고 새로운 해결책에 도달한다고 한다.

지식 축적을 가능케 하는 미들업다운 방식

기업의 경영 스타일에는 탑다운(top-down)과 버텀업(bottom-up) 타입이 존재해왔다.

탑다운의 전형적인 예는 미국의 GE다. CEO 잭 웰치는 '1등이나 2등이 되지 못하면 철수한다'는 전략을 전격적으로 결정하고 실행했다. 탑다운은 강력한 리더십으로 전략을 현장에 하달하는 반면, 현장에서 만들어지는 암묵지의 성장은 경시하는 경향이 있다.

버텀업의 전형적인 예는 미국의 3M이다. 3M은 직원 자율성

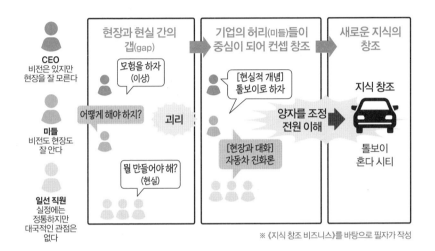

미들업다운(middle-up-down) 매니지먼트
중간관리자는 최고 경영진과 현장 간의 모순 해소를 통해 지식을 만들어낸다

CEO
비전은 있지만
현장을 잘 모른다

미들
비전도 현장도
잘 안다

일선 직원
실정에는
정통하지만
대국적인 관점은
없다

현장과 현실 간의
갭(gap)

모험을 하자
(이상)

어떻게 해야 하지?　　괴리

뭘 만들어야 해?
(현실)

기업의 허리(미들)들이
중심이 되어 컨셉 창조

[현실적 개념]
톨보이로 하자

양자를 조정
전원 이해

[현장과 대화]
자동차 진화론

새로운 지식의
창조

지식 창조

톨보이
혼다 시티

※ 《지식 창조 비즈니스》를 바탕으로 필자가 작성

을 중시한다. 3M의 버텀업 방식으로 탄생한 대표적인 제품이 포스트잇이다. 애초에 교회의 성가대에서 '악보에 붙였다 바로 뗄 수 있는 쪽지가 있었으면 좋겠다'고 생각한 연구원이 시제품을 만들어 사내에 샘플을 돌린 결과 탄생한 것이다. 버텀업은 구성원들이 자율적으로 움직여서 현장의 암묵지를 만들어내고 이를 제품화하는 데 적합한 방식이다. 그러나 이 경우에 암묵지는 개개인 차원에 머물 뿐, 기업 전체로 퍼트리기가 어렵다.

두 모델의 약점은 기업의 허리인 미들(middle)의 역할이 제대로 평가되지 않는다는 것이다.

한편 이 책에서 말하는 성공사례에서 많은 일본 기업은 미들업다운(middle-up-down) 방식을 취한다. 흔히 중간관리자 하면 윗사람에게 혼나고 아랫사람에게 치이는 어정쩡한 존재라고 인식하기 쉽지만, 조직에서 가장 잘 활용해야 할 그룹이 바로 미들이다. 이들은 최고 경영진의 '이상'과 일선의 현장이 안고 있는 '현실' 사이의 모순을 해소해주며, 그렇게 함으로써 조직에서 지식이 창조되게 만든다.

혼다의 경우 리더가 내세운 '모험을 하자'라는 다소 추상적인 비전을 바탕으로, 현장에서의 고충과 관점을 충분히 고려해 대화를 거듭함으로써 '자동차 진화론'이라든가 '톨보이' 같은 새로운 컨셉을 창조해낼 수 있었다. 프로젝트의 리더는 그 경험을 이렇게 술회한다.

"이상과 현실의 커다란 괴리 덕분에 성공할 수 있었다. 자동차는 어떤 모습이어야 할지 생각하고 신기술과 컨셉을 만들어낼 수 있었다."

오늘날 더욱 절실한 지식 창조를 위한 방법론

조직에서 지식이 창조되는 체계를 세계 최초로 밝혀낸 이 책은 커다란 반향을 만들어냈다. 저자인 노나카는 후기에서 향후 일본 기업의 과제를 따갑게 지적한다.

"일본 기업은 각 부서에서 지식 창조를 하고 있을 뿐, 기업 차원으로 지식을 창조하려고 노력하지 않는다."

다수의 관료화된 기업에서는 대화 자체가 목적이 되어 쓸데없이 회의를 오래 할 때가 많아 생산성이 매우 나쁘다. 토론의 목적은 '지식의 창조'라는 걸 잊어선 안 된다. 노나카의 따끔한 지적이 무슨 의미인지 숙고해야 한다.

오늘날 활발히 성장하는 글로벌 기업 모두는 조직적인 지식 창조에 사활을 건다. 구글은 사무실에서 직원들 모두가 함께 먹고 마시며 정보를 공유할 수 있는 환경을 갖춰 놓았다. 인터넷만 연결되어 있으면 어디서든 업무를 할 수 있는 디지털 시대지만, 사람과 사람이 직접 만나 만들어지는 지식 스파크의 중요성을 잘 알고 있는 것이다.

POINT

흩어져 있는 현장의 암묵적 지식을 통합하고 조합해서 조직 전체의 창조적 지식으로 만들어낼 수 있는 시스템을 만들어내라

Chapter 2

고객과 혁신
Customer & Innovation

오늘날 기업들이 가장 중요한 화두로 여기는 혁신은 어떻게 가능한가?

막연한 상상이나 창조적 발상만으로 혁신을 만들어낼 수 있다는 생각은 오산이다. 이 장에서 혁신을 고객과 묶은 데는 이유가 있다. 혁신의 바탕이 바로 고객이기 때문이다.

고객은 비즈니스에서 가장 중요한 자산이다. 고객에는 여러 종류가 있다. 당신의 고객은 누구이며, 그들은 어떻게 행동하는가? 고객이 어떻게 해야 상품·서비스를 구매하는가?

여기서는 고객을 이해하고 혁신의 발판을 쌓기 위해 도움이 되는 명저 6권을 소개한다.

로열티 경영

새 고객보다 기존 고객이
훨씬 더 많이 벌어다준다

《The Loyalty Effect: The
Hidden Force Behind Growth,
Profits, and Lasting Value》

프레더릭 F. 라이히헬드

Frederick F. Reichheld

베인 앤드 컴퍼니 명예 디렉터. 하버드 대학을 졸업
하고 하버드 비즈니스스쿨에서 MBA를 취득했다.
고객 로열티와 관련된 비즈니스 전략의 1인자이며,
기업에서 널리 사용되는 순수 추천고객 지수(NPS)
를 고안하기도 했다.

"구입해주신다면 제가 책임지고 지
원해드리겠습니다."

영업 사원이 열정적으로 권해서
샀는데, 구입한 뒤로 연락이 뚝 끊
겼다. 신규 영업으로 바쁜 모양이
다. '어라? 책임지고 지원해주겠다
더니 어떻게 된 거야?' 괘씸한 마음마저 든다.

마케팅의 묘미는 신규 시장 개척에 있다고 여기는 이들이 많
다. 분명 새로운 고객을 찾아내는 것은 중요하다. 하지만 현재의
고객을 소중히 대하는 것이 훨씬 더 중요하다. 우리 것을 사주었
으니 고맙게 여기자는 도덕론 차원이 아니다. 비즈니스 관점에
서 그렇다는 말이다. 현재의 고객을 소중히 하면 매출도, 이익도

크게 오른다. 이미 클래식 반열에 오른 이 책은 그 소중한 원리를 가르쳐준다.

기업 마케팅의 금과옥조, 고객 유지율

기존 고객을 소중히 하는 기업 전략의 기초가 바로 '고객 유지율(Customer Retention)'이라는 개념이다. 현재의 고객 중 1년 후에도 지속적으로 거래하는 고객의 비율을 가리키는 수치다. 고객 유지율이 높으면, 고객이 구매를 지속하는 기간도 길어진다. 다음 페이지에 나오는 그림에서처럼 고객 유지율이 50퍼센트라면 고객은 매년 절반씩 줄어, 2년 후에는 1/4, 5년 후에는 불과 3퍼센트만 남게 된다. 반면 고객 유지율이 95퍼센트라면 고객은 매년 5퍼센트만 줄어든다. 1년 후에 95퍼센트, 2년 후에 90퍼센트, 5년 후에도 무려 77퍼센트의 고객이 남아 있다.

고객이 오랫동안 우리 상품이나 서비스를 구매해준다는 것은 무슨 의미일까? 당연히 고객 1인당 매출이 증가한다는 뜻이다. 그러니 현재의 고객을 방치한 채 신규 고객 개척에만 열을 올리는 것은 전혀 현명하지 못한 행동이다. 마개를 뽑은 채로 욕조에 물을 부으면 물이 계속 빠져나갈 뿐 채워지지 않는다. 기존 고객을 방치한 채 신규 고객에게만 공을 들이면, 기존 고객들이 계속 이탈해서 고객 수를 유지하지 못하게 된다. 현재의 고객을 소중

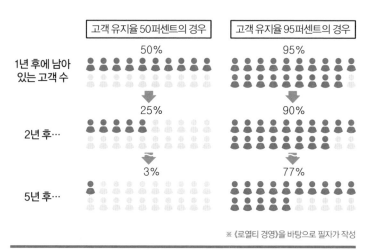

고객 유지율이 높다는 것=많은 고객이 오랫동안 사준다는 뜻

| 고객 유지율 50퍼센트의 경우 | 고객 유지율 95퍼센트의 경우 |

1년 후에 남아 있는 고객 수: 50% / 95%

2년 후…: 25% / 90%

5년 후…: 3% / 77%

※ 《로열티 경영》을 바탕으로 필자가 작성

히 해야 하는 이유는 이처럼 명확하다.

'고객 로열티'는 막대한 수익으로 연결된다

그렇다면 현재의 고객을 소중히 대하기 위해 뭘 해야 할까? 이때 필요한 것이 '고객 로열티(Customer Royalty)'라는 개념이다. 다른 말로 하면 고객과 유대를 쌓아가는 것이다.

고객 로열티라는 관점에서 보면 고객에는 여러 유형이 있다. 구매하기 전의 '가망 고객(potential customer)', 처음으로 구매해준 '신규 고객(acquired customer)', 반복해서 구매해주는 '단골 고객(core customer)'으로 나눌 수 있다.

필자의 지인 중 하나는 디즈니랜드 마니아다. 어렸을 때부터 디즈니 만화나 영화를 보고 자랐고, TV에서 디즈니랜드 광고를 보면서 언젠간 꼭 가보고 싶다고 생각했다고 한다. 디즈니랜드 입장에서 그녀는 '가망 고객'이었던 셈이다. 고등학생이 된 후 그녀는 처음 친구와 함께 디즈니랜드에 갔는데, 꿈의 세계에 간 듯 너무도 즐거웠다고 한다. 이제 그녀는 '신규 고객'이 되었다.

그 후로 그녀는 연간 이용권을 사서 월 2회는 디즈니랜드에 가게 되었고, 급기야 '디즈니 생활'이라는 블로그까지 만들어 인기리에 글을 연재했다. 블로그를 보고 디즈니랜드의 단골이 된 이들도 많다고 한다. 이쯤 되면 훌륭한 '단골 고객'이다.

이처럼 고객이 '가망 고객 → 신규 고객 → 단골 고객'으로 발전해감으로써 고객 로열티는 높아진다. 로열티가 높은 고객은 막대한 매출과 수익을 가져다준다. 심지어 열광하는 팬(fan)이 되어 기업의 홍보대사 역할까지 해준다.

장기적인 관점에서 보아 이렇듯 고객이 기업에 가져다주는 이익을 '고객 생애 가치(Customer Lifetime Value, CLV)'라고 한다.

고객 생애 가치 1_고객 획득 비용

고객 하나를 얻으려면 돈이 든다. 광고나 홍보에 막대한 비용을 들인다. 고객이 우리 상품이나 서비스를 선택하기까지, 해당 고객에게 들어간 비용을 고객 획득 비용(acquisition cost)이라고 한다. 그림처럼 고객을 얻는 데 들어가는 비용은 고스란히 회수할 수 없는 지출로 잡힌다. 고객이 찾아주지 않는다면 말이다.

고객 생애 가치 2 _ 기준 이익

새로운 고객이 제품이나 서비스를 구매하면, 기업은 수익을 얻게 된다. 입장권을 팔면 디즈니랜드는 수익이 생긴다. 이렇게 새로운 고객의 구매에 따른 수익을 기준 이익이라고 한다.

고객 생애 가치 3 _ 구입 증가에 따른 이익

고객들은 디즈니랜드에 평균적으로 약 9시간을 머문다고 한다. 따라서 디즈니랜드는 입장권이나 놀이기구 티켓 매출보다 기념품이나 음식 판매 매출이 더 크다. 이들은 고객이 더 오래 머물게 하기 위해 최대한 노력한다. 오래 머문 고객일수록 더 다양한 상품을 구매할 가능성이 크기 때문이다.

고객 생애 가치 4 _ 영업비용 절감에 따른 이익

반복해서 찾아주는 고객은 디즈니랜드 곳곳을 잘 알고 있다. 직원들의 수고가 덜 들어가므로 비용은 감소한다. 반면 매출은 변함이 없으므로 이익이 증가하게 되는 것이다. 온라인 쇼핑몰

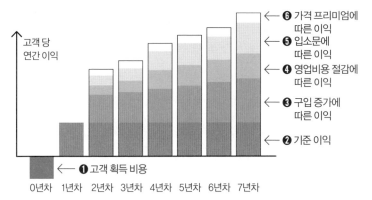

고객 로열티가 높은 고객은 고객 생애 가치도 높다

고객 당
연간 이익

← ❻ 가격 프리미엄에
　　따른 이익
← ❺ 입소문에
　　따른 이익
← ❹ 영업비용 절감에
　　따른 이익
← ❸ 구입 증가에
　　따른 이익
← ❷ 기준 이익

← ❶ 고객 획득 비용

0년차　1년차　2년차　3년차　4년차　5년차　6년차　7년차

※ 《로열티 경영》

아마존은 이러한 반복 방문의 중요성을 누구보다 잘 알고 있다. 이들은 일찌감치 구독(subscription) 개념을 도입했는데 반복해 구매하는 일용품을 정기적으로 배송 받으면 대폭 할인을 해주는 서비스다. 이를 더 편리하게 하기 위해 세탁기에 붙이는 세제 주문용, 냉장고에 붙이는 우유 주문용 등 특정 상품 주문용 대시(dash) 버튼도 고안해냈다.

고객 생애 가치 5 _ 입소문에 따른 이익

열광적인 마니아가 된 로열티 고객은 누가 시키지 않아도 해당 상품을 적극적으로 홍보해준다. 입소문의 위력에 대해서는 아무리 강조해도 지나치지 않다.

고객 생애 가치 6_가격 프리미엄에 따른 이익

고객 로열티가 높아지면 제품 가격이 조금 비싸더라도 개의 치 않고 적극 구매하게 되는 단계에 이른다. 2014년 마케팅 조사에 의하면 애플은 고객 로열티가 모바일 폰 브랜드 중 74퍼센트로 가장 높은 것으로 나타났다. 로열티가 높은 고객들은 비싼 새 모델이 나와도 기꺼이 구매해준다.

디즈니랜드를 방문하는 고객 중 98퍼센트는 재방문 고객이라고 한다. 디즈니랜드는 고객의 기대를 저버리지 않기 위해 항상 새로운 꿈의 공간 체험을 제공하려 노력한다.

고객 로열티 못지않게
직원 로열티도 중요하다

이 책은 고객 로열티를 창조하기 위해서 무엇보다 직원 로열티가 중요하다고 강조한다. 직원이 행복하지 않다면, 그 직원은 고객을 성심으로 대할 수 없다. 디즈니랜드의 스태프들을 보면 항상 웃는 얼굴이다. 그것도 진심으로 즐거운 표정이다. 서비스업에서는 자신이 하는 일에 보람을 느끼며 만족도가 높은 스태프가 높은 고객 만족을 낳는다. 디즈니랜드도 스태프들의 만족도를 높이기 위해 가치관을 철저히 공유하는 등 다양한 노력을 기울인다. [Book 33]에서도 소개하겠지만, 디즈니랜드는 가치관 공유를 위한 독특한 문화 정체성을 유지하려 애쓴다.

1996년에 출판된 이 책은 이후로 마케팅 분야에 큰 영향을 끼쳤다. 포인트 카드, 마일리지 프로그램, 고객만족센터 등은 모두 고객 로열티라는 개념에 기반을 둔 서비스다. 소매점 코스트코 (Costco), 구독 방식의 스트리밍 서비스 넷플릭스(Netflix), 소프트웨어 기업 어도비(Adobe) 등 선도적인 기업들은 모두 매일같이 고객 유지율을 점검하며 적극적으로 고객 로열티를 확보하려 노력한다. 그러한 노력은 절대 배신하지 않는다. 극적인 매출 확대라는 결과로 나타난다.

낮은 수익으로 신음하는 기업 중에는 고객 로열티라는 개념을 제대로 이해하지 못하고, 매일 맨땅에 헤딩하는 정신으로 신규 고객만 부르짖으며 소모전을 반복하는 곳이 적지 않다. 이 책을 읽고 다시 한 번 자사의 방식에 대해 고심해보지 않으면, 새로운 가능성은 열리지 않을 것이다.

> **POINT**
>
> 현재 우리 회사의 고객에게 집중하는 것이 새로운 고객을 확보하려 노력하는 것보다 비용과 노력 면에서 훨씬 효율적이다. 고객 로열티를 이해하고 고객 생애 가치를 최대로 높이기 위해 애써라

BOOK.12
고객이 열광하는 회사의 비밀

회사를 살리는 좋은 매출과
말라죽게 하는 나쁜 매출

《The Ultimate Question 2.0: How
Net Promoter Companies Thrive
in a Customer-Driven World》

프레더릭 F. 라이히헬드
Frederick F. Reichheld

베인 앤드 컴퍼니 명예 디렉터. 하버드 대학을 졸업하고 하버드 비즈니스스쿨에서 MBA를 취득했다. 고객 로열티와 관련된 비즈니스 전략의 1인자이며, 기업에서 널리 사용되는 순수 추천고객 지수(NPS)를 고안하기도 했다.

필자는 어느 날 갑자기 자료가 필요해져서 한 영자 신문 온라인 판을 구독하기로 했다. 신청은 간단했다. 1년 정도가 흘렀을까? 이메일을 살펴보다가 문득 구독 사실이 떠올랐다. 큰 금액은 아니지만 막상 잘 읽지도 않고 필요한 자료도 많지 않아 해지하는 게 낫겠다고 판단했다.

사이트에 들어가 봤지만 해지 기능을 도무지 찾을 수가 없었다. 간신히 전화번호를 찾아서 전화를 걸었는데, 다짜고짜 영어 음성 안내가 흘러나와서 그냥 끊어버렸다. 다시 사이트에 가서 씨름해봤지만 전화 외에는 해지 방법이 없었다. 결국 다시 전화를 걸었다. 한참 이런 저런 안내가 이어지더니 드디어 상담 직원이 전화를 받았고, 한참 영어로 대화한 끝에 간신히 해지에 성공했다. 주변 사람들 얘기를 들어 보니까 해지 절차가 번거로워 계속 구독하고 있다는 사람이 많았다.

몇 달 후 그곳에서 장문의 고객 만족도 설문조사 요청이 왔다. 100개나 되는 질문이 길게 이어져 있었다. '뭐야, 이건 좀 아닌 것 같은데….' 나도 모르게 머리를 감싸 쥐었다.

[Book 11]에서 소개했듯이 고객을 계속 유지하는 것은 매우 중요하다. 하지만 고객이 해지하기 힘들게 만들어 매출이 발생한다고 해도 돈만 벌면 괜찮은 걸까?

매출에도 '좋은 매출'과 '나쁜 매출'이 있다.

'좋은 매출'은 만족한 고객이 반복해서 구매해 얻어지는 매출이다. 좋은 매출이 쌓이면 지속적으로 성장한다.

'나쁜 매출'은 고객이 불만을 느끼지만 어쩔 수 없이 구매해서 얻어지는 매출이다. 다른 더 좋은 서비스가 등장하면 고객이 떠나고, 한 번 떠난 고객은 영원히 돌아오지 않는다.

미국 최대의 인터넷 서비스 기업이었던 AOL의 기업 가치는 2000년 무렵 1,800억 달러(200조 원)에 달했다. AOL은 해지가 어렵기로 악명이 높았다. 고속인터넷 서비스 경쟁사들이 등장하자 고객이 서서히 이탈했고, 9년 후에는 기업 가치가 1/20로 쪼그라들고 말았다. 고객 로열티를 파악한 다음, 올바르게 대응하는 것이 중요하다는 말이다. [Book 11]을 썼던 라이히헬드가 후속작으로 선보인 이 책에서는 고객 로열티를 더욱 구체적으로 파악할 수 있는 'NPS 방법론'이 등장한다. 현재 많은 글로벌 기업들이 NPS를 채용하고 있다.

무엇을 위해서 '고객 만족도 조사'를 하는가?

흔히 애프터서비스 등을 받고 나서 고객 만족도 조사라는 걸 자주 경험하게 된다. 대개 100점 만점을 기준으로, 얼마나 만족했는지를 조사한다. 막연하고 애매한 수치다 보니, 막상 조사 결과를 받아들고도 이런 생각이 든다.

'만족도가 80점이라면 좋은 거야 나쁜 거야? 이제 뭘 어떻게 해야 하지?'

'분명 만족도는 100점에 가까웠는데, 왜 매출이 떨어진 거지?'

고객 만족도 결과의 숫자만으로는 구체적으로 무엇을 어떻게 해야 할지 알 수 없다. 그래서 라이히헬드가 고안해낸 것이 '순추천고객 지수(Net Promoter Score, NPS)'다. 이 조사에서 질문은 다음 두 가지로 압축된다.

- 질문 1: 저희 회사를 친구나 동료에게 추천할 가능성은 0~10 중 어느 정도입니까?

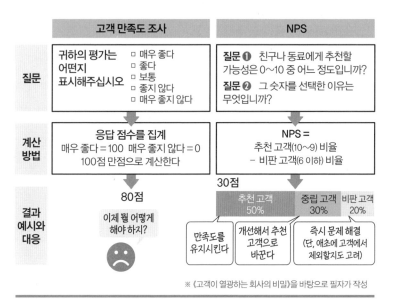

고객 만족도 조사와 NPS의 차이

	고객 만족도 조사	NPS
질문	귀하의 평가는 어떤지 표시해주십시오 □ 매우 좋다 □ 좋다 □ 보통 □ 좋지 않다 □ 매우 좋지 않다	질문 ❶ 친구나 동료에게 추천할 가능성이 0~10 중 어느 정도입니까? 질문 ❷ 그 숫자를 선택한 이유는 무엇입니까?
계산 방법	응답 점수를 집계 매우 좋다 = 100 매우 좋지 않다 = 0 100점 만점으로 계산한다	NPS = 추천 고객(10~9) 비율 - 비판 고객(6 이하) 비율
결과 예시와 대응	80점 이제 뭘 어떻게 해야 하지?	30점 추천 고객 50% / 중립 고객 30% / 비판 고객 20% 만족도를 유지시킨다 / 개선해서 추천 고객으로 바꾼다 / 즉시 문제 해결 (단, 애초에 고객에서 제외할지도 고려)

※《고객이 열광하는 회사의 비밀》을 바탕으로 필자가 작성

• 질문 2: 그 숫자를 선택한 이유는 무엇입니까?

대답에 따라 응답자는 다음 중 하나로 분류된다.

응답자 유형 1 _ 추천 고객

응답 수치 '10~9'의 응답자를 추천 고객(Promoter)이라고 한다. 영어 원문처럼 우리 기업의 적극적인 프로모터가 되어줄 확률이 높은 고객층을 말한다. 이들은 재구매율이 압도적으로 높으며, 다른 사람에게 제품을 추천하기까지 하므로, 입소문을 통

한 매출 확대로 이어진다.

응답자 유형 2 _ 중립 고객

응답 수치 '8~7'의 응답자를 중립 고객(Passives)이라고 한다. 영어 원문처럼 수동적인 구매 고객을 의미한다. 구매하기는 했지만 얼마나 만족해서 재구매로 이어질지는 미지수다. 이들의 재구매율은 추천 고객에 비해 낮으며, 나름대로 만족하고 있다고 해도 다른 사람에게 권할 정도까지는 아니다.

응답자 유형 3 _ 비판 고객

응답 수치 '6 이하'의 응답자를 비판 고객(Detractor)이라고 한다. 이들은 재구매율이 매우 낮을 뿐 아니라, 다른 사람이 사지 못하게 방해까지 할 공산이 크다. 이들이 바로 나쁜 소문과 부정적인 입소문의 근원지다. 요즘에는 SNS 때문에 1만 명 이상에게 소문이 퍼질 수도 있기에, 무서운 존재다. '6점이면 중간 수치인데 비판 고객이라고까지 판단하는 건 너무 엄격하지 않느냐'고 생각할 수 있지만, 만족도 조사에서 응답자가 대개 관대한 기준으로 항목을 선택한다는 것을 감안하면 절대 그렇지 않다. 6점을 준 사람이 비판적인 입소문을 퍼뜨리는 경우가 많다는 사실이 실제로 증명되었다.

NPS는 시장 점유율과
매출 추이를 알 수 있는 바로미터

응답 결과가 나오면 다음 공식에 따라 NPS 점수를 산출한다.

- NPS = 추천 고객 비율 − 비판 고객 비율

고객 만족도 조사와 NPS의 차이는 앞서 살펴본 도표처럼 매우 극명하다. 고객 만족도 조사의 경우 숫자가 도출되어도 그에 대한 대응책이 명확하지 않은 반면, NPS는 어떻게 대응해야 할지가 명확하다. 추천 고객을 늘리고 중립 고객과 비판 고객을 줄이면 된다. 비판 고객의 불만을 도저히 해결할 수 없다면, 애초에 그들을 자사 고객으로 포용하기 위해 노력할 필요가 있는지도 검토할 필요가 있다.

NPS가 높아지면 매출도 늘어난다. 네덜란드 가전업체 필립스(Philips)에는 여러 사업부가 있는데, 경쟁사보다 NPS가 높은 사업부의 시장 점유율은 높아진 반면, 경쟁사보다 NPS가 낮은 사업부의 점유율은 하락하는 양태를 분명히 보인다.

그렇다면 기업이 NPS 시스템을 도입할 때, 주의해야 할 점은 무엇일까?

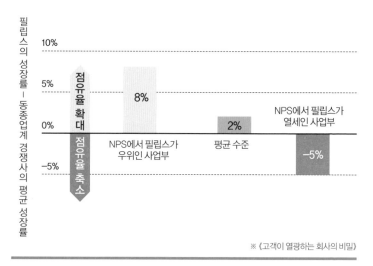

NPS와 비즈니스는 상관관계가 있다
NPS가 높은 사업부의 시장 점유율도 성장한다

필립스의 성장률 ─ 동종업계 경쟁사의 평균 성장률

점유율 확대
점유율 축소

10%

5%

0%

-5%

8%

NPS에서 필립스가
우위인 사업부

2%

평균 수준

NPS에서 필립스가
열세인 사업부

-5%

※ 《고객이 열광하는 회사의 비밀》

NPS의 핵심 포인트 1 _ 숫자를 가감 없이 파악하라

NPS의 숫자를 인위적으로 높이기 위해 조작하는 건 현상을 파악하는 데 아무런 도움이 되지 않는다. 고객의 생각을 정확히 파악해서, 현실에 맞는 대책을 세우는 것이 중요하다.

일본 맥도날드는 쿠폰 앱 KODO를 이용해 방문객들의 NPS를 파악한다. 게다가 그 결과를 매장에 공개적으로 통보한다. 단, 이 수치를 매장의 실적을 평가하는 기준으로는 사용하지 않는다. 고객들이 내놓은 의견을 명확히 보고, 개선할 수 있는 것은 즉시 개선한다는 것이 이 조사의 취지다.

NPS의 핵심 포인트 2 _ 응답률이 낮다면 수치를 의심하라

구매에서 불쾌한 일을 경험했더라도, 그걸 적극적으로 알리는 고객은 많지 않다. 어차피 두 번 다시 안 살 것이기 때문에, 설문에도 성실히 응할 필요가 없다. 그러므로 설문 조사에 응하지 않는 고객은 대개 좋게 보아도 중립 고객, 더 나아가서는 비판 고객이라고 보아야 한다.

한 기업의 NPS 응답률이 20퍼센트이고 NPS 수치가 +50이다. 그럭저럭 나쁘지 않아 보인다. 하지만 무응답층인 80퍼센트의 구매 행동을 조사해보았더니, 비판 고객이 월등히 많았다. 이것까지 포함하면 NPS 수치는 -40이었다. 실상은 매우 심각했던 것이다.

NPS의 응답률이 낮다면 뭔가 문제가 있는 것이 분명하므로, 고객 행동 추적 조사 등 부수적인 대응책을 궁리할 필요가 있다.

NPS의 핵심 포인트 3 _ 질문의 수는 최소로 하라

설문 문항을 최소화해서 고객이 가벼운 마음으로 응답할 수 있게 해야 한다. 문항이 길고 복잡하다면 불만을 느낀 고객일수록 더더욱 응답을 꺼린다. 고객들의 소리 없는 아우성을 측정하기가 훨씬 더 어려워지는 것이다.

NPS의 핵심 포인트 4 _ 지속적으로 꾸준히 하라

NPS를 이용해 고객 실태를 파악하고, 과제를 찾아내서 지속적으로 개선하는 것이야말로 고객 로열티를 높이는 길이다.

한 회사는 비판 고객이 있으면 즉시 책임자가 직접 방문해서 무엇에 불만을 느꼈는지 구체적인 의견을 청취하고 개선을 약속하도록 하는 시스템을 정착시켰다. 이처럼 고객에게 배우고 꾸준히 개선하는 활동을 기업 시스템의 일부에 포함시킬 필요도 있다.

물론 NPS가 만능은 아니다. 키높이 신발처럼 다른 사람에게 권하지 않고 혼자만 알고 싶은 상품은 NPS로 고객 로열티를 파악하기 힘들다. 이 경우는 고객 만족도 조사가 더 효과적이다.

모두가 '우리는 고객을 최우선으로 여긴다!'고 주장하지만, 실제로는 고객이 무슨 생각을 하고 있는지 전혀 오리무중인 기업들이 적지 않다. 파악하지 못하면 개선할 수 없다. 이 책은 고객 로열티를 가시화하고 강화하기 위한 구체적인 방법을 가르쳐준다.

> **POINT**
> 고객 로열티를 가시적인 숫자로 파악할 수 있는 NPS 시스템을 적극 도입해서, 추천 고객을 늘리고 비판 고객을 줄여나가라

BOOK.13

캐즘 마케팅

기술은 뛰어난데
시장 개척이 힘들다는
당신에게

《Crossing the Chasm: Marketing
and Selling Technology Products
to Mainstream Customers》

제프리 무어
Geoffrey A. Moore

스탠퍼드 대학을 졸업한 후 워싱턴 대학에서 영
문학 박사학위를 받고 올리베트 대학 교수를 역
임한 바 있다. 현재는 스타트업과 대기업 모두에
훌륭한 경영 멘토 역할을 한다. 여러 벤처 캐피털
을 지원하는 동시에 컨설팅과 트레이닝을 주업
으로 하는 캐즘 그룹을 운영하고 있다.

필자가 IBM에서 기업 대상 제품
기획을 하던 시절의 일이다. 기획
한 제품이 판매를 시작했지만 도
무지 팔리지 않았고, 결국 '기획
한 사람이 책임지고 팔아오라'는
지시가 떨어져 졸지에 판매 담당
을 맡게 되었다. 그 후론 매일 같이 영업을 다녔는데, 만나는 고
객의 90퍼센트 가량은 신제품 얘기에 관심도 기울이질 않았다.
그런데 이야기를 들어주고 공감한 10퍼센트는 큰 고민 없이 제
품을 구매해줬다. 그들은 내가 기획한 신제품을 잘 활용해서 성
과로 연결시켰다.

당시 '고객에도 여러 유형이 있구나!' 하고 막연히 생각하다

가, 몇 년 후에 그 이유에 대해 훌륭히 설명해낸 이 책을 읽고 감탄을 금치 못했던 기억이 지금도 선명하다. 이 책은 학자이자 컨설턴트인 제프리 무어가 정리한 하이테크 마케팅의 바이블이라 하겠다. 듣도 보도 못한 신제품을 가지고 어떻게 시장을 공략해야 하는지, 그 메커니즘을 명쾌하게 풀어낸다.

전기자동차는 언제쯤 시장 지배자가 될까?

당신에게 질문을 하나 해보겠다. "당신은 언제쯤 전기 자동차를 살 생각인가?"

이 질문에 어떻게 대답하느냐에 따라 당신의 시장 위치가 결정된다. 신상품의 보급 단계를 나타낸 기술수용 주기 (Technology Adoption Life Cycle) 상에서 어디에 있는지 말이다.

'그게 뭔지 도통 모르겠고, 전혀 살 생각이 없다'고 대답한다면, 새로운 기술에 일절 흥미가 없는 '말기 수용자(laggards)' 즉 현재를 고수하는 고집쟁이다.

'휘발유 자동차가 불편해지면 살 것이다'라고 대답한다면, '후기 대중(late majority)' 즉 추종자다.

"전기 자동차 충전소가 거리에 많이 생기면 살 것이다"라고 대답하는 사람은 '초기 대중(early majority)' 즉 현실주의자다.

'아무도 타지 않더라도 살 것이다'라고 대답하는 사람은 '선도 수용자(innovator)' 혹은 '얼리 어댑터(early adopter)' 즉 선구자다.

그림에서 보듯, 각각의 비율은 정해져 있다. 앞서 필자가 열심히 팔려 했지만 전혀 먹히지 않았던 고객들은 초기 대중 이후의 고객으로 전체의 84퍼센트나 된다. 즉시 구입해서 활용한 고객은 선도 수용자와 얼리 어댑터로, 이들은 전체의 16퍼센트에 불과하다. 신제품을 팔기가 좀처럼 쉽지 않았던 이유다.

이 순서대로 원활하게 보급이 된다면 신제품을 파느라 고생

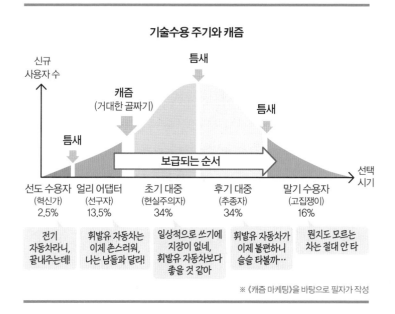

기술수용 주기와 캐즘

신규 사용자 수

틈새

캐즘
(거대한 골짜기)

틈새

틈새

보급되는 순서

선택 시기

선도 수용자 (혁신가) 2.5%	얼리 어댑터 (선구자) 13.5%	초기 대중 (현실주의자) 34%	후기 대중 (추종자) 34%	말기 수용자 (고집쟁이) 16%
전기 자동차라니, 끝내주는데!	휘발유 자동차는 이제 촌스러워, 나는 남들과 달래!	일상적으로 쓰기에 지장이 없네, 휘발유 자동차보다 좋을 것 같아	휘발유 자동차가 이제 불편하니 슬슬 타볼까…	뭔지도 모르는 차는 절대 안 타

※《캐즘 마케팅》을 바탕으로 필자가 작성

할 일은 없을 것이다. 그러나 현실은 만만치 않다. 각각의 집단 사이에는 틈새가 있다. 틈새를 넘지 못하는 제품은 다음 단계로 보급되지 못하고 생을 마감한다. 가장 큰 틈새는 얼리 어댑터와 초기 수용자 사이에 자리하고 있는데, 이것이 이 책의 제목이기도 한 '캐즘(Chasm)'이다. 거대한 골짜기 말이다.

캐즘을 뛰어넘기 위해 필요한 2가지 요소

캐즘이 존재하는 이유는 얼리 어댑터와 초기 수용자들의 사고 방식과 행동이 서로 정반대이기 때문이다.

얼리 어댑터는 리스크를 즐긴다. '아직 아무도 타지 않으니, 오히려 지금 타는 것이 남들과 다르다는 걸 보여줄 수 있는 기회!'라고 생각한다. 일단 결심이 서면 집에 충전 시설을 만들어서라도 전기 자동차를 산다.

초기 수용자들은 이와 반대로 리스크를 매우 싫어한다. 이들은 생각한다. '전기 자동차는 위험할지도 몰라. 게다가 주차장이나 일반 주유소에서 충전할 수 없다면 불편하잖아?' 전기 자동차의 안전성이 널리 검증되고 관련 인프라가 충족되고 나서야비로소 검토를 시작한다.

신상품이 보급되려면 반드시 이 캐즘을 뛰어넘어야 하는데,

여기서 필요한 것이 2가지 극복 요소다.

캐즘 극복1 _ '완전 완비 제품'을 준비하라

고객의 니즈를 완전하게 충족하는 제품이나 서비스를 말한다. 전기 자동차는 그 자체로만 사용이 불가능하다. 주유소나 주차장 등지에서 충전이 용이해야 하고, 동네 자동차 정비소에서도 수리할 수 있어야 하며, 부품도 쉽게 조달할 수 있어야 한다. 사용법을 교육하는 프로그램도 필요하다. 이 모든 것이 갖춰져야 '완전 완비 제품(Whole product)'이 된다.

얼리 어댑터는 완전 완비 제품이 아니어도 자력으로 어떻게든 해결해가려 한다. 하지만 초기 대중은 그런 번거로움을 감수할 생각이 없다. 게다가 이들을 포함해 그 뒤에는 더 고집 센 84퍼센트의 고객들이 있다. 완전 완비 제품을 준비되지 않는 한 본격적인 보급은 불가능하다.

캐즘 극복2 _ 조기 수용자의 사례를 설파하라

캐즘을 뛰어넘기 위해 필요한 또 한 가지는 다른 초기 대중이 구매해 만족스러운 상황, 즉 수용 사례를 전파하는 것이다.

'여기 이 대단한 선도 고객께서 직접 충전 시설까지 만들어가며 전기 자동차를 만족스럽게 활용하고 있습니다!' 하는 식으로 얼리 어댑터의 사례를 소개한들, 초기 대중에게는 먹히지 않는다. 오히려 '저렇게까지 하면서 타야 돼?' 하는 반감만 생길 뿐이다. 이들은 자신과 같은 부류인 초기 대중이 사용하는 것을 봐야, 비로소 구매를 고려하기 시작한다.

그런데 여기에 바로 문제가 있다. 초기 대중은 리스크를 싫어하므로, 선도적으로 신제품을 구매하지 않는다. 첫 번째 사례가 생겨야 하는데, 이들은 나보다 먼저 산 다른 초기 수용자의 사례가 필요하다. 딜레마다. 그런 이유로 이 대목에서 캐즘이라는 거대한 골짜기가 생기는 것이다.

이때 초기 대중을 처음 공략하기 위해, 폭넓은 전체 계층을 타깃으로 해서는 효과를 발휘하기 힘들다. 타깃을 좁혀야 한다.

캐즘에 빠졌을 때에는 붙잡을 대상을 분명히 하라

캐즘을 넘기 위해 초기 대중 중에서도 매우 구체적인 타깃을 공략해야 한다.

이때 참고가 되는 사례가 있다. 기업용 문서 관리 시스템을 개발·판매하는 회사 다큐멘텀(Documentum)의 선택이 그것이다. 다큐멘텀은 기업을 대상으로 설계도면이나 계약 문서 등 다양한 업무 문서를 관리하는 서비스를 개발·제공하는 회사로 출발했다. 처음에는 얼리 어댑터에게 먹혀들어 크게 성장했지만, 몇 년 뒤 캐즘 앞에서 성장이 멈춰버렸다. 그때 다큐멘텀은 75개까지 확장했던 업무 분야를 과감히 단 둘로 압축시켜버리는 선택을 했다.

하나는 제약 회사의 신약 인가 신청 업무다. 이 업무는 제약 회사로서 고통스럽고 복잡하기 그지없는 과정이다. 제출 서류만 25~50만 페이지로 준비 서류는 그보다 훨씬 더 많다. 방대한 데이터를 조사한 다음 서류를 작성해야 하므로, 하루 1억 엔(10억 원)에 달하는 막대한 비용에다 수개월에 이르는 시간이 필요했다. 게다가 신청이 늦어지면 그 기간 동안의 신약 특허 수입은 날아가고 만다.

담당 임원은 '어떻게든 이 업무를 간단하고 신속하게 처리해준다면 돈은 얼마든지 들어도 좋다'고 단언했다. 다큐멘텀은 의뢰인인 제약 회사의 신약 인가 신청 업무에만 철저히 집중했고, 전용 시스템을 만들어내 큰 성과를 올렸다. 이후 제약 업계 상위 40개 중 30개가 이 시스템을 선택했다. 제약 업계에서 단번에 캐즘을 뛰어넘는 데 성공한 것이다. 다큐멘텀은 그 다음에야 비슷한 과제를 안고 있는 제조와 금융 등으로 분야를 넓혀나갔다.

2개 분야로 업무 영역을 압축하는 것은 분명 리스크였을 것이다. 하지만 다큐멘텀의 CEO는 단언한다. "압축하지 않고 75개 분야를 그대로 유지하는 것이 오히려 더 큰 리스크였습니다!"

선택과 집중을 하지 않았다면, 어디서도 캐즘을 뛰어넘지 못

한 채 벼랑 끝으로 몰렸을 것이다

캐즘을 뛰어넘으려면 '고객이 느끼는 고통의 크기'를 기준으로 시장을 철저히 좁혀야 한다. 가장 절실한 고통을 해결해줌으로써 작은 시장의 모든 초기 대중을 확보해 시장을 제패하고, 그 경험과 실적을 살려 다른 시장으로 확대해나가는 것이 좋은 전략이다.

기술력은 뛰어난데도 고객을 공략하는 전략이 부족해 낭패를 보는 경우를 많이 본다. 좋은 기술을 보유하고도 시장 진입에 성공하지 못한다면, 안타까운 노릇이다. 캐즘 이론을 올바르게 이해해 비즈니스에 도입하고, 현 시점의 타깃 고객과 그 고객이 안고 있는 고통을 파악해 상품을 보급해나간다면 신제품으로 성공한 가능성이 크게 높아진다.

'신제품을 개발해 시장을 적극적으로 개척하고 싶다'는 야망을 품은 경영자라면 이 책을 꼭 읽어보기 바란다.

POINT

고통을 느끼는 고객을 타깃으로 적극적으로 공략함으로써, 대중 시장을 공략하기 전에 빠지기 쉬운 캐즘의 함정에서 벗어나라

BOOK.14

혁신 기업의 딜레마

'이노베이터 딜레마'
열풍을 불러온
최고의 경영서

《The Innovator's Dilemma: When
New Technologies Cause Great
Firms to Fail》

클레이튼 크리스텐슨
Clayton M. Christensen

하버드 비즈니스스쿨 교수. '파괴적 혁신' 이론을
확립한 기업 혁신 연구의 1인자다. 〈하버드 비즈
니스 리뷰〉 최우수 논문에 수여되는 맥킨지 상을
5회나 수상했으며, '가장 영향력 있는 경영 사상
가 50인(Thinkers 50)' 1위에 두 차례나 선정되
었다.

2008년 아이폰이 세상에 나왔다.
카메라 기능이 달려 있었지만, 그
저 덤 수준이라 할 정도였고 동영
상 촬영도 할 수 없었다. 매년 1억
대 넘는 소형 디지털 카메라를 판
매하던 메이저 카메라 제조사는
'이거야 뭐 장난감 수준 아닌가!' 하고 대수롭지 않게 여겼다. 그
로부터 8년이 지난 2016년, 소형 디지털 카메라 시장은 1/8로
급감했다. 장난감으로 치부했던 스마트폰 카메라에 밀려서, 시
장에서 사라져간 것이다.

물론 카메라 제조사도 그동안 손을 놓고 있었던 게 아니다. 고
객의 소리에 귀를 기울이는 동시에, 방대한 기술 투자도 계속했

다. 그런데 왜 이런 일이 생겼을까? 이 책이 바로 그 이유를 밝혀내고 있다.

1997년 출판된 이 책에서 저자 크리스텐슨은 이렇게 말한다.

"리더 기업은 경쟁 감각을 예민하게 키우고 고객의 목소리에 주의 깊게 귀를 기울이며 새로운 기술에 적극적으로 투자한다. 그리고 그런 이유로 리더의 지위를 잃는다."

상식을 근본부터 뒤엎는 지적이었다. 세계적으로 '이노베이터의 딜레마' 열풍이 불었고, 크리스텐슨은 시대의 총아가 되었다. 그런데 그런 일이 대체 왜 일어나는 것일까? 고객의 관점에서 생각해보자.

필자는 카메라를 좋아해서 아이폰이 발매된 이후에도 3년 정도는 매년 디지털 카메라를 구매했다. 아내가 이해할 수 없다는 듯 물었다. "또 샀어?"

"이번에 성능이 많이 좋아졌거든. 거의 전문가 수준의 작품도 찍을 수 있을 정도야."

"작년에도 그렇게 말했잖아."

당시 나는 아이폰을 사용하고 있었지만, 카메라는 일절 사용하지 않았다. 그래도 사진은 디지털 카메라로 찍어야 한다고 생각했던 것이다. 그런데 몇 년 뒤에 신형 아이폰을 사고 나서 사진을 찍어 보고는 정말 놀랐다. 그동안 쓰던 소형 디지털 카메라 화질과 거의 차이가 없었기 때문이다.

스마트폰의 부가기능에 불과했던 카메라 성능이 엄청난 수준으로 발전했다. 동영상 기능도 뛰어나 단편영화 촬영까지 할 정도다. 여행 갈 때 따로 카메라를 챙길 필요도 없고, 언제 어디서든 손쉽게 사진을 찍을 수 있다. 이후로는 필자 역시 별도로 카메라를 사지 않게 되었다.

리더 기업이
후발 경쟁자들을 대하는 방식

이 무렵, 잘나가던 디지털 카메라 제조사 회의실에서 벌어졌을 법한 풍경을 떠올려본다.

"고객 반응은 어떻습니까?"

"더 높은 해상도에 예쁜 사진이 나왔으면 좋겠다는 의견이 압도적입니다."

"때가 됐습니다. 이번에 개발된 신기술을 신형 디지털 카메라에 채용합시다."

이렇듯 기존 고객의 목소리에 진지하게 귀를 기울이고 그들의 희망사항에 맞춘 고성능 제품을 개발하고자 인력과 자원, 비용을 열심히 투입했을 것이다.

스마트폰 제조사에서는 어땠을까?

"기능이 조악해 장난감 수준이라는 불만이 많습니다."

"그래도 사진을 찍어서 바로 문자나 메일로 보낼 수 있어 편리하다, 자꾸만 쓰게 된다는 의견도 많습니다."

스마트폰 제조사는 고객의 필요에 맞추기 위해 용량이나 기능상의 제한 속에서도 절박함을 가지고 카메라 기능을 강화하기 위해 노력한다. 반면 카메라 제조사에게는 이런 절박함이 없다. 새로운 모험을 할 필요도 적다. 괜히 모험을 했다가 리스크를 감수하느니, 현재의 영역에서 잘하는 것이 더 중요하다. 그러는 사이, 서서히 경쟁에서 밀려나고 시장에서 축출된다.

지속적 기술과 파괴적 기술의 딜레마

힌트는 바로 지속적 기술(Sustaining technology)과 파괴적 기술(Disruptive technology)이라는 개념이다. 지속적 기술이란 제품 성능을 높이는 기술을 말한다. 소형 디지털 카메라 역시 지속적 기술을 통한 성능 향상에 노력을 기울였다.

반면 파괴적 기술은 제품 성능이 부족하더라도 저가·간결함·소형화 등을 실현함으로써, 이전까지는 사용하지 않던 고객에게 어필하는 기술을 말한다. 스마트폰 카메라는 파괴적 기술이다. 카메라 성능이 부족하지만 늘 휴대할 수 있고 찍은 사진을 즉시 전송할 수 있다. SNS 등이 활성화되면서 사람들은 점점 더 많이 스마트폰으로 사진을 찍게 되었다.

기술은 끊임없이 진화한다. 한때 파괴적 기술이었던 스마트폰 카메라도 서서히 성능을 높여갔다. 스마트폰 카메라가 충분히 성능을 갖추자, 휴대성과 편리성에서 열세인 소형 디지털 카메라가 설 자리는 사라졌고, 어느덧 시장에서 밀려나게 되었다.

그런데 사실 애초에 소형 디지털 카메라는 필름 카메라를 시장에서 몰아낸 혁신자였다. 그러던 것이 스마트폰 카메라라는 새로운 혁신자에게 밀려나게 된 것이다. 이것이 바로 '혁신 기업의 딜레마'다.

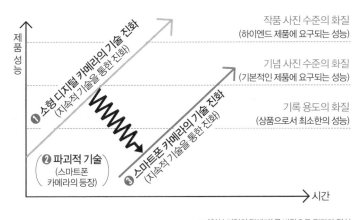

지속적 기술과 파괴적 기술
왜 소형 디지털 카메라는 스마트폰 카메라에 밀렸는가?

※ 《혁신 기업의 딜레마》를 바탕으로 필자가 작성

미지의 시장에서 파괴적 기술로
성공하기 위한 전략

그렇다면 리더 기업이 파괴적 기술로 성공하려면 어떻게 해야 할까? 기존의 지속적 기술 시장에서의 성공을 영속하면서도, 새로운 시장에 대한 감각을 망각하지 않으려면 말이다.

책에서는 PC 시장에서 파괴적 기술을 성공시킨 IBM의 사례를 들어 설명한다. 1981년 이미 메인프레임 컴퓨터 시장의 패권을 쥐고 있던 IBM은 당시 여명기에 불과했던 PC 시장에 진출해 순식간에 시장을 점령한다. 그때 사용했던 전략을 살펴보자.

파괴적 기술 전략1 _ 작은 조직에 전적으로 일임하라

당시 관료적인 거대 조직이었던 IBM은 기존 사업을 운영하는 것과 똑같은 방식으로는 새로운 영역에 진출하기에 느리고 기동력이 떨어질 수밖에 없음을 잘 알고 있었다. 그들은 14명의 사내 벤처 조직을 만들어 PC 프로젝트를 시작했다.

파괴적 기술 전략2 _ 빠르게 실패하고 희생을 최소화하라

실패할 거라면 빨리 실패시켜서 작은 희생으로 끝내는 것이 현명하다. 이들은 '어떤 수단을 동원하든 상관없지만 기한은 1년'이라고 못 박음으로써, 팀에 재량을 줌과 동시에 목표 시한을 명확히 했다.

파괴적 기술 전략 3 _ 기존 가치와 체계를 완전히 탈피하라

프로젝트 팀의 리더는 IBM의 가치관에 얽매이지 않았다. IBM은 자사 개발 원칙을 고수하고 있었다. 이미 사내에는 PC에 적용할 만한 고성능 칩과 OS도 존재했다. 하지만 조직이 방만하고 커뮤니케이션이 느려, 조정하고 교섭하다가는 기한을 맞출 수 없었다. 저렴한 가격이라는 목표를 이룰 수도 없었다. 그래서 이들은 칩은 인텔로부터, OS는 마이크로소프트로부터 조달해서 단기간에 IBM PC를 개발했다.

파괴적 기술 전략 4 _ 전혀 새로운 시장을 개척하라

IBM은 이전까지 경험한 바 없는 소매 벤더 방식으로 IBM PC를 널리 보급했다. 애플의 매킨토시에 비해 조악하고 디자인도 뒤떨어졌지만, 저렴한 가격이라는 장점을 앞세워 발 빠르게 PC 시장을 선점했기에 순식간에 성공을 거뒀다. 안타깝게도 이 프로젝트를 이끌었던 팀 리더는 몇 년 뒤 항공기 사고로 세상을 떠났다.

주의할 점이 있다. 이 책을 읽고 뭐든 기성의 것을 파괴해야 혁신이라고 여길 필요는 없다. 'Disruptive'를 통상 '파괴적'이라고 번역하는데, 본래는 '(안정된 상태를) 교란한다'는 의미에 가깝다. 다시 말해 '교란적 기술'이 좀 더 정확한 표현이다. 저자가

하고 싶은 얘기는 단순한 파괴가 아니다. '이노베이션의 씨앗은 안정된 시장의 질서를 흔들어서 새로운 고객을 만들어내는 데 있다.' 이것이 크리스텐슨의 관점이다.

이 책이 출간된 것이 1997년으로 동아시아에 금융 위기가 발생하고 일본 경제가 침몰하기 시작할 무렵이다. 서문에서 저자는 이렇게 강조한다.

"1960년대와 1970년대에 일본의 경이적인 경제 성장을 뒷받침했던 산업 대부분은 서양의 경쟁 상대가 봤을 때 파괴적 기술이었다. 토요타의 소형차, 소니의 휴대용 라디오나 초소형 텔레비전 등이 그렇다. 이들은 서구 시장을 하부부터 파괴했다. … 그런데 최근 수 년 간 일본 경제가 정체되고 있는 이유는 그곳의 대기업이 과거의 서구 기업과 같은 상태에 빠졌기 때문이다. … 시장의 최고 지위에 오른 까닭에 갈 곳을 잃어버렸다."

성공 가도를 달리는 기업이 과거에 성공할 수 있었던 동력과 현재 갖기 쉬운 한계를 정확하게 꿰뚫어본 말이다. 출판된 지 22년이 지난 지금도 이 책의 가치는 빛이 바래지 않았다. 기업을 성공시킬 열쇠는 시장을 뒤흔들어 새로운 고객을 창출할 수 있느냐에 있다.

> **POINT** 기존의 안정된 시장의 질서를 어지럽히고 흔들어서 전혀 새로운 고객을 발굴해내어 이노베이션을 창조해내라

BOOK.15

성장과 혁신

사지 않던 사람,
무소비야말로
최후의 공략 목표

《The Innovator's Solution:
Creating and Sustaining
Successful Growth》

클레이튼 크리스텐슨
Clayton M. Christensen

하버드 비즈니스스쿨 교수. '파괴적 혁신' 이론을
확립한 기업 혁신 연구의 1인자다. 〈하버드 비즈
니스 리뷰〉최우수 논문에 수여되는 맥킨지 상을
5회나 수상했으며, '가장 영향력 있는 경영 사상
가 50인(Thinkers 50)' 1위에 두 차례나 선정되
었다.

저자 크리스텐슨은 '파괴적 기술
로 혁신을 무려 12회나 일으켰던
일본 기업이 있다'고 소개한다.
벤처 기업으로 유럽 가전제품 시
장을 뒤흔들어놓았던 소니(Sony)
가 그 주인공이다. [Book 14]가
리더 기업이 파괴적 기술로 인해 패배하는 원리를 해명했다면,
이 책은 반대로 리더 기업을 파괴하는 방법론을 서술한다.

파괴적 기술이란 제품의 성능은 낮더라도 저가·간결함·소형
화·편의성 등을 실현하는 기술을 말한다. 이 책에서는 파괴적
기술을 두 종류로 나눈다.

파괴적 기술 1
새로운 시장 창출을 통한 파괴

특정 상품을 전혀 사용하지 않던 사람들이 사용하도록 만드는 것이 파괴적 기술이다.

1950년대 소니는 휴대용 트랜지스터라디오를 미국에서 최초로 개발했다. 당시 매장에서 이 제품을 본 미국 가정의 아버지들은 이렇게 생각했다.

'저렴하고 작긴 한데 음질이 형편없군. 라디오라면 진공관 정도는 돼야지. 저런 조잡한 걸 누가 사겠어.'

당시 미국을 비롯한 서구 시장에서는 유명 오디오 회사들이 만든 진공관 라디오가 인기를 끌었다. 음질은 좋았지만 크기가 커서 거실에 두고 온 가족이 함께 듣는 용도였다. 당시만 해도 채널 선택권은 아버지들에게 있었다.

반면 소니의 라디오를 본 젊은이들의 반응은 어땠을까?

'이거 끝내준다! 아버지는 로큰롤을 불량하다고 못 듣게 하는데, 이것만 있으면 친구들하고 어디서든 춤추면서 마음껏 들을 수 있겠어!'

로큰롤이 이제 막 유행하기 시작하던 때였다.

진공관 라디오라면 절대 살 수 없을 젊은이들이 앞 다퉈 이 소형 라디오를 샀다. 이후로 트랜지스터라디오의 음질이 향상되자, 진공관 라디오가 내세울 것은 크기밖에 없게 되었다. 엄격한 아버지들조차 트랜지스터라디오를 사게 되었고, 진공관 라디오는 시장에서 모습을 감췄다.

이렇듯 이전까지는 해당 제품군을 구매하지 않던 이들을 고객으로 끌어들여 성장하는 것이 신시장형 파괴(New Market Disruption)다.

파괴적 기술 2
사지 않던 사람들을 끌어들여 파괴

'값이 비싸서 사지 못하던' 고객들에게 저렴한 제품을 제공해, 전혀 사지 않던 이들까지도 사게 만드는 파괴적 기술을 말한다.

백화점은 친절하고 정중하게 서비스한다. 비싼 가격에는 이러한 서비스 비용도 포함된다.

할인점에서는 소비자가 직접 물건을 고르고 담아서 계산대까지 가야 한다.

100엔샵의 경우 직원에게 도움을 청하지 못하는 곳도 있을 정도다. 인건비를 줄여 비용을 낮춤으로써 저가를 실현하기 때문이다.

할인점이나 100엔샵은 백화점에 대한 로엔드형 파괴(Low-end Disruption)다.

로엔드형 파괴는 저가 지향의 고객 니즈에 부응한다.

리더 기업이 파괴적 기술에 속수무책인 이유

리더 기업은 사람·물자·자금이 풍부하기 때문에, 파괴적 기술에 대항해 손쉽게 승리할 수 있을 것으로 보인다. 그러나 정작 리더 기업은 그러기가 힘들다.

먼저, 신시장형 파괴가 일어나도 리더 기업은 잘 깨닫지 못하는 경우가 많다.

진공관 라디오 제조사의 단골은 돈이 많은 아버지들이다. 이들에게 젊은이들은 고객이 아니다. 자신의 고객이 아니기 때문에, 이들이 어떤 제품을 사는지 알지 못한다. 그러는 사이 성능이 향상된 트랜지스터라디오가 슬금슬금 시장을 빼앗아간다. 소형 디지털 카메라가 스마트폰 카메라에게 밀려났을 때도 같은 패턴이었다.

한편, 로엔드형 파괴에 직면한 리더 기업은 더욱 하이엔드로 도망치려는 경향을 보인다. 가령 백화점은 할인점이나 100엔 샵과 경쟁하는 대신, 명품 라인을 더 강화하는 식으로 행동한다. 당장에는 괜찮아 보이지만, 결국 서서히 말라 죽게 되는 선택이다.

파괴적 기술로 리더 기업에 싸움을 걸려면 어떻게 해야 할까? 고객이 가진 '해결해야 하는 용건(specific jobs)'을 찾아내는 것이 우선이다. 쉽게 말해 '고객이 하고 싶은데 하지 못하는 것'을 찾아내야 한다는 말이다. 젊은이들은 '로큰롤을 들으면서 춤추고 싶다'는 용건이 있었지만, 해결책이 없었다. 그러다가 소니가 소형 라디오를 발매하자 열광적으로 사들인 것이다. 이후에 소니는 지속적 기술로 트랜지스터라디오의 성능을 향상시켜 시장을 제패했다.

　고객은 정작 용건이 있어도 해결책을 찾지 못하는 경우가 많다. 성장의 씨앗은 '용건'에, 그리고 해결책을 찾지 못해 아무것도 사지 않는 '무소비(Nonconsumption)' 안에 있다. 소니 창업자인 모리타 아키오(盛田昭夫)는 무소비자가 누구이며 어떤 용건을 갖고 있는지 꿰뚫어보고 해결책과 연결시키는 달인이었다. 소니 워크맨(Walkman) 역시 '외출해서도 언제 어디서든 음악을 듣고 싶다'는 용건을 꿰뚫어보고 해결한 파괴적 기술이었다.

파괴적 기술을 비즈니스로 만드는 방법

이 책은 '무소비층'들을 찾아내고 파괴적 기술을 사용해 비즈니스로 만드는 방법을 소개한다.

❶ 고객은 해결하고 싶은 용건이 있지만, 기술이나 돈이 없어서 해결책을 손에 넣지 못한다
→ 젊은이들이 편하게 로큰롤을 들을 방법이 없다
❷ 고객은 달리 해결책이 없기 때문에 제품 성능이 낮아도 기꺼이 구입한다
→ 젊은이들은 트랜지스터라디오 음질이 나빠도 기꺼이 구매한다

성장의 씨앗은 '해결해야 하는 용건'에 있다

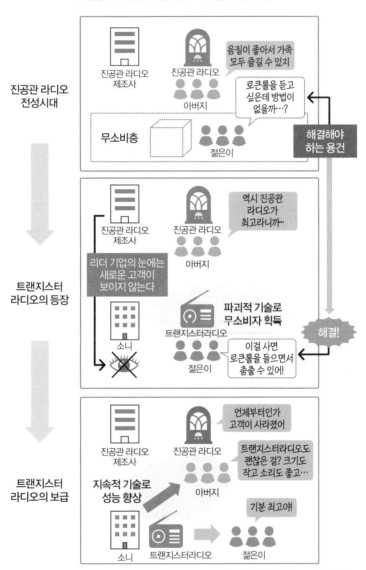

※《성장과 혁신》을 바탕으로 필자가 작성

❸ 고도의 기술로 누구나 살 수 있는 단순한 상품을 만드는 파괴적 기술도 있다

→ 소니가 최신 트랜지스터 기술을 이용해 젊은이들을 타깃으로 소형
   라디오를 만든다

❹ 파괴적 기술은 새로운 채널을 통해 전혀 새로운 고객에게 팔리고 전혀
   다른 장소에서 이용된다

→ 기존 라디오의 고객이 아니었던 젊은이들이 길거리에서 라디오를 듣는
   새로운 스타일을 만들어낸다

크리스텐슨은 [Book 14]를 출간한 지 6년이 지나 이 책을 펴내면서, 일본 기업의 문제점을 신랄하게 지적했다. 일본 기업만이 아니라 성장의 결실 안에서 안주하는 성공 기업을 향한 쓴 소리라 할 수 있다.

"일본의 많은 기업이 파괴를 통해 비약적 성장을 이뤘다. 그러나 기존 성공 기업을 위협할 우려가 있다는 이유로 이들의 경제 시스템은 새로운 파괴적 성장의 출현을 구조적으로 방해하고 있다."

파괴적 기술이 될 수 있는 씨앗은 얼마든지 많다. 다만 그것을 무소비층들이 해결하고자 하는 용건과 잘 연결시키느냐가 관건이다. 이 책은 그 힌트를 제시해줄 것이다.

> **POINT**
> 무언가를 하고 싶은데 그걸 할 방법이 없는 무소비층을 대상으로,
> 그들이 원하는 새로운 상품과 서비스를 창조하라

BOOK.16
일의 언어

간절히 하고 싶은 것을
대신 해주는 것이
혁신이다!

《Competing Against Luck:
The Story of Innovation and
Customer Choice》

클레이튼 크리스텐슨
Clayton M. Christensen

하버드 비즈니스스쿨 교수. '파괴적 혁신' 이론을 확
립한 기업 혁신 연구의 1인자다. 〈하버드 비즈니스
리뷰〉 최우수 논문에 수여되는 맥킨지 상을 5회나
수상했으며, '가장 영향력 있는 경영 사상가 50인
(Thinkers 50)' 1위에 두 차례나 선정되었다.

세상의 상식을 차례차례 타파해가
는 사람을 흔히 '이노베이터'라고
한다. 그러나 단순한 무모함만으로
도전해서는 성공하기 힘들다. 이노
베이션에도 성공 패턴이 있으며, 그
것을 알면 운에 성패를 맡길 필요가
없어진다.

　이 책에서 크리스텐슨은 이노베이션을 체계적으로 일으키는
법을 소개한다. 이른바 '할 일 이론(jobs theory)'이다.

　할 일 이론은 고객이 상품을 구매하는 이유를 '할 일(job)', '고
용(hire)', '해고(fire)'라는 독특한 표현을 이용해 설명한다. 우리
집은 전용 정원이 있는 아파트 1층인데, 정원 관리를 하지 않아

서 잡초가 무성하다. '정원 관리'가 바로 내게 있어 '할 일'이다.

필자에게 맡겨진 일이지만, 꾀가 나서 차일피일 미루고 말았다. 보다 못한 아내가 정원사에게 의뢰했다. 그랬더니 단시간에 잡초를 깔끔하게 뽑고 정원 전체를 인조 잔디로 덮어서 잡초가 자라지 못하게 해줬다. 우리 집에서는 풀 뽑기라는 '할 일'에서 나를 '해고'하고 정원사를 '고용'한 것이다.

할 일 이론에서는 이처럼 고객 관점의 질문을 계속 던진다.

"당신은 어떤 '할 일(job)'을 해결하고 싶어서 특정 상품·서비스를 '고용'하는가?"

'온라인 교육 과정'에 이노베이션을 일으킨 대학

미국의 한 대학은 2등급(Tier 2)으로 분류되는 곳이었다. '아름다운 캠퍼스, 저렴한 학비, 충실한 교육 과정'이라는 홍보 문구로 학생을 모집했지만, 반응은 시원치 않았다. 할 일 이론에 대해 배운 학장은 학생들 입장에서 고민해보았다. 입학을 희망하는 고등학생들에게 조사도 해보았다. '응원할 만한 운동 팀이 있는가?', '인생의 의미에 대해 상담할 사람이 있는가?' 등 학과 과정과 무관한 요구들이 접수됐다. 그런 영역에서 최고 대학들과 경쟁한다면 뒤처질 게 뻔했다.

이 대학에는 온라인 과정도 있었는데, 거의 방치 상태였는데도 신청이 이어졌다. 이런저런 사정으로 대학에 진학하지 못하고 사회인이 된 이들이 직업이나 육아와 병립해 공부를 하고자 이 과정에 들어왔다. 평균 연령 30세인 그들의 목소리는 한결같았다. '더 나은 삶을 위해 학위가 필요하다!'

이들은 편리함, 원활한 지원, 손쉬운 자격 취득, 단기간 수료 등의 요건을 원했다.

결국 이 대학은 온라인 교육 과정을 강화했다. 이전까지는 문의가 들어와도 방치했지만, 24시간 안에 담당자가 직접 전화를 걸어 대응하도록 바꿨다. 온라인 교육 과정 학생 개개인에게 어드바이저를 붙이고, 사회인도 공부해야 한다고 호소하는 광고도 내보냈다. 그리고 10년이 지난 2016년 '미국에서 가장 혁신적인 대학'으로 평가받게 되었다. 매출액도 연평균 34퍼센트씩 성장해 5억 4,000만 달러(6,300어 원)에 이르렀다.

고객이 해결하고 싶어 하는 '할 일'을 찾아내서 해결책을 제공해 '고용'됨으로써, 성공을 거둔 것이다.

고객의 '할 일'을 잘못 파악한 슈퍼마켓

우리 집 근처의 한 슈퍼마켓은 고객의 '할 일'을 잘못 파악해 실패하고 만 사례다. 평범한 슈퍼마켓이지만 식재료나 주방용품 같은 일용품이 잘 갖춰져 있어서 우리도 자주 이용하던 곳이다.

비슷한 사정으로 저녁 무렵이면 장을 보러 온 손님들로 계산대가 북적였다.

그런데 어느 날 전면 내부 수리에 들어가더니, 전국의 식자재를 두루 갖춘 세련된 공간으로 재탄생했다. 입맛 까다로운 주부 고객들의 취향에 맞추려는 의도였다고 한다. 그런데 고급 식자재를 잔뜩 진열하느라, 세제 같은 일용품 진열 공간이 모자랐다. 그런 물건은 아예 취급하지 않았다. 몇 주가 흐르자, 계산대 손님들이 부쩍 줄어들었다. 대충 봐도 30퍼센트는 준 듯했다.

그들은 세련된 고급 식재료 매장으로 스스로를 재정의 했다. 언뜻 보면 그럴듯하다. 나 역시 생각지도 못했던 식재료를 발견하고 즐거워하며 사기도 한다. 이전의 슈퍼마켓은 '가족들의 귀가 시간에 맞춰 짧은 시간 안에 흔하고 값싼 재료들을 구입하고 싶다'는 '할 일'을 안은 주부들로부터 '고용'되어 있었다. 식재료를 사면서 일용품도 편하게 구입할 수 있다. 그런데 고급 식재료 전문점으로 변신하자, 정작 진짜 고객들이 원하던 '할 일'에 부응하지 못해 '해고' 당하고 만 것이다.

고객을 철저히 관찰해야 고객에게 '고용'될 수 있다. '고객이 무엇을 원하는가?'만 고려해선 안 된다. 라이벌이 더 많은 제품을 구비해둔다면, 그곳으로 얼마든지 고객을 빼앗길 수 있다. 요컨대 핵심은 '고객이 어떤 할 일을 해결하고 싶어서 특정 상품·서비스를 고용하는가?'를 궁리하는 것이다.

'할 일'과 '니즈'는 다르다

애플의 스티브 잡스(Steve Jobs)나 아마존의 제프 베조스(Jeff Bezos)처럼 세계를 바꾼 이노베이터들은 다른 사람들과는 조금 다른 눈으로 세상을 바라본다. 그것을 구체적 방법론으로 만든 것이 바로 '할 일 이론'이다.

한편으로는 이런 의문도 생길지 모른다.

"흔히 고객의 니즈를 살피라고 하는데, '할 일'과 '니즈(needs)'는 어떻게 다른가?"

니즈란 '건강하고 싶다'거나 '무언가를 먹고 싶다'는 식으로 막연하다. 해결법도 여러 가지가 있다. 하지만 해결을 위해 상품을 살지 말지는 불확실하다. 반면, 할 일은 고객의 구체적이고 절실한 상황에서 탄생한다. '잡초가 무성한 정원을 어떻게든 정리하고 싶다', '더 나은 일자리를 구하기 위해 학위가 절실히 필요하다', '바쁜 저녁 시간에 빠르게 장을 보고 싶다' 등.

'할 일 이론'에 입각해서 생각하면 라이벌은 시장 내 경쟁자에 국한되지 않는다. 인터넷으로 영화나 드라마를 제공하는 넷플릭스의 CEO 리드 헤이스팅스(Reed Hastings)에게 "당신의 라이벌은 아마존입니까?"라고 물었다. 그랬더니 대답이 걸작이다.

"쉬는 동안 할 수 있는 모든 것이 전부 라이벌입니다. 비디오 게임도 라이벌이고 와인과도 경쟁합니다. 전부 무서운 경쟁자들이지요."

헤이스팅스는 '집에서 편안한 시간을 보내고 싶다'는 할 일에 관해 궁리함으로써, 넷플릭스를 가일층 성장시키고 있다.

할 일 이론은 [Book 15]에서 소개한 '해결해야 하는 용건'을 더욱 깊게 파고든 것이다. 크리스텐슨은 이를 위해 회사를 세우고 10년이 넘는 기간 동안 수많은 기업에서 할 일 이론을 실천·검증해왔다. 이 책은 그 성과를 정리한 것이다.

'고객은 왜 상품을 사는가?'라는 물음에 이 책은 많은 것을 가르쳐준다. '좋은 상품인데 팔리지 않는 이유'에 대해 고민하는 경영자라면 이 책을 꼭 읽어볼 것을 권한다.

POINT

막연한 고객의 니즈를 떠올리는 것으론 곤란하다. 고객이 해결하고 싶어 하는 절실한 '할 일'을 간파해서 반드시 '고용'되는 상품을 만들어라

Chapter 3

창업과 신사업
Start up & New Business

기업을 성장시키는 원동력은 새로운 상상력이다.
그런데 상상력이나 혁신은 어디에서 나올까? 남들이 하지 않는
것을 창조하는 힘은 무엇으로 기를 수 있는가? 이에 대한 오해는
무수히 많다.
새로운 사업을 시작하는 데 필요한 방법론은 시대에 따라 달라진
다. 100년 전에 유효했던 방법이 지금도 먹히지는 않는다. 하지
만 시대를 막론하고 불변하는 법칙 또한 있다.
여기서는 그러한 혁신의 불변 법칙을 다룬 명저 10권을 소개한다.

BOOK.17

기업가란 무엇인가

100년 전에 바라본
'경제와 기업의 미래'에
대한 통찰

《Essays: On Entrepreneurs,
Innovations, Business Cycles
and the Evolution of Capitalism》

조지프 A. 슘페터

Joseph Alois Schumpeter

1883년 오스트리아·헝가리 제국(오늘날의 체코)의
모라바에서 태어난 경제학자. 기업가가 창출해낸
부단한 혁신(Innovation)이 경제를 바꾸어나간다
는 이론을 구축했다. 경제 성장이라는 개념의 창시
자이기도 하다.

슘페터는 무려 100년 전에 활동했
던 경제학자다. 이 장에서 제일 먼
저 그의 책을 소개하는 이유는 그가
현대적 의미의 혁신 이론과 창업론
의 시조이기 때문이다. 슘페터를 알
면 창업과 신사업을 좀 더 깊이 있
게 이해할 수 있다. 이 책은 슘페터가 독일어로 쓴 논문 네 편을
모았는데, 다수의 그의 저작 중에서도 비교적 이해하기 쉬운 글
들이다.

슘페터는 경제학자의 관점에서 자신의 연구를 집약하면서 이
렇게 단언한다.

"경제 발전의 원동력은 혁신(Innovation)이다!"

혁신이란 무엇인가? 이것이야말로 비즈니스 분야의 오랜 질문이다.

2007년 애플은 아이폰을 발표했다. 잡스의 프레젠테이션은 그야말로 전설이 되었다.

"우리는 오늘을 2년 반 동안 기다려왔습니다. 애플은 오늘 3개의 혁명적인 수준의 제품을 소개합니다. 첫 번째는 터치로 조작할 수 있는 와이드 스크린의 아이팟입니다. (열광적인 박수와 환호성) 두 번째는 혁명적인 모바일 폰입니다. (더 열광적인 박수 소리) 세 번째는 상식을 깨뜨린 인터넷 커뮤니케이션 디바이스입니다. (박수 소리) 그렇습니다. 3가지입니다. 터치스크린 아이팟, 혁명적인 모바일폰, 인터넷 커뮤니케이션 디바이스. …… 아이팟, 전화기, 인터넷 단말기. …… (사람들이 낄낄대며 웃는다) 아이팟, 전화기 …… (다시 웃음소리) 이제 좀 느낌이 오시나요? 이것들은 3개의 분리된 기기들이 아닙니다. 하나의 기기입니다. (환호성이 커진다) 그리고 우리는 그것을 '아이폰(iPhone)'이라고 이름 붙였습니다. (박수와 엄청난 환호 소리)"

기술 측면에서 별다를 것이 없다고 주장하는 이들도 있었지만, 아이폰은 분명 혁신 그 자체였다. 혁신이란 기존에 존재하는 것들 간의 새로운 조합이다. 아이폰은 이미 존재했던 아이팟, 모바일 폰, 인터넷 커뮤니케이션 디바이스라는 3가지를 조합함으로써, 완전히 새로운 가치를 만들어냈다. 그리고 그것은 세상을 엄청나게 바꿔놓았다.

혁신이라고 하면 왠지 현실과 동떨어진 굉장한 것 같지만, 결국엔 '기존의 것과 기존의 것의 새로운 조합'일 뿐이다. 물론 그것이 쉽지는 않다. 혁신이 이뤄지고 난 뒤에, '아~ 이것과 저것을 합쳤구나!' 하고 이해하기는 쉽다.

혁신을 폄훼하는 사람들은 '자금과 상황만 허락되면 나라도 할 수 있었겠다!'는 식으로 후일담을 늘어놓는다. 하지만 혁신은 실제 그것이 현실에 등장하기 전까지는 아무도 이해하지 못한다. 처음 잡스가 '아이팟을 모바일 폰으로 진화시킨다.'고 했을 때, 주변 사람들은 그의 의도를 이해하지 못하고 황당한 소리라고 받아들였을 것이다. 혁신은 그렇게 탄생하며, 그러한 혁신이 세상을 바꿔나간다.

이노베이션을 만들어내는 조합의 법칙

인류 발전의 역사는 혁신의 역사이기도 하다. 5,000년 전 타이어가 처음 탄생했다. 수메르 인들이 물건을 운반하기 위해 썰매 아래에 수레바퀴를 붙인 것이 시초다. 최초의 수레바퀴는 나무판을 둥글게 이어 붙이고 한가운데에 막대를 끼운 다음 바깥 둘레를 동물의 털가죽으로 덮은 것이었다. 타이어 덕분에 인류의 운송 능력은 급격히 상승했다.

2,000년 전 로마 시대에는 켈트 인이 나무 수레바퀴 둘레에 철로 만든 고리를 달궈서 끼우는 '쇠 타이어'를 만들어냈고, 이 방법으로 바퀴의 강도와 수명은 몇 배로 향상되었다. 고무로 만든 타이어가 탄생하기까지 1,900여 년 동안 이 바퀴가 사용되었다.

혁신이 탄생하면 기존의 방식은 근본적으로 바뀌고 세상도 크게 달라진다. 먼 옛날부터 인류는 수많은 혁신을 거듭하며 지금까지 진화해왔다. 많은 사람이 창업이나 신사업에 매료되는 것도 이렇듯 사회 발전에 공헌할 가능성이 크기 때문이다.

혁신은 '기존에 존재하는 것'끼리의 결합이라고 했다.

이를 기존의 지식, 줄여서 기존지(旣存知)라고 하자. 혁신이란 기존지와 기존지의 새로운 조합이며, 이를 '신결합(新結合)'이라고 한다. 슘페터는 신결합의 5가지 패턴을 다음과 같이 정리했다.

신결합 패턴1_ 새로운 상품을 만든다
아이폰은 3가지 기존의 상품을 조합시켜 만들어낸 새로운 상품이다.

신결합 패턴 2 _ 새로운 생산 방식을 만들어낸다

[Book 20]에서 소개할 '간판 방식'은 기존의 생산 시스템에 미국 슈퍼마켓 시스템을 조합시킨 것이다.

신결합 패턴 3 _ 새로운 조직을 만든다

[Book 42]에서 소개할 마쓰시타 전기의 사업부 시스템은 회사가 커지면서 구성원들의 책임감이 약화되는 문제에 직면하게 되자, 소기업의 강점을 살리고 구성원의 책임감과 참여의식을 높이기 위해 철저한 권한 위임을 실현한 조직 운용 방식이다.

신결합 패턴 4 _ 새로운 판매 시장을 만든다

[Book 41]에서 소개할 레이 크록은 맥도날드 형제가 발명한 햄버거 생산 시스템에 프랜차이즈 체인 시스템을 결합시킴으로써, 맥도날드를 전 세계적 규모로 확장했다.

신결합 패턴 5 _ 새로운 공급원을 찾아낸다

바이오 연료를 만들 때는 옥수수 같은 원료가 사용되는데, 이 때문에 곡물가가 급등할 때 원료 수급에 문제가 생기곤 했다. 일본의 한 바이오 벤처는 조류(藻類)의 일종인 연두벌레(유글레나)를 여기에 결합시켜 차세대 바이오 제트연료를 개발 중이다.

누구나 창업자, 기업가가 될 수 있다

이 책에서 말하는 기업가(Entrepreneur)란 혁신을 만드는 사람이다. 기업가의 역할은 아이디어를 통해 새로운 사업을 탄생시키는 것이다. 잡스는 기업가 중 기업가였다. 새로운 기술을 스스로 발명한 것은 아니지만, 기존지와 기존지를 훌륭하게 조합해서 혁신을 만들어내고 세상을 크게 바꿔놓았다.

기업가는 새로운 것을 시도하며, 다른 사람들이 이미 하고 있는 것을 새로운 방법으로 한다. 거창한 것이 아니어도 상관없다. 슘페터는 우리에게 희망을 주는 말을 해준다.

"설령 아무리 작은 것이라도 이전까지 없었던 새로운 것을 한다면, 그 사람은 기업가다."

우리 모두 훌륭한 기업가가 될 수 있다.

슘페터는 기업가와 자본가 개념을 분리해 제시한다. "기업가와 자본가의 조합이 혁신을 실현해준다. 그러나 리스크를 감수하는 쪽은 기업가가 아니라 자본가다."

불확실성에도 불구하고 비즈니스에 자금을 대는 자본가의 역할은 실패해서 돈을 날릴 리스크를 감수하는 것이며, 반면 기업가는 리스크에는 신경 쓰지 말고 꾸준히 사업 성공을 지향해야 한다는 의미다. 물론 자본가와 기업가의 역할을 혼자 겸하는 창업자들도 많다.

미국이 새로운 비즈니스 창조에 강한 이유는 이러한 차이를 잘 인식하고 있기 때문이라고 생각한다. 아직도 많은 나라에서 기업가는 은행 차입 등에 의지해 힘겹게 경영을 하고 사업이 어려워지면 오롯이 그 책임을 떠안는다. 실패하면 모든 것을 잃고, 재도전도 어렵다. 실패해도 용인하고 다시 도전할 수 있는 활발한 벤처 경제 시스템이야말로, 기업 성공과 사회 진화를 위한 필수적인 인프라다.

100년도 더 전에 이미 슘페터는 경제학자의 관점으로 강력하게 주장한다.

"사업을 일으키고 혁신을 실현해 새로운 것을 창조해내는 기업가야말로 경제 발전의 요체다!"

슘페터의 사상은 경제학을 넘어서 혁신 이론의 원천으로 꾸준히 재인용된다. 아주 오래된 스승 슘페터에게 당신이 배워야 하는 이유다.

POINT
기존에 존재하는 것의 낯선 결합을 통해 혁신이 탄생한다. 당신의 주변을 잘 관찰해서 기업가로서 도전할 만한 새로운 영역을 찾아내라

깨달음에 이르는 4단계

제품 개발에
고객을 끌어들여
처음부터 성공하라

《The Four Steps to the Epiphany》

스티븐 G. 블랭크
Steven G. Blank

실리콘밸리의 창업자이자 교육자, 저술가. 8개 회사의 창업에 참여했고, 그중 4개가 상장됐다. 현역에서 은퇴한 뒤에는 기업가정신 교육에 힘쓰고 있다. 스탠퍼드 대학 등에서 스타트업과 기업가정신 강좌를 수행한다. 직접 개발한 고객 개발 모델 '린 런치패드'는 미국의 국립과학재단에 채용되었다.

'우리 회사 기술을 집약해 고객들이 열망하던 제품을 만들었으니, 날개 돋친 듯이 팔릴 거야!'

야심차게 대대적인 홍보와 함께 판매를 시작했건만, 팔리지 않고 무관심 속에서 사라져버린 제품. 세상에는 이런 소위 '흑역사' 제품이 많다. 면밀히 조사하고 연구해 만들었는데, 왜 그렇게 되었을까?

'제품 개발 모델'에서 '고객 개발 모델'로

흔히 대다수의 기업은 제품 개발 모델에 입각해 제품을 만든다.

'컨셉 창출 → 제품 개발 → 기능 검증 테스트 → 판매'의 프로세스로 말이다.

저자 블랭크는 고객이 사줄지 검증하지 않는 이러한 모델은 근본적으로 잘못되었다고 주장한다. 그 스스로가 창업자 출신이다. 8개 회사를 창업했고, 그중 4개를 상장한 '전설'이며, 이 책에 자신의 경험을 응축해 정리했다. 혹여 아직은 월급쟁이라서 창업은 먼 얘기라고 생각하는 독자가 있을지 모른다. 하지만 현재의 기업에서 신제품을 개발하는 일도 창업과 똑같다. 이 책에서 배워야 한다.

블랭크는 '제품 개발이 아니라 고객 개발을 하라!'고 강조한다. 그건 마케팅의 영역 아니냐고 의문을 가질지 모르지만, 그렇지 않다.

애초에 신제품의 여할 자체가 '고개에게 새로운 가치를 제공하는 것'이다. 처음부터 고객을 염두에 두고 개발되지 않은 상품은 고객의 선택을 받을 수 없다.

고객이 가치를 알아주고 사주는 것이 성공하는 제품이다. 아무도 가치를 알아주지 않고 사주지 않으면 실패하는 제품이 되고 만다.

막연한 다수 고객의 니즈에 부응하는 것은 중요치 않다. '이 제품을 사줄 고객'에게 정확히 사고 싶은 마음이 있는지 검증하고, 그러한 고객을 개발해야 한다.

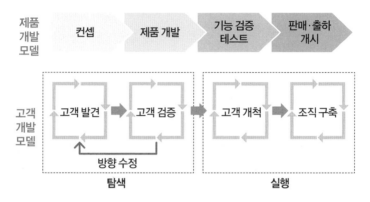

'제품 개발 모델'과 '고객 개발 모델'

| 제품 개발 모델 | 컨셉 | 제품 개발 | 기능 검증 테스트 | 판매·출하 개시 |

고객 개발 모델

고객 발견 → 고객 검증

방향 수정

고객 개척 → 조직 구축

탐색   실행

※ 《깨달음에 이르는 4단계》에서 필자가 일부 수정

다음과 같은 질문을 던져야 한다는 말이다.

• 이 제품은 고객의 어떤 과제를 해결해줄 수 있는가?
• 고객이 정말 중요하고 절실하다고 생각하는 과제인가?
• 어떻게 하면 그 고객에게 도달할 수 있는가?

이것이 바로 고객 개발 모델(Customer Development Model)의 핵심 질문이다. 그림처럼 4단계로 구성되는데, 처음에는 철저히 소수의 고객으로 좁혀서 '고객 발견'과 '고객 검증'의 사이클을 반복적으로 돌린다.

일반 고객은 반응이 없는데
운동선수들이 열광!

아사다 마오가 현역 피겨 스케이팅 선수였을 때 해외 원정을 마치고 귀국할 때면 여행가방 위에 둘둘 말린 둥근 짐이 올라가 있는 걸 볼 수 있었다. 침대 매트리스 위에 올려놓는 '에어위브(Airweave)'라는 패드 제품이었다. 그녀는 2009년부터 에어위브를 애용해왔다고 했다.

에어위브는 어떻게 개발된 상품일까?

이 회사는 본래 낚싯줄 등을 만드는 플라스틱 성형 기계 제조를 했던 곳이다. 수요가 줄어 경영이 악화되자 '플라스틱 실을 굳히는 기술을 이용해 고반발 쿠션 소재를 만들자'고 발상을 전환했다. 처음에는 가구 브랜드들을 대상으로 소파 쿠션 소재를 만들어 영업했지만 팔리질 않았다. 궁여지책으로 소비자 침구 시장으로 방향을 전환한 이들은 매트리스 패드 시제품을 200개 만들어 지인들부터 시험 사용을 해보게 했다. 반응은 호평 일색이었다. 첫해 광고비로만 4,000만 엔(4억 원)을 책정하고 판매를 시작했지만 180개밖에 팔리지 않아 매출이 1,000만 엔에 불과했다. 이상했다. 분명 좋은 상품인데 팔리질 않았던 것이다.

그런데 유독 폭발적인 고객층이 있었다. 바로 운동선수들이었다. 수면의 질을 높여서 피로를 풀어주는 에어위브가 경기력을 높여주는 하나의 무기가 되어주었던 것이다. 실적은 처참했지만, '운동선수'라는 고객층을 발견한 것은 커다란 수확이었다. 그들은 타깃을 운동선수로 좁히고, 무료 시제품을 제공하는 동시에 피드백을 받아 개선을 거듭했다. 2008년 베이징 올림픽에서 선수 70명이 에어위브를 사용했다. 이후에도 꾸준히 의견을 들어 제품을 발전시킨 결과, 2010년 밴쿠버 동계 올림픽 때에는 일본 선수의 70퍼센트가 에어위브를 사용하기에 이르렀다.

이들은 정상급 운동선수들이 꼭 성취하고 싶은 과제를 받아들고 그들로부터 배우면서 시행착오 속에서 제품을 성장시켜나갔다. 이후에는 축구 국가대표 선수들도 에어위브를 사용하기 시작했고, 소문을 들은 항공사 ANA가 국제선 1등석에 도입하고 유명 백화점이 판매를 시작했다. 운동선수들만이 아니라 '일류들이 사용하는 침구'라는 인식이 생겨나기 시작한 것이다.

에어위브는 시행착오를 통해 '운동선수'라는 협소한 고객층을 발견해냈고, 그들에게 배우고 검증 받으면서 제품을 성장시켰다. 이것이 바로 '고객 개발 모델'이다.

내 제품을 필요로 하는 고객층을 판별하는 법

블랭크는 책에서 이렇듯 자신이 타깃으로 삼아야 할 고객을 찾아내는 법을 소개한다.

첫째, 해결해야 할 과제가 있으며, 그 과제에 대해 제대로 이해하는 고객이다.

일반인들에 비해 운동선수들은 '질 좋은 수면을 취해야 한다.' 그 결과 '몸의 피로가 풀리고 경기력을 향상시켜야 한다.'는 아주 구체적이고 절실한 과제를 안고 있었다. 게다가 이들은 자신의 몸 상태에 대해서 누구보다 잘 파악한다. 어떤 점이 불편하며 어떤 점을 개선해야 하는지에 대해 아주 구체적이고 명확한 데이터를 제공해줄 수 있다.

둘째, 해결책을 찾고 있으며, 그것에 명확한 기한이 있는 고객이다.

운동선수 중에서도 국가대표 선수들은 올림픽이나 월드컵, 국제대회 등을 목표로 몸을 만든다. 기한이 있다는 것은 그만큼 절실하며 구매로 이어지기 쉽다는 뜻이다. 성과가 났을 때 평가도 빨리 돌아온다.

셋째, 바로 위와 같은 이유로 과제 해결을 위해 돈을 아끼지 않는 고객이다.

최초의 '고객 발견' 단계에서는 그 외의 다른 고객을 일단 잊어야 한다. 스타트업이든 기존 기업의 신상품 개발팀이든 시간, 인력, 자원, 자금에 한계가 있게 마련이다. 그러므로 철저히 소수의 고객으로 타깃을 좁히고, 그들이 '절실하게 필요로 하는 상품'을 만들 필요가 있다.

의욕에 차서 시작한 상품 개발이
실패하는 이유

기존의 상품 개발을 둘러싼 상식은 고객 개발 모델의 관점에서
보면, 여러 오류가 존재한다.

개발 오류 1 _ 모든 고객의 니즈를 이해하려 한다

다수의 고객이 아니라 소수로 좁힌 고객이 절실하게 원하는
기능을 실현해야 한다. 일반 소비자에게 물어보면 '푹신한 침구
가 좋다'는 쪽이 압도적이다. 운동선수들이 원하는 것은 그런 쪽
과는 거리가 멀다.

개발 오류 2 _ 고객이 원하는 기능 리스트를 반영한다

대개 제품 개발을 할 때, 마케팅 파트는 고객들이 원하는 사항
을 조사해 나열한 리스트를 개발 파트에 전달한다. 이것도 해주
고 저것도 만족시키고…. 그런데 그렇게 해서는 개발 작업만 많
아질 뿐이다. 그런 기능이 다 있다고 해서, 고객이 그 제품을 산
다는 보증은 없다.

다 좋다는 것은 어느 것 하나 뛰어난 것이 없다는 의미가 된
다. 중요한 것은 소수의 고객이 기꺼이 돈을 낼 만큼 절실하게
원하는 필요조건의 기능이다. 운동선수에게는 '질 좋은 수면'이
필수적이다.

개발 오류 3 _ 고객 집단에게 구매 여부를 물어본다

'이런 제품이 있다면 살 것 같으냐?'는 식으로 불특정 고객에게 물으면, 대개는 '갖고 싶다'고 대답한다. 하지만 그들은 실제로는 사지 않는 경우가 많다. 아무리 적은 수라도 실제 고객이 절실함을 해결하기 위해 실제로 구매하는 것이 중요하다.

소수라도 '이것밖에 선택할 게 없어!'라는 마음으로 구매하면, 그 신제품은 반드시 팔린다. 소수가 사고 나면 더 많은 고객으로 범위를 넓힐 수 있다. 에어위브는 '질 좋은 수면을 원하는 올림픽 국가대표 선수가 사용한다'고 소구함으로써, 제품을 '일류들이 사용하는 침구'로 포지셔닝 했다. 이후로는 쾌적한 수면을 원하는 소비자 일반으로 넓혀갈 수 있었다.

훌륭한 상품을 개발하는 것으로는 안 된다. 폭넓은 고객의 의견을 두루 섭렵해 반영하는 것 역시 좋은 방법이 아니다. 소수라도 '그 제품이 절실하게 필요한' 고객을 찾아내서, 그들의 유일무이한 선택지가 되어야 한다. 그런 다음에 고객의 범위를 넓혀나가면 된다. 상품 개발이 아니라 고객 개발에 대해 배워야 한다.

POINT
절실한 과제를 안고 있는 소수의 고객을 찾아내라.
그들에게 유일무이한 선택지가 될 상품을 만들고 그 후에
시장을 키워나가라

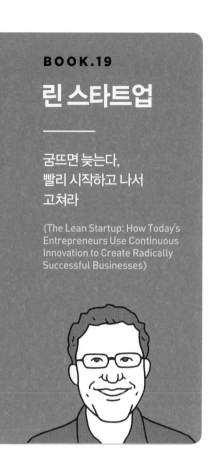

BOOK.19

린 스타트업

굼뜨면 늦는다,
빨리 시작하고 나서
고쳐라

《The Lean Startup: How Today's
Entrepreneurs Use Continuous
Innovation to Create Radically
Successful Businesses》

에릭 리스
Eric Ries

스스로가 창업자로 출발했으며, 저서 《린 스타트업》을 통해 전 세계 기업과 개인의 비즈니스 실행 멘토가 되었다. CTO를 맡은 IMVU를 비롯해 수많은 스타트업을 설립했으며, 스타트업과 벤처 캐피털뿐 아니라 GE 등 대기업의 사업 전략과 제품 전략 자문을 맡고 있다.

스타트업(Start up)이란 세상에 없던 새로운 비즈니스를 하는 기업이다. 이 책은 그것에 성공하기 위한 방법론을 알기 쉽게 소개한다. 이 책의 모태는 엄밀히 보면 [Book 20]에 소개할 '토요타 방식'으로, 제목의 '린(Lean)'이라는 용어 자체가 미국에 소개된 토요타 방식을 의미한다. '린 생산 방식'이란 현장에서 배우고 낭비를 철저히 줄이는 시스템이다. 마찬가지 원리로, '린 스타트업'이란 고객으로부터 배우고 고객에게 이익을 제공하지 못하는 낭비 요소를 줄이는 창업 방식을 말한다.

저자 자신이 스타트업이었던 IMVU의 최고 기술 책임자

(CTO)로서, [Book 18]의 저자 블랭크의 수제자다. 블랭크로부터 배운 방법론을 현장에서 실천하고 진화시켜 '린 스타트업' 방법론을 태동시켰고, 이를 폭넓은 업계에 전파해왔다.

[Book 18]에서 블랭크는 '그 상품을 필요로 하는 고객을 빨리 찾아내라'고 했다. 리스는 한 발 더 나아가 '고객이 필요로 하는 실용 가능한 최소한의 기능을 갖춘 제품을 빠르게 만들어 검증하라'고 제안한다. '실용 가능한 최소한의 기능을 갖춘 제품'을 'MVP(Minimum Viable Product)'라고 한다.

고객에게 배우면서 계속 개선해나가라

기존 제품 개발 방식에 익숙한 사람이라면, '신제품이 그렇게 쉽게 나올 리가 없잖아!' 하고 항변할 것이다. 그런데 실제 사례를 보면 이해하기 쉬울 것이다.

온라인으로 신발을 판매하는 미국 회사 자포스(Zappos)는 1999년 창업했다. 당시에는 인터넷으로 물건을 사는 일이 익숙지 않았다. 더군다나 신어보고 사는 게 당연한 신발을 인터넷으로 팔아도 될지, 과연 잘 팔릴지 알 수 없었다. 아무리 조사를 한들 알 수 있을 리 없었다.

자포스는 시장 조사에 시간을 끌지 않고, 간단한 MVP를 만들어 정말로 신발이 팔릴지 검증했다. 먼저 인근 신발 가게 허락을 받아서 판매하는 신발의 사진을 찍었다. 가게에는 '인터넷에서 팔려고 하는데 주문이 들어오면 소매가에 사가겠다'고 했다. 며칠 만에 뚝딱 판매 사이트를 만들고, 신발 사진을 업데이트하고 주문을 받았다. 그랬더니 정말로 주문이 들어왔다. 이들은 이 시범 사이트를 운영하면서 가격을 인하하면 주문량이 어떻게 변동하며 반품에는 어떻게 대응해야 하는지 등 다양한 실전 노하우를 습득했다. 본격적인 온라인 신발 판매를 시작한 자포스는 급성장했고, 아마존이 거액에 인수했다.

린 스타트업은 이렇듯 '배움의 축적'을 중시한다. 단순한 아이디어를 바탕으로 간단한 제품(MVP)을 고안하고, 고객의 반응 등 데이터를 측정한 다음, 그 결과로부터 '배움'을 축적해서 피드백하는 사이클을 반복한다.

이때 함정을 조심해야 한다. 지나치게 완벽을 추구한 나머지, 한 사이클에 너무 많은 시간을 허비하는 것이다. 시간 자체가 낭비다. 가령 자포스가 '시험용 사이트라도 깔끔하게 제대로 만들자'고 생각해 한 달이 걸렸다면, 그동안은 아무것도 배우지 못하고 허비하게 된다. 자포스는 실제 아주 단순한 MVP를 바탕으로, 심플하게 사이트를 만들고, 실제로 신발을 팔아 데이터를 얻었다. 이 모든 것이 단 며칠 만에 이루어졌다. 배움의 결과를 바탕으로 가격을 인하하거나 반품에 대응하는 등 다양한 사이클들을 재빨리 가동해서 단시간에 많은 배움을 축적해나갔다.

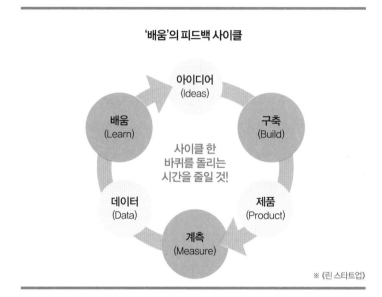

'배움'의 피드백 사이클

아이디어
(Ideas)

구축
(Build)

배움
(Learn)

사이클 한
바퀴를 돌리는
시간을 줄일 것!

제품
(Product)

데이터
(Data)

계측
(Measure)

※ 《린 스타트업》

린 스타트업에서 각 활동을 완벽하게 하는 것은 중요하지 않다. 사이클을 여러 번 돌려 고객에게서 더 많이 배우는 것이 더 중요하다. 이런 방법을 취하면, 창업이든 신사업이든 초기의 낭비 요소를 최소한으로 억제할 수 있다.

뭔가 잘못됐을 때 빠른 전환을 시도하라

신사업이나 창업에서 엄청난 아이디어나 전략을 도출하는 것이 제일 중요하다고 흔히들 생각한다. 하지만 그런 작업은 전체 과정의 5퍼센트 정도에 불과하다. 나머지 95퍼센트는 지루하고 반복적인 일의 연속이다. 제품 우선순위를 정하고 고객을 선정하고 고객에게 제품을 검증하게 하고 데이터를 얻고 배움을 축적하고 방향을 수정하는 것 같은 작업 말이다.

미국에서 보티즌(Votizen)을 창업한 창업자의 첫 발상은 단순했다. '시민이 정치에 직접 참여할 수 있는 시스템을 만들 수 없을까?' 그는 3개월에 걸쳐 인터넷을 통해 유권자들을 연결하는 기능을 만들었는데, 초기에는 등록하는 사람이나 이용하는 사람이 거의 없었다. 다시 8개월을 들여 자잘한 편의성을 개선했더니 이용자가 소폭 상승했다. 하지만 애초의 목표에는 턱없이 미달했다. 결국 유권자끼리 연결하는 기능은 과감히 없애고, 정치인에게 직접 의견 전달을 하는 SNS 형태의 시스템으로 단순화시켰다. 그러자 가입자가 급증했다. 문제는 수익모델이었다. 비즈니스가 되려면 돈이 벌려야 하는데, 돈을 내고 사용하겠다는 사람은 1퍼센트도 되지 않았다. 어쩔 수 없이 방향을 전환해서, 로비 활동을 하는 기업으로부터 돈을 받는 시스템을 만들었다. 하지만 기업들은 머뭇거리기만 할 뿐, 선뜻 계약을 해주지 않았다.

그래서 다시 한 번 방향을 전환해, 사용자가 자신이 실현하고 싶은 정치 운동에 찬동하는 동료를 모집하기 위해 메시지 당 20센트를 지불하는 방식으로 바꿨다. 그러자 이용자가 늘었을 뿐 아니라, 11퍼센트 가량의 이용자들이 지갑을 열게 되었다.

보티즌의 성공 뒤에는 좌절하지 않고 자잘하게 수정하고 전략을 계속 전환한 꾸준한 노력이 있었다. 이런 식의 전략 선회를 이 책에서는 '피벗(Pivot)'이라고 명명한다. 이미 업계에서 통용되는 일반 용어가 된 피벗은 그 자체로 '방향을 바꾼다'는 의미다. 뭔가 잘못됐다고 감지되었을 때, 재빨리 고객의 관점에서 방향 전환을 하는 태세가 필요하다.

'개선'이라고 하면 대수롭지 않은 무의미하고 반복적인 노동처럼 보인다. 그러나 역동하는 창조의 현장인 실리콘밸리에서 오늘날 가장 중요한 가치가 바로 '고객의 관점에서 배움을 축적하는 개선'의 힘이다. 이 원리를 바탕으로 전 세계에서 수많은 신사업들이 만들어진다. 실리콘밸리의 창업자들은 '놀라운 아이디어는 5퍼센트에 불과하고, 나머지 95퍼센트는 수수한 개선 작업의 축적'임을 잘 알고 있다.

미지의 영역에 도전하는 세계 최첨단 비즈니스일수록 고객의 시점에서 우직한 개선 활동을 통해 새로운 배움을 축적하는 것이 중요하다. 당신이 몸담은 곳에서도 그러한 방법론을 어떻게 실천할지 궁리해볼 필요가 있다.

POINT 새로운 사업으로 성공하고 싶다면 고객이 필요로 하는 아주 단순한 제품(MVP)을 최대한 빨리 만들어 고객 관점으로 개선해가는 린 스타트업 방식을 채용하라

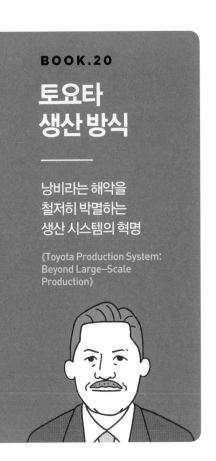

BOOK.20

토요타 생산 방식

―――――

낭비라는 해악을
철저히 박멸하는
생산 시스템의 혁명

《Toyota Production System:
Beyond Large-Scale
Production》

오노 다이이치

大野 耐一

간판 방식 등의 생산 관리 방식으로 유명해진 '토요타 생산 방식'을 체계화한 인물. 1912년에 중국 다롄에서 태어나 1932년에 나고야 고등공업학교를 졸업한 뒤 도요다 방적에 입사했으며, 그 후 토요타 자동차 공업으로 옮겼다. 토요타 자동차 공업 부사장, 토요타 방적 회장 등을 역임했으며, 1990년 작고했다.

세계에서 가장 효율적으로 자동차를 생산하는 기업 토요타의 생산 방식을 최초로 소개한 책이다.

여기서 이 책을 소개하는 이유는 창업과 신사업의 새로운 발상에 커다란 영향을 끼쳤기 때문이다. [Book 19]의 '린 스타트업 방식'은 낭비를 철저히 줄이는 토요타 생산 방식을 '고객의 관점으로 신사업을 시작하는 방법론'으로 진화시킨 것임을 앞서도 밝힌 바 있다.

이 책의 일관된 주장은 '낭비의 철저한 박멸'이다. '낭비'란 비용은 드는데 부가 가치(out-put)를 내지 않는 모든 것이다. 토요타 생산 방식은 온갖 낭비를 철저히 배제함으로써 효율 극대화를 지향한다.

기업을 가만히 들여다보면 낭비 요소가 많다. 최악의 낭비는 '과잉 생산'이다. 만드느라 들어간 원재료, 노력, 비용, 거기다가 팔리지도 않을 제품을 팔려고 노력하는 낭비에다 재고를 쌓아두는 낭비에 이르기까지. 저자는 이를 죄악이라고까지 표현한다.

생산 시스템에서
낭비를 줄일 방법은 없는가?

토요타 생산 방식은 낭비를 박멸하기 위해 2개의 기둥을 갖춘다. 이제는 많은 생산 기업이 도입하고 있는 방식이기도 하다.

토요타 생산 방식 1　저스트 인 타임(JIT)

자동차 생산에는 3,000여 개의 부품을 가공하고 조립하는 수백 가지 공정이 필요했다. 각 공정에 필요한 부품을 필요한 때 필요한 만큼만 준비해놓는다는 발상이 저스트 인 타임(JIT)이다.

필자가 독신일 때 주말에 시간이 나면 식재료를 한꺼번에 사두곤 했다. 그러다보니 상해서 버리는 일이 잦았다. '뭘 해먹을까?'가 공장으로 말하면 생산 계획인데, 아무리 계획을 잘 세워도 현실에서는 그대로 되지 않을 때가 많다. 그래서 낭비가 많이 생긴다. 요즘엔 매일 식재료를 사러 간다. 오늘 먹을 메뉴만 생각하고 필요한 것만 사다 요리해서 바로 먹는다. 이것이 바로 JIT 사고다.

JIT 방식에서는 주문을 바탕으로 당일 생산할 자동차 대수를 결정하고, 거기 필요한 부품만 준비한다. 최종 공정으로부터 역산해서 공정마다 필요한 부품만 준비한다.

그런데 이게 처음부터 잘 되었을 리 없다. '앞 공정에서는 다음 공정으로 보낼 만큼의 부품 재료만 준비하라'고 해도 현장에서는 늘 필요 이상으로 재고를 확보한다. 그게 사람들의 일반적 심리다. '혹시 모르니까' 하는 마음인 것이다. 하지만 필요 이상의 재고는 곧 낭비다.

공정과 공정의 원활한 소통을 위해 정말 필요한 것만 정리한 것이 바로 '간판 방식(Kanban System)'이다. 오노는 미국 슈퍼마켓을 보고 '간판' 개념을 착안했다고 한다. 슈퍼마켓도 필요한 상품을 필요할 때 필요한 만큼만 매입한다.

오노는 슈퍼마켓 방식을 공장에 응용하기 위해서, 전(前)공정을 슈퍼마켓, 후(後)공정을 고객이라고 가정했다. 고객인 후공정은 필요한 부품을 필요할 때 필요한 만큼만 슈퍼마켓인 전공정으로 가지러 간다. 이때 뭐가 필요한지 전달하는 수단이 바로 '간판'이다. '간판'은 제품의 제조나 운반에 필요한 정보가 적혀 있는 종이 카드로, 현물인 부품은 항상 이 '간판'과 함께 움직인다.

토요타 생산 방식 2 _ 사람이 포함된 자동화

두 번째 기둥은 '자동화(自働化)'다. 그런데 한자에 유의할 필요가 있다. 움직인다는 의미의 동(動)자에 사람 인(亻)이 붙어 있다.

본래 이 개념은 토요타의 창업 시기로 거슬러 올라간다. 도요다 사키치(豊田佐吉)가 1896년 발명한 자동 직조기에는 이상이 감지되면 자동으로 운전이 정지되는 기능이 있었다. 그래서 자동으로 돌아갈 뿐 아니라 좋고 나쁨을 판단하면서 움직이는 것을 일컬어 '자동화(自働化)'라고 한다.

후공정으로부터 역산해 필요한 만큼만 만든다

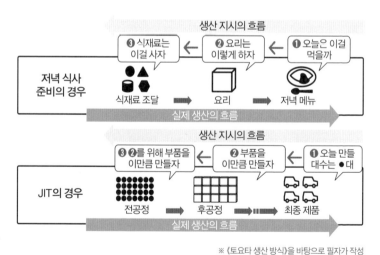

※ 《토요타 생산 방식》을 바탕으로 필자가 작성

토요타 공장에서는 작업이 표준대로 진행되지 못할 때, 누구라도 생산 라인을 멈출 수 있다. 정지시킨 후에 사람이 직접 보고 문제를 특정한 다음, 해결책을 도출해 표준 작업에 적용한다면 문제가 재발하지 않는다.

문제가 생겼을 때 5번 '왜?'라고 물어라

문제가 생겼다. 그러면 어떻게 할까? 이때에 토요타는 문제의 원인을 파헤치기 위해 5번 '왜?'라고 묻는 절차를 밟는다.

❶ 왜 기계가 멈췄지? → 과부하가 걸려서 퓨즈가 끊어졌다.
❷ 왜 과부하가 걸렸지? → 축수부의 윤활이 충분하지 않다.
❸ 왜 윤활이 충분하지 않았지? → 윤활 펌프가 제대로 가동되지 않았다.
❹ 왜 제대로 가동되지 않았지? → 펌프 축이 마모되었기 때문이다.
❺ 왜 마모됐지? → 여과기가 달려 있지 않아서 금속 부스러기가 들어갔다.

이렇게 총 5회의 '왜?'를 물은 결과, '여과기를 부착한다.'라는 근본 대책을 취할 수 있다. 이렇게 근본 대책을 세우면, 같은 문제가 재발하는 걸 막을 수 있다.

원인을 규명할 때는 누구의 잘잘못이냐를 따지기보다, 철저히 사실에 근거해 논리적 사고를 하는 게 중요하다. 그리고 철저히 현장의 관점에 입각해 사고해야 한다. 토요타 공장에는 생산 현장의 이상을 알리는 '안돈(行燈, Andon)'이라는 표지판이 있다. 이것을 보면 생산 공정 중 어디에서 문제가 발생했는지를 한눈에 알 수 있다.

토요타는 외부에 자신들의 생산 방식을 적극적으로 가르치고, 생산 과정도 공개한다. 그러나 무작정 도입했다가 오히려 문제가 생긴 현장이 적지 않다고 한다. 이유가 뭘까? 현장이 스스로의 시스템에 대해 충분히 고민해보지 않고, 토요타 생산 방식이라는 형식만 도입해서는 효과를 볼 수 없다. 토요타 생산 방식은 현장주의 발상이다. 뇌가 지시하지 않아도 심장이 움직이고 위장이 음식을 소화시키는 것은 자율 신경 덕택이다. 자율 신경처럼 현장이 스스로 생각하고 움직이는 것이 필요하다.

토요타 생산 방식은 비단 생산 현장만이 아니라 전 세계의 다양한 영역으로 확산되었다. 낭비를 줄이고 현장의 노하우를 업무 효율로 연결하는 근본 원리를 잘 생각해볼 필요가 있다.

POINT
낭비를 철저히 없애고 문제가 재발하지 않도록 해결하는 토요타 생산 방식의 효용성을 검토해 현장에 도입하라

어댑트

자주 빨리 실패하라,
그것만이 진화의
원동력이다

《Adapt: Why Success Always
Starts with Failure》

팀 하포드
Tim Harford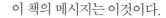

〈파이낸셜 타임즈〉 시니어 칼럼니스트. 'The Undercover Economist'라는 칼럼을 오랫동안 연재하고 있다. 쉘, 세계은행 등에서 일한 경험이 있으며, 영국 왕립 경제학회 평의원, 영국 왕립 통계학회 명예회원, 옥스퍼드 대학 너필드 칼리지 객원 교수이기도 하다.

이 책의 메시지는 이것이다.

'계획에 너무 많은 시간을 들이지 마라. 실패를 두려워하지 말고 시행착오를 거치며 계속해서 새로운 것을 하라!'

설령 완벽한 계획이라도 계획대로 진행되지 않는 경우가 대부분이다. 현실 세계에서는 예상 못한 일들이 많다. 발생할 모든 상황을 예견하는 것은 불가능하다. 그렇다면 어떻게 해야 할까?

경제학자이자 저널리스트인 저자는 생물학에서 힌트를 얻었다. 최초의 단세포였던 생물은 긴 시간에 걸쳐 인류로 진화했다. 이는 누군가가 계획한 것이 아니다. 완전히 무계획적인 것이다.

생물의 진화를 컴퓨터로 시뮬레이션한 사람이 있다. 컴퓨터 그래픽으로 수조 환경을 조성하고, 형태와 움직임이 단순한 가상의 생물을 집어넣는다. 그리고 '변이와 선택'이라는 진화 시스템을 응용해 수조 바닥에서 허우적대는 개체는 탈락시키고 헤엄칠 수 있는 개체는 무작위로 변화하도록 명령어를 입력했다. 그랬더니 올챙이, 가오리, 장어처럼 생긴 가상 생물뿐 아니라, 지구상의 어떤 생물과도 닮지 않은 개체가 잔뜩 탄생했다. 지금의 복잡한 생명은 돌연변이로 우연히 탄생한 개체 중에서도 환경에 적응해서 선택 받은 것만 살아남는 과정이 오랜 세월 반복되어 생겨났다. 이 책의 제목 '어댑트(Adapt)'는 그 자체로 '적응하다', '순응하다'라는 의미다.

환경에 적응하기 위해 계속 변화한다

'변이(Variation)'와 '선택(Selection)'이라는 시행착오 개념은 진화에서만이 아니라, 비즈니스 세계에서도 적용된다. 아무도 생각해 내지 못했던 새로운 아이디어를 잇달아서 시도하면, 당연히 실패도 많이 하게 된다. 그러나 이 실패가 중요하다. 실패에서 배워야만 격변하는 비즈니스 환경에 적응해 진화할 수 있기 때문이다.

큰 조직일수록 '완벽한 계획을 세우는 것'을 지향한다. 시행착오를 통해 배우려 하지 않는다. 인간 자체가 실패를 인정하고 방향을 바꾸는 일을 본능적으로 싫어한다. 그래서 '실수로부터 배워라'라는 말은 쉬워도 실천하기는 어렵다.

진화론의 대가 다윈은 말했다. "가장 강한 자가 살아남는 것도 아니고, 가장 현명한 자가 살아남는 것도 아니다. 환경에 맞춰 변화할 수 있는 자가 살아남아서 계속 진화한다."

환경에 맞춰 계속 변화할 때에만 진화가 가능하다. 어떻게 그것이 가능할까? 하포드는 3단계를 제시한다.

진화 단계 1 _ 새로운 것을 시도한다

다만, 도전에는 실패가 따르게 마련이라는 것을 전제하고 실패를 각오한다.

진화 단계 2 _ 실패하더라도 문제가 되지 않게 한다

실패가 곧 큰 타격으로 이어지지 않도록 새로운 시작은 작게, 작은 걸음으로 조금씩 나아간다. 실패하더라도 그 파급이 크지 않도록 미리 대책을 세운다. 당연히 도박은 피해야 한다.

진화 단계 3 _ 실패를 실패로 인정한다

실패를 인정하지 않으면, 실패로부터 아무것도 배울 수 없다.

구글은 세계 최대의 대기업이 되었지만, 지금도 도전을 멈추지 않는다. 실패작도 많다. 대대적인 홍보와 함께 시작한 SNS 서비스 구글 플러스는 좌초 단계고, 로봇 분야의 신기술 업체를 인수했다가 소프트뱅크에 다시 매각했다. 그럼에도 도전을 멈추지 않는다. 구글에는 '실험적인 시도의 대부분은 실패한다!'는 것을 잘 이해하는 바탕에서 시행착오를 반복하는 기업 문화가 있다.

변화를 멈추는 순간, 쇠퇴가 시작된다

100년도 훨씬 전에 에디슨은 '발명 공장'에 수천 명의 인재를 모아 놓고 1,000가지가 넘는 발명과 기술 혁신을 탄생시켰다.

"1만 번을 실패하더라도 실패가 아니다. 한 번 실패할 때마다 한 걸음씩 앞으로 나아간다."

"진짜 성공은 24시간 속에서 얼마나 많은 실험을 할 수 있느냐에 따라 결정된다." 에디슨의 말이다.

과거 영화를 누렸다가 일순간 부진에 빠진 많은 대기업들을 보면, 리스크를 두려워하고 변화를 거부하는 무사안일주의가 보인다. 3단계 기본 원칙에 따라 도전하고, 실패로부터 배워나간다면 격변하는 환경에서 진화할 수 있을 것이다.

POINT 실패할 것을 예상하고 작은 도전을 반복하면서, 실패로부터 배우는 기업만이 진화에 성공할 수 있다

BOOK.22
제로 투 원

0에서 1을 창조해내는
발상으로
창업하고 성공하라

《Zero to One: Notes on
Startups, or How to Build the
Future》

피터 틸
Peter Thiel

실리콘밸리에서 가장 주목받는 창업자이자 투자다. 1998년 페이팔을 공동 창업하고 회장 겸 CEO로 취임했으며, 2002년 이베이에 매각했다. 일론 머스크를 위시로 페이팔 창업자들은 실리콘밸리에서 절대적인 영향력을 행사한다. 항공 우주, 인공 지능, 컴퓨터, 에너지, 건강, 인터넷 등의 분야에서 혁신적인 테크놀로지를 보유한 스타트업에 투자하고 있다.

저자는 세계 최대 온라인 결제 서비스 페이팔(Paypal) 창업자 중 한 명이다. 페이팔을 이베이에 15억 달러(2조 원)에 매각했고, 그 자금으로 수많은 창업 기업에 투자한다. 이 책은 수많은 창업자들을 컨설팅한 저자 틸이 스탠퍼드 대학 학생들에게 자신의 경험을 강의한 내용을 정리한 것이다.

제목 그대로 0에서 1을 창조해내는 발상을 가르쳐준다. 인류는 태곳적부터 0에서 1을 만들어내며 진화해왔다. 그런데 미래는 어떨까? 불과 수십 년 전만 해도 이 세상이 인터넷으로 연결되어 어디서든 서로의 얼굴을 보며 대화할 수 있고, 회사에 가지 않고도 일을 할 수 있으리라 예상하기 힘들었다. 세상의 변화가 빠르고 획기적인 만큼, 새로운 것을 창조해내기도 쉽지 않다.

틸은 세상의 진화에는 2가지 종류가 있다고 말한다.

첫째, '1을 n으로 만드는 진화'다. 과거의 성공을 참고해 더욱 개선한다. 하지만 새로운 것을 만드는 것은 아니다. 이미 라이벌이 존재하는 영역이며, 경쟁이 심한 만큼 수익도 적다.

둘째, '0에서 1을 만드는 진화'다. 아무도 하지 않은 것을 해야 하기 때문에, 과거의 성공 패턴은 참고가 되지 않는다. 라이벌이 없어 시장을 독점할 수 있기에, 수익이 높다.

그렇다면 후자의 진화는 어떻게 가능할까? 틸이 채용 면접에서 반드시 한다는 질문에 그 답이 응축되어 있다.

"남들은 동의하지 않는데, 당신이 중요하다고 여기는 진실은 무엇인가(What Important truth do very few people agree with you on)?"

경쟁은 그 자체로 커다란 낭비

간단해 보이지만 대답하기가 매우 어려운 질문이다.

'사람들이 돈을 가지고 다니지 않게 된다.'는 대답은 이젠 틀렸다. 지금은 많은 이들이 찬성하는 진실이기 때문이다.

많은 사람이 추호도 의심하지 않는 상식, 그것을 뛰어넘은 곳에 '숨겨진 사실' 즉 미래를 향한 진화의 씨앗이 있다.

2009년에 이런 생각을 했다면 어떨까? '어딘가를 가고 싶어 하는 사람과 데려다 주고 싶어 하는 사람을 연결해주면 커다란 비즈니스가 될 거야. 택시를 타면 된다고 생각할 뿐, 이 비즈니스의 위력은 아무도 깨닫지 못하고 있어.'

당시에 이 생각에 찬성하는 사람은 거의 없었다. 그러나 이 숨겨진 사실을 실현함으로써, 2018년 현재 기업 가치 1,200억 달러(135조 원)를 달성한 기업이 있다. 바로 우버(Uber)다.

남들과 비슷한 것을 하니까 경쟁을 하게 된다. 그리고 경쟁은 그 자체로 커다란 낭비다. '숨겨진 사실'을 찾아내고 그것을 실현해서 시장을 만들어 독점한다면, 불필요한 경쟁을 하지 않아도 된다.

이렇게 해서 탄생하는 독점 기업은 4가지 특징을 보인다.

제로 투 원 기업 특징1_ 독보적 기술력

2위보다 10배는 우수한 독자적인 기술을 갖고 있다. 구글은 검색, 아마존은 풍부한 상품 라인업이라는 기술로 라이벌을 압도한다.

제로 투 원 기업 특징2_ 네트워크 효과

페이스북은 아는 사람들이 거의 대부분 사용하고 있기 때문에, 가치가 있다. 이처럼 이용자가 늘어날수록 편의성이 높아지는 네트워크 효과를 적극 활용한다.

제로 투 원 기업 특징 3 _ 규모의 경제

독점 기업 다수는 소프트웨어 기업이다. 소프트웨어를 만드는 데는 개발비면 충분하다. 사용자가 늘어난다고 해서 그에 비례해서 비용이 증가하지 않는다. 사용자가 늘어나서 증가한 매출은 고스란히 막대한 수익으로 이어진다.

제로 투 원 기업 특징 4 _ 강한 브랜드

기술력과 네트워크 효과, 규모의 경제를 통한 실적을 바탕으로 강력한 브랜드 파워를 형성한다. 'OO 하면 OO'를 떠올리게 하는 위력은 매우 막강하다. 여전히 많은 이들이 검색 하면 구글, SNS 하면 페이스북을 떠올린다.

비전을 공유하는 소수의 사람들로 시작하라

새로운 것을 시작할 때 흔히들 '큰 시장을 공략하라'고 말하는데, 틸은 이것이 큰 잘못이라고 말한다. 먼저 작게 시작해서 작은 시장을 완전히 독점해야 한다. 페이팔을 시작했을 때, 틸은 타깃을 이베이에서 거래가 많은 파워유저 수천 명으로 좁혔다. 3개월 동안 집중적으로 영업 활동을 펼쳐서, 그들 중 1/4이 페이팔을 이용하도록 끌어들였다.

일단 작은 시장을 독점한 다음 규모를 확대한다. 아마존은 서적 판매 분야에서 압도적인 상품 라인업을 실현하고, 그 다음에 소매용품 시장으로 확장했다.

0에서 1을 만들어내려면 처음이 중요하다. 틸은 '창업 초기에 엉망인 스타트업은 시간이 지나도 나아지지 않는다!'라는 '틸의 법칙(Thiel's Law)'을 주창했다. 먼저 명확한 비전을 만들고 체계적인 사업 내용을 결정한다. 그리고 비전을 공유하는 소수의 사람들로 시작한다. 틸은 그 이유를 이렇게 강조한다.

"시간은 가장 소중한 자원이다. 함께 있고 싶다는 생각이 들지 않는 사람을 위해 그 소중한 자원을 사용하는 것은 너무나 아까운 일이다. 유대가 강할수록 마음 편하게 일할 수 있으며 미래의 커리어도 잘 풀린다. 그래서 함께 일하는 것을 진심으로 즐겁게 생각해주는 사람들을 고용하기로 했다."

새로운 사업을 시작할 때는 멤버도 적고 경영 자원도 한정적이다. 빠르게 움직이지 않으면 살아남지 못한다. 그러므로 자신과 닮은 사람들을 모아야 한다는 것이 틸의 생각이다.

한편 틸은 [Book 19]나 [Book 18]의 'MVP로 시행착오를 거듭하는 방식'에 대해 비판적이다. 너무 스케일이 작아서, 0에서 1을 창조해낼 수 없다는 게 요지다. 린 스타트업이 다윈의 진화론적 발상을 전제로 한다면, 틸은 '지적 설계' 발상에 가깝다. 즉 우주나 생명은 우연히 생겨난 것이 아니라 고도로 지적인 존재에 의해 창조되었다'는 영감론에 바탕을 둔다. 0에서 1을 만들어내려면, 위대한 발상이 우선된다는 것이 틸의 생각이다.

둘 중 어느 것이 옳고 그른지 논쟁할 필요는 없다고 생각한다. 스타일의 차이일 뿐, 두 방법론 모두 획기적 신사업을 수없이 탄생시키는 훌륭한 매개이기 때문이다. 새로운 것을 만드는 방법은 하나가 아니다. 개성에 따라 달라도 된다. 당신이 내 생각과 가깝다고 판단되는 쪽을 고르면 그만이다.

안타깝게도 선진국 대열에 이른 국가의 많은 기업들이 '1에서 n을 만드는 진화'에만 골몰해 있다. 따라 하는 것은 리스크가 적어보이지만, 금세 과당 경쟁이 되어버린다. 경쟁자가 많아 성공 가능성도 낮아진다. 그러니 '0에서 1을 만드는 숨겨진 사실' 속에서 금맥을 찾아내는 일에 적극적으로 도전해야 하지 않을까?

기업 소속 직장인이야말로 리스크로부터 자유로우면서도 도전할 수 있는 위치라고 생각한다. 구성원들이 더 많이 도전한다면, 기성 기업에서도 수많은 이노베이터가 탄생할 것이다.

POINT '찬성하는 사람이 거의 없는 숨겨진 중요한 사실'을 발견해내고 0에서 1을 창조하는 진화를 시도하라

BOOK.23

블루오션 전략
(확장판)

경영 전략의 결정판,
경쟁 없는 시장을
창조하는 법

《Blue Ocean Strategy, Expanded
Edition: How to Create
Uncontested Market Space
and Make the Competition
Irrelevant》

김위찬·르네 마보안
W. Chan Kim · Renee Mauborgne

두 사람 모두 INSEAD의 교수이면서 블루오션
전략 연구소의 공동 디렉터를 겸임하고 있다. 공
저인 《블루오션 전략》이 공전의 베스트셀러가
되면서, 역사상 가장 영향력이 큰 전략서의 대표
작으로 간주된다. 블루오션 글로벌 네트워크의
설립자이기도 하다.

"라이벌과 가격 경쟁을 벌이느라
수익이 심각하게 좀먹고 있습니
다…."

"경쟁에서 어떻게 이겨야 할지
지혜를 짜내야 할 때입니다."

필자는 경영자나 임원들로부터
이런 이야기를 종종 듣는다. 과도한 경쟁은 소모전으로 이어진
다. 이런 분들에게는 이 책을 꼭 권하고 싶다.

이 책은 라이벌들이 치열하게 경쟁하는 시장을 여러 마리의
상어들(기업)이 소수의 물고기들(고객)을 놓고 다투느라 피로 새
빨갛게 물든 바다에 비유해 '레드오션(Red Ocean)'이라고 부른
다. 한편 라이벌이 없는 새로운 시장은 푸른 바다에 비유해 '블

루오션(Blue Ocean)'이라고 부르며, 이 책은 제목대로 그러한 블루오션을 만드는 법을 구체적으로 소개한다.

2005년 출판된 초판은 커다란 반향을 불러일으켰고, '블루오션'과 '레드오션'은 일반명사가 되었다. 라이벌 없는 새로운 시장을 '블루오션'이라는 쉬운 용어로 표현한 것은 이 책의 히트 요인 중 하나일 것이다. 확장판은 초판이 나온 후 10년 후에 출판되었다.

지금 우리 주위에 있는 전화, 자동차, 편의점, 스포츠클럽 등 실로 다양한 비즈니스 대부분은 100년 전까지만 해도 존재하지 않던 것들이다. 최근 30년으로 범위를 좁혀도 스마트폰, 인터넷 쇼핑 등 이전에는 상상도 못했던 시장이 새로이 생겨났다. 게다가 세상의 변화는 더욱 빨라지고 있다. 앞으로 30년 후에도 지금의 우리가 상상도 할 수 없던 시장이 무수히 생겨나 있을 것이다.

그런 시장들은 예외 없이 처음에는 '블루오션'이다.

새로운 블루오션을 만드는 패턴

이 책에 소개된 인스턴트 이발소 QB하우스를 예로 들어서, 블루오션이 창조되는 패턴에 대해 한 번 살펴보자.

남성 독자들은 대략 월 1회 정도 이발을 할 것이다. 미장원을 가든 이발소를 가든, 순수하게 머리카락을 자르는 데 걸리는 시간은 10분 정도밖에 안 된다. 하지만 그보다 더 오래 머물러야 하고, 요금도 꽤 비싸다. 개중에는 머리를 감겨주고 말려주고 스팀 타월을 주고, 어깨를 안마해준다든가 차나 커피를 제공하는 곳도 있다. 예약이 필요한 곳도 많다. '그냥 머리만 자르면 되는데…' 하고 생각하면서도 한 시간 이상씩 허비하고 적게는 3만 원에서 5만 원의 비용을 지불한다.

QB하우스 창업자 고니시 구니요시(小西國義) 역시 같은 의문을 품었다. '왜 이발소에 긴 시간을 붙잡혀 있어야 하는 걸까?' 조사 결과 남성의 30퍼센트 이상이 자신과 같은 불만을 품고 있다는 걸 알게 됐다. '이건 비즈니스가 되겠다!'라고 생각한 그는 QB하우스를 창업했다.

QB하우스는 부가적인 서비스가 일절 없다. 머리 감겨주기, 말려주기, 헤어스타일 다듬어주기, 어깨 안마, 커피 제공 같은 서비스는 전혀 하지 않고 커트에만 특화한다. 커트 후에는 에어 워셔라는 시스템으로 잘린 머리카락을 공기로 빨아들이기 때문에, 수도 공사 없이도 어디서든 쉽게 영업할 수 있다. 창업 비용도 그만큼 절감된다.

매장 밖에는 신호등을 설치해서 얼마나 기다려야 하는지 직관적으로 알려준다. 예약 담당 직원도 필요 없고 다른 서비스도 전혀 없으니 요금은 1,000엔(1만 원)으로 낮췄다. QB하우스는

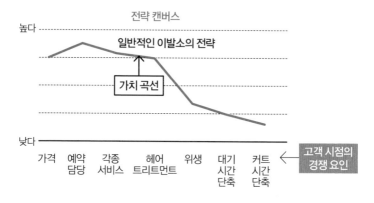

❶ 일반적인 이발소의 전략을 파악한다

전략 캔버스

높다

일반적인 이발소의 전략

가치 곡선

낮다

| 가격 | 예약 담당 | 각종 서비스 | 헤어 트리트먼트 | 위생 | 대기 시간 단축 | 커트 시간 단축 |

← 고객 시점의 경쟁 요인

※《블루오션 전략 확장판》을 바탕으로 필자가 일부 수정

500호 매장을 돌파하는 등 부진에 시달리는 미용업계에서도 꾸준히 성장하고 있다.

블루오션 전략에 입각해서, QB하우스의 전략을 분석해보자.

블루오션 패턴 1

통상적인 업계의 전략을 파악하라

고객의 관점에서 이발소를 선택하는 기준을 살펴본다. 이발소 대신 다른 업종을 대입해도 마찬가지 패턴을 따르면 된다. 이를

'고객 관점의 경쟁 요인'이라고 한다. '가격, 예약 담당, 각종 서비스, 헤어트리트먼트, 위생, 대기 시간 단축, 커트 시간 단축' 같은 것이 그러한 요인들이다.

이 요인들을 가로축에 늘어놓고 각각에 대해 고객이 판단했을 때, '낮다'부터 '높다'까지 그 수준에 대해 점수를 매긴다. 이들을 곡선으로 연결해보면 통상적인 업계의 전략을 평가할 수 있다.

전략 수준을 평가해낸 이러한 정리 도표가 '전략 캔버스(Strategy Canvas)'이고, 그 위에 그려진 곡선이 '가치 곡선(Value Curve)'이다. 곡선 자체가 고객에게 제공하는 가치를 반영한다고 해서 붙여진 이름이다. 가치 곡선을 보면, 미용업계의 통상적

❷ '4가지 행동'을 생각한다
QB하우스의 행동 매트릭스

없앤다	늘린다
• 예약 담당 • 수도 공사	• 위생 • 대기 시간 단축 • 커트 시간 단축

줄인다	창조한다
• 각종 서비스 • 헤어트리트먼트 • 커트 가격	• 에어워셔 시스템

※ 《블루오션 전략 확장판》을 바탕으로 필자가 작성

인 전략이 전부 비슷하다는 것을 한눈에 알 수 있다.

블루오션 패턴 2

4가지 원칙에 입각해 착안하라

업계의 통상적인 가치 곡선을 파악했다면, 다음과 같은 질문에 입각해서 블루오션을 창출해낼 힌트를 얻어낸다.

다음 4가지 원칙(4 Principles)을 적용해, 기존 업계가 하지 못하는 새로운 영역을 창출할 힌트를 얻어낸다.

- **원칙 1 :** 기존 업계에서 상식이 되어 있는 요인 가운데 없앨 것(Eliminate)은 무엇인가?
- **원칙 2 :** 업계 표준이 된 요인들 중에서 과감하게 줄일 것(Reduce)은 무엇인가?
- **원칙 3 :** 업계 표준이 된 요인들 중에서 대담하게 늘릴 것(Raise)은 무엇인가?
- **원칙 4 :** 기존 업계에서는 지금까지 제공하지 않은 새로이 만들어내야 할 것(Create)은 무엇인가?

블루오션 패턴 3

새로운 전략 캔버스를 그려라

새로이 만들어갈 상품 혹은 서비스의 새로운 가치 곡선을 그려

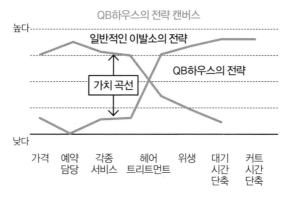

❸ 새로운 전략 캔버스를 그린다

QB하우스의 전략 캔버스

높다

일반적인 이발소의 전략

QB하우스의 전략

가치 곡선

낮다

| 가격 | 예약
담당 | 각종
서비스 | 헤어
트리트먼트 | 위생 | 대기
시간
단축 | 커트
시간
단축 |

※《블루오션 전략 확장판》을 바탕으로 필자가 일부 수정

나간다. 앞서 기존 업계의 가치 곡선과 얼마나 확연하게 차이가
나는가?

그림에서처럼 통상적인 이발소와 QB하우스가 고객에게 제
공하는 가치가 전혀 다르다는 것을 한눈에 파악할 수 있다.

블루오션 전략은 라이벌의 동향 따위를 낱낱이 분석해, 일일
이 대응 전략을 세우고 작은 전투를 반복하는 일을 하지 않는다.
업계 전체의 전략을 파악하고, 이전과는 다른 발상으로 전혀 새

로운 시장을 창출할 방법을 찾아내려 한다. 나무를 보는 대신, 숲을 보는 관점을 획득하는 것이다.

라이벌이라고 여기는 상대들과 싸워 승리할 방법을 근시안적으로 모색하지 않는다. 고객의 관점에서 생각하면서, 아직 제공되고 있지 않은 더 높은 가치를 만들어낸다. 동시에 업계의 상식을 대담하게 타파하고 비용 절감도 실현한다. 가치 구조와 비용 구조를 동시에 개혁한다.

QB하우스 창업자는 한 언론과의 인터뷰에서 이렇게 말했다. "어째서인지 업계에서 공적(公敵) 취급을 받고 있습니다. 하지만 기존 업장들의 숨통을 끊어놓겠다는 생각은 전혀 없습니다."

싸우지 않겠다고 말은 하지만, 어쩐지 더 무서운 느낌이 든다. 블루오션 전략의 발상은 라이벌이 없는 새로운 비즈니스를 창조해내는 데 큰 힌트가 될 것이다.

POINT
라이벌들과 같은 룰로 싸워서 이기려 애쓰지 마라.
철저히 고객의 관점에서 새로이 사고함으로써 전혀 새로운
경쟁 없는 시장을 창조해내라

BOOK.24

블루오션 시프트

기존의 낡은 시장도
블루오션으로
전환시킬 수 있다!

《Blue Ocean Shift: Beyond
Competing – Proven Steps to
Inspire Confidence and Seize
New Growth》

김위찬·르네 마보안
W. Chan Kim · Renee Mauborgne

두 사람 모두 INSEAD의 교수이면서 블루오션 전략 연구소의 공동 디렉터를 겸임하고 있다. 공저인 《블루오션 전략》이 공전의 베스트셀러가 되면서, 역사상 가장 영향력이 큰 전략서의 대표작으로 간주된다. 블루오션 글로벌 네트워크의 설립자이기도 하다.

업계의 세미나에서 [Book 23]을 소개한 적이 있는데, 한 베테랑 경영자가 이런 말을 해주었다.

"신생 벤처 기업에는 도움이 되겠군요. 하지만 저희는 오래된 회사이고 우리를 사랑해준 고객들을 떠날 생각이 없습니다. 그런데 시장이 자꾸만 줄어들고 있어 걱정입니다. 어떻게 해야 좋을까요?"

이 책은 이런 경영자들의 고민에 답을 제시해준다. 쇠퇴하는 시장이라 해도, 신사업은 얼마든지 시작할 수 있다. 제목처럼 '블루 오션으로 전환(Shift)'할 수 있다. 이 책은 평범하고 전통적인 기업이 블루오션 시장을 개척할 수 있는 방법을 소개한다. 기본적인 방법론은 '블루오션 전략'과 같지만, 발상은 좀 더 실천적이다.

　회사에서 새로운 전략을 만들어 실행하려면 반대에 부딪히는 경우가 많다.
　"탁상공론에 불과합니다."
　"현실적이지 못한 아이디어야. 성공하지 못할 거야."
　"지금의 방식을 굳이 바꿀 필요가 있을까요?"
　반대가 나온다는 것은 새로운 전략에 진심으로 수긍하지 못한다는 의미다.
　이 책은 '인간다운 프로세스(Humanness Process) 만들기'를 일관되게 중시한다. 새로운 과제에 도전해 전략을 만들고 실행하는 주체는 조직 내의 사람들이다. 그러기에 그들이 진심으로 수긍하면서 움직이는 것이 중요하다.
　현장 구성원들 중에서 '고객 관점에서 생각하는 게 중요하다는 것은 알지만, 생각처럼 잘 되지 않는다.'고 고민하는 이들이 많다는 걸 통감한다.
　이 책은 그 고민에 대해서도 해답을 제시한다.
　여기서는 책의 방대한 내용 중에서도 이 둘에 대해 중점적으로 살펴볼 것이다.

블루오션 시프트 1

인간다운 프로세스

기존의 전통적인 시장 내에서 새로운 블루오션을 창출하는 전략은 구성원들의 광범위한 공감과 수긍 하에서 도출되어야 한다. 그렇지 않으면 실천과 괴리된 이론만 그럴듯한 뜬구름 잡는 전략이 나올 공산이 크다. 인간다운 프로세스에는 3가지 방법론이 포함된다.

인간다운 프로세스 1 _ 진행 방식을 세분화하라

'블루오션 시장을 개척하자!'고 외친들, 그렇게 크고 막연한 과제를 단번에 해결하기는 힘들다. 하지만 '먼저 업계의 현 상황을 파악해보자'는 식으로 작고 구체적인 작업으로 나누면, 누구나 대응할 수 있게 된다.

인간다운 프로세스 2 _ 실제 체험을 중시하라

명령하면 움직이지 않지만, 수긍하면 스스로 움직인다. 이것이 인간 본성이다. "이렇게 결정됐으니까 실행하세요!"라고 한들, 스스로 납득하지 못하면 진심을 다해 몰입하기 힘들다. 스스로가 체험해서 '아, 진짜 필요하구나!' 하고 수긍하게 되면, 많은 사람이 진심을 다해 행동에 나설 수 있다. 경영자나 리더의 지시를 받아서가 아니라, 자신들의 체험을 통해서 변혁의 필요성을

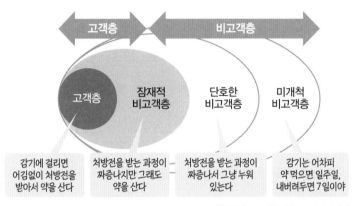

비고객층 중 누구를 겨냥할 것인가?
약국 시장의 블루오션 시프트

고객층

비고객층

고객층	잠재적 비고객층	단호한 비고객층	미개척 비고객층
감기에 걸리면 어김없이 처방전을 받아서 약을 산다	처방전을 받는 과정이 짜증나지만 그래도 약을 산다	처방전을 받는 과정이 짜증나서 그냥 누워 있는다	감기는 어차피 약 먹으면 일주일, 내버려두면 7일이야

※《블루오션 시프트》를 바탕으로 필자가 작성

스스로 찾아내는 상황을 만들어간다.

인간다운 프로세스 3 _ 공정과 신뢰의 원칙을 준수하라

'누군가가 밀실에서 결정했다'는 생각이 들면 누구라도 진심을 다해 행동에 나서기 힘들다. 반면 '내 의견이 반영되어서 회사가 결정했다'는 확신이 든다면, 적극적인 참여를 끌어낼 수 있다.

블루오션 시프트 2

고객 입장에서 사고하라

고객 관점으로 생각하는 것이 중요하다는 것은 누구나 안다. 그런데 기업 구성원 중에서는 실제 자사의 소비자가 되어본 적이 없는 이들이 의외로 많다. 소비자가 된다 해도 직원 우대 대접을 받아, 일반 고객이 느끼는 고충을 이해하기 힘들다. 그러니 '고객의 시선'으로 생각하기가 어려운 것이다.

이 책에는 라이벌에 추격당하는 미국의 한 약국 체인 사례가 소개돼 있다. 이들은 '먼저 고객을 이해하자!'고 선언했다. 임원 중 한 명이 감기 환자 역할을 맡았다. 그는 오늘 회사를 쉬는 대신, '병원에서 처방전을 받아 약국에서 감기약을 사는 일'을 해야 했다. 다른 임원 하나도 동행했다.

그들은 다음과 같이 일과표를 작성했다.

- 09:30 임원의 집에서 집합. 의사에게 전화. '진료는 11시 30분부터'라고 함.
- 10:30 병원으로 출발. 차로 45분 소요. 대기실에서 30분 대기.
- 11:45 간호사 호출에 탈의하고 몸무게와 키 측정.
- 12:15 의사의 문진을 받은 다음 처방전 입수.
- 12:25 약국으로 이동. 차로 45분 소요. 대기 시간 15분.
- 14:00 최종적으로 처방약 입수.

여러 번 돌아가며 같은 실험을 했다. 상황은 대동소이했다. 동행한 임원들의 감상은 한결같았다.

"정말 넌더리가 납니다. 약이고 뭐고 집어치우고 그냥 집에서 푹 쉬는 게 낫겠어요."

프로젝트 팀의 리더가 말했다. "그래서 약을 안 사는 게 아닐까요?"

일시에 회의실이 조용해졌다. 그러고 나서 열띤 회의가 시작되었다.

약국에서 바로 약을 처방받을 수 있다면? 약국에 의사를 상주시키려면 돈이 많이 든다. 시니어 급 간호사가 처방할 수 있게 한다면, 비용은 1/3로 줄어든다. 임원들은 고개를 끄덕였다.

'그렇게 하면 시간을 아낄 수 있어 고객도 좋아할 테고, 매출도 오르겠군. 블루오션을 개척할 수 있지 않을까?'

우리와 처방 시스템이 조금 다르긴 하지만, 고객이 고통을 느끼는 업계의 현실이라는 측면에서 이해하기 바란다. 흔히 약국 체인이 매출을 성장시킬 방법을 모색한다고 하면, 상품 라인업이나 매장 수의 확대 등을 떠올리기 쉽다. 여기까지가 라이벌과의 경쟁 레벨이다. 그런 관점으로는 레드오션에서 빠져나올 수 없다. 반면 철저히 고객 입장이 되어본다면, 이전까지는 전혀 보이지 않던 고객의 고통이 보인다.

고객을 이해할 때 중요한 것은 조사나 분석을 외부에 의뢰하지 않는 것이다. 최고경영진이나 구성원이 직접 현장에 가서 관찰하고 지식을 얻어야, 프로젝트와 관련된 전원이 수긍하고 제대로 몰두할 수 있게 된다.

필자 역시 기업 신상품 개발팀에 참가해보고 실감한 바 있는 사실이다. 팀 구성원이나 나 스스로 현장에 가서 과제를 발견하면, 그 뒤에는 전원이 적극적으로 문제 해결에 몰두하게 되어 프로젝트가 원활히 진행된다.

블루오션 시프트 3

적극적으로 비고객을 발견해내라

블루오션 전략은 엄밀히 말해서, '고객 제일주의'가 아니라 '비(非)고객 제일주의'다. 기존 고객을 두고 쟁탈전을 벌이면 레드오션의 싸움에 머무는 것이다. 하지만 아직 고객이 아닌 이들을 발굴한다면, 블루오션을 개척할 수 있다. 그러려면 '비고객'의 고통을 발견하고 그 고통을 해결해야 한다. '비고객'은 다음 3가지 유형으로 나뉜다.

❶ 잠재적 비고객층 → 어쩔 수 없이 사용한다. 조만간 사용하지 않을지도 모른다

❷ 단호한 비고객층 → 의도적으로 '사용하지 않기로' 결정했다

❸ 미개척 비고객층 → 사용해볼 생각조차 해본 적이 없다

약국 체인 사례에 대입하면, 198쪽의 그림처럼 된다. 비고객 층이 누구이고 어떤 고통을 안고 있는지 알면, 그 고통을 해결함으로써 새로운 블루오션을 개척할 수 있다. '비고객을 노리는 전략'은 [Book 15]에서 소개한 '무소비를 노리는 전략'과 일맥상통한다.

레드오션 속에도 블루오션의 싹이 곳곳에 숨어 있다. 고객은 반드시 어떤 불만을 갖고 있다. 그 불만이 바로 블루오션의 싹이다. "우리 회사에서 블루오션 전략은 무리야."라고 말하는 사람일수록 이 책을 읽어보면 얻는 것이 많을 것이다.

POINT

어떤 시장에든 블루오션 시장의 싹은 반드시 존재한다.
멀리서 막연한 시장을 찾아 헤매지 말고, 고객을 관찰하고
그들의 고통을 해결할 방법을 찾아내라

BOOK.25

유쾌한 이노베이션

창조적 아이디어를
만들어내는
디자인 씽킹 기법

《The Art of Innovation:
Lessons in Creativity from
IDEO, America's Leading
Design Firm》

톰 켈리
Tom Kelley

훌륭한 제품 개발만이 아니라 그런 제품을 만드
는 기업 문화까지도 주목받는 IDEO의 경영자.
설립자인 형 데이비드 켈리와 함께 회사를 경영
하면서, 비즈니스 개발, 마케팅, 인사, 운영 업무
를 담당한다. IDEO의 방법론인 브레인스토밍과
프로토타입 제작을 실천하고 있다.

'기업의 경쟁력은 구성원들의 창
의력과 아이디어에 따라 결정된
다!'

이렇게 말하면, '그런 건 천재
들이나 하는 일이지 나한텐 무리
야.' 하고 생각하는 사람도 있을
지 모른다. 이 책의 저자인 톰 켈리는 '인간은 누구나 창의적'이
라고 단언한다. 세계를 석권하는 구글이나 애플을 비롯한 세계
적 기업들이 이 책으로부터 큰 감화를 받아 조직을 설계했다.

켈리는 디자인 컨설팅 기업 IDEO(아이데오)의 경영자다.
IDEO는 수많은 업계의 신상품 개발 프로젝트를 지원해왔다.
애플 최초의 마우스 역시 잡스의 의뢰로 IDEO가 디자인했다.

그럼 디자인 회사 아니냐고 반문할지 모른다. '디자인이라는 것은 제품을 예쁘게 만드는 것'이고 그런 일은 나와 무관하다고 말이다.

그런데 그렇지가 않다. 디자인에서 활용하는 방법론을 비즈니스 현장의 문제 해결 방법론으로 진화시킨 것이 바로 '디자인 씽킹(Design Thinking)'이다.

IDEO가 보유한 4,000여 건의 경험을 바탕으로 기술한 이 책은 2001년에 출판되었다. 그가 4년 후에 출판한《이노베이터의 10가지 얼굴》에 들어 있는 내용도 여기 포괄해서 소개한다.

IDEO의 방법론을 간단히 정리하면 다음과 같다.

❶ 누군가가 어떤 과제로 곤란함을 느낀다.
❷ 실제로 어떻게 사용하는지 관찰한다.
❸ 아이디어를 중심으로 해결책을 만들어낸다.
❹ 더 나아가 해결책이 정말 도움이 되는지 확인한다.

사용자를 관찰해 이해하는 것의 본질

시댁에서 식사를 하며 며느리는 내심, '아, 음식이 너무 짜서 먹기가 힘들다'고 생각한다. 시어머니가 웃으며 묻는다. "얘야, 음식 맛이 어떠니?"

며느리는 어쩔 수 없이 미소를 지으며 대답한다. "정말 맛있어요, 어머니."

IDEO는 소프트웨어 회사의 의뢰로 새로운 애플리케이션을 사용하는 사람들의 반응을 관찰했다. 방에 모인 사람들은 조작이 불편한 애플리케이션을 얼굴을 찡그리고 한숨을 쉬어가면서 서투르게 사용했다. 그런데 소프트웨어 회사가 "어떤 점을 개선하면 좋을까요?"라고 묻자, 한결 같이 대답했다. "아무 문제가 없어요. 개선해야 할 점은 하나도 못 찾겠어요."

음식이 짜지만 맛있다고 말하는 며느리의 반응과 같다. 고객은 무엇이 어떻게 나쁜지, 잘 설명하지 못한다. 그러니 물어보기만 해서는 안 된다. 직접 고객을 관찰해 확인해야 한다.

P&G의 크레스트 치약은 누성 나사 홈에 날라붙은 치약이 굳어서, 뚜껑이 닫히지 않는 문제점이 있었다. P&G는 뚜껑을 원터치 개폐식으로 바꿔 해결하려 했다. 그런데 그게 쉽지 않아 보였다. 실제 고객들의 모습을 관찰해본 결과였다. 고객들은 습관처럼 뚜껑을 돌려서 열려 했다. 개폐식이라는 장점이 전혀 살지 않았다. 한참을 돌려 열려고만 할 뿐, 당겨서 연다는 발상을 하지 못했기 때문이다. 이들은 절충안으로 한 바퀴만 돌리면 열 수 있는 뚜껑을 개발했다. 그 결과 대호평을 받았고, 히트 상품이 되었다.

현장에서 고객을 철저히 관찰해, 무엇이 문제인지 파악하는 것이 중요하다.

브레인스토밍이 무용지물이 되는 이유

아이디어를 만들기 위해 흔히 사용하는 기법이 브레인스토밍이다. 그런데 막상 해보면 제대로 된 아이디어가 잘 나오지 않는다. 이 책에는 '브레인스토밍의 6가지 함정'이 소개되어 있다. 구성원들의 아이디어를 장려하기 위해, 기업이 꼭 참고해야 할 사항이다.

- **함정 ❶** 상급자가 제안한다 → 상사가 '특허 아이디어를 내봅시다!' 하는 식으로 먼저 발언을 하면, 발상의 자유가 제한되고 구성원들이 위축되어 아이디어가 ㅣ ㅏ오지 않는다.
- **함정 ❷** 전원이 돌아가며 말한다 → 강제한다고 아이디어가 나오지 않는다. 지나친 평등주의는 필요 없다.
- **함정 ❸** 전문가만 참여시킨다 → 놀라운 아이디어의 대부분은 문외한에게서 나온다.
- **함정 ❹** 특별한 장소에서 한다 → 회사 내에 항상 개방적인 환경이 마련되어야 한다.
- **함정 ❺** 엉뚱한 아이디어를 부정한다 → 기발한 아이디어야말로 혁신의 씨앗이다.
- **함정 ❻** 전부 기록한다 → 기록하는 동안은 아이디어가 사라진다.

이런 함정들이 전부 아이디어에 제동을 건다. '자유로운 환경에서 사람들을 모아 아이디어를 내게 해도, 도통 창의력이 없다니까…' 하고 한탄하는 경영자가 있다면, 문제의 원흉이 자신은 아닌지 되돌아보아야 한다.

브레인스토밍의 7가지 비결

걱정할 필요가 없다. 이 책에는 브레인스토밍을 통해 아이디어를 효과적으로 탄생시키기 위한 비결도 같이 소개되어 있다.

비결1 _ 초점을 명확히 하되 한정하지 마라

예를 들어 'AI 기술로 무엇을 할 수 있을지 아이디어를 내보자'고 주제를 설정했다고 하자. 'AI 활용'이라는 수단 때문에, 발상을 제약하게 되고 아이디어를 내야 하는 범위도 지나치게 넓다.

주제는 과제 혹은 고객을 주어로 해서 범위를 좁혀 설정한다. 이를테면 이런 식으로 말이다. '우리나라를 찾아오는 외국 관광객들이 길에서 헤매지 않게 할 방법은?'

비결2 _ 재치 있는 규칙을 두라

IDEO 회의실에는 커다란 글자로 재미있는 아이디어 발상의 규칙들이 적혀 있다. 더 좋은 아이디어를 더 많이 내기 위해서다.

'질보다 양(Go for quantity)'

'과감한 아이디어를 계속해서 내놓자(Wild ideas everywhere)'

'눈에 보이도록 표현하라(Be visual)'

비결 3 _ 아이디어의 숫자를 세라

'수'는 '질'을 낳는다. 숫자는 참가자를 자극하는 도구가 되어주기도 한다. 1시간에 100개의 아이디어가 나오는 회의는 유동적이며 질도 높아진다.

비결 4 _ 논의의 흐름이 멈추지 않게 하라

논의의 흐름이 약해지면, 진행자(facilitator, 촉진자) 역할을 하는 사람이 다른 관점으로 논의를 유도해서 아이디어를 계속 축적해 나간다.

비결 5 _ 논의의 흐름을 벽에 적어서 가시화하라

해당 아이디어를 적은 장소로 돌아올 때, 그 아이디어를 떠올렸을 때의 기억이 되살아난다. 각자가 필기하는 것보다 큰 칠판이나 포스트잇 등을 이용해 키워드만 적어 게시한다.

비결 6 _ 때로는 워밍업을 하라

참가자들이 함께 일해본 경험이 없고, 자주 의견을 나눠본 적이 없으며, 다른 급박한 문제로 집중력이 떨어져 있는 경우, 아이디어 주제에 몰입할 수 있도록 몸 풀기 절차를 거친다.

비결7 _ 물건을 가지고 해보라

여러 소재를 가져와서 실제로 만지고 조합해보게 하면 아이디어를 더 구체화할 수 있다. 프로토타입 만들기를 할 때에도 효과적이다.

디자인 씽킹
_ 프로토타입 제작

유치원 아이들을 보면 정말 천재적이다. 아이디어가 떠오르면 금세 찰흙으로 모양을 만들고 블록을 쌓아 어른도 깜짝 놀랄 물건을 만들어낸다. 이런 작업이 바로 프로토타입(Prototype) 만들기다.

디자인 씽킹은 프로토타입을 문제 해결 수단으로 사용한다. '돈도 많이 들고 시간도 많이 걸리는 것 아니냐?'고 생각할지 모르지만, 그렇지 않다.

IDEO는 코 외과수술 도구 개발 프로젝트에 참여한 적이 있다. 의사들과 여러 차례 의논했지만, 아이디어가 쳇바퀴를 돌았다. 그때 IDEO의 젊은 엔지니어가 갑자기 자리에서 뜨더니 5분

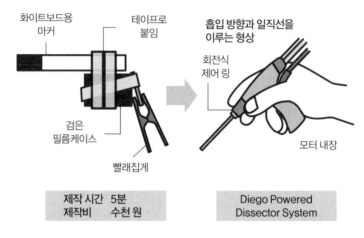

프로토타입은 아이디어를 가시화한다

화이트보드용
마커

테이프로
붙임

흡입 방향과 일직선을
이루는 형상

회전식
제어 링

검은
필름케이스

빨래집게

모터 내장

| 제작 시간 | 5분 |
| 제작비 | 수천 원 |

Diego Powered
Dissector System

※《유쾌한 이노베이션》을 바탕으로 필자가 작성

후에 돌아왔다. 그러고는 "이런 걸 원하는 건가요?" 하고 그림 왼쪽의 프로토타입을 보여줬다. 외과 의사들은 이구동성으로 "바로 그겁니다!"라고 외쳤다. 이 프로토타입을 바탕으로 오른쪽의 '디에고 시스템'이라는 전자 메스가 탄생했으며, 이후 수많은 수술에 사용되었다.

프로토타입을 만드는 데 5분, 비용은 몇 천 원 수준이다. 아이디어 단계에서는 이 정도면 충분하다. 중요한 고객에게 어중간한 아이디어를 보여줘서는 안 된다고 흔히들 생각하지만, 그것이 문제다. 발상을 '고객에게 최대한 많은 아이디어를 보여준다.'는 것으로 전환하면, 그동안 가로막았던 벽을 타개할 참신한 아이디어가 많이 나올 수 있다.

프로토타입 제작은 신상품·서비스·프로모션 등 수많은 분야에서 효과를 발휘한다.

'다른 세계 얘기야. 우리 회사에는 IDEO처럼 그런 아이디어를 낼 수 있는 인재가 없다고.'

혹시 이렇게 생각하는가? 코 수술 도구 프로토타입을 만드는데, 어려운 기술 따위는 일절 없었다. 유치원 아이들도 만들 수 있는 수준이다. 돈도 들지 않는다. 무엇보다 누구라도 이런 아이디어를 만들어낼 수 있다.

문제의 본질은 많은 기업들이 구성원들의 자유롭고 새로운 발상을 속박하고 있다는 것이다. [Book 10]에서 소개했듯이, 지식 사회에서는 새로운 지식을 창조하는 능력이 곧 기업의 경쟁력이다. 이 책은 개인과 개인이 암묵지와 형식지를 계속 주고받으면서, 조직 차원에서 새로운 아이디어를 끊임없이 만들어내는 구체적인 시스템을 고안하는 데 큰 도움이 될 것이다.

POINT

무한한 잠재 능력을 해방시켜줄 환경만 제대로 주어진다면,
기업을 바꿀 새롭고 창조적인 아이디어는 얼마든지
끊임없이 솟아날 수 있다

BOOK.26

메이커스

디지털과 인터넷이
창조해낸
제조업의 놀라운 미래

《Makers: The New Industrial
Revolution》

크리스 앤더슨

Chris Anderson

〈와이어드(Wired)〉 편집장 출신으로 3D 로보틱스
(3D Robotics)의 CEO다. 일찌감치 롱테일, 프리미
엄, 메이커 무브먼트 등 디지털 시대의 새로운 패러
다임을 제시해, 2007년 〈타임〉 선정 '세계에서 가장
영향력 있는 100인'에 뽑혔다. 2012년에 드론 개발
스타트업 3D 로보틱스를 창업했다.

인터넷이 급속도로 보급되기 시작
한 1990년대 후반, 필자가 일하던
IBM에는 회사를 그만두고 소프트
웨어 분야에서 창업을 하는 동료들
이 많았다. 컴퓨터 한 대만 있으면
소프트웨어를 만들 수 있고, 인터넷
으로 전 세계에 팔 수 있다. 소프트웨어 비즈니스 창업의 문턱은
아주 낮았다. 한편 사내에서 완제품을 파는 일을 담당하던 동료
들은 감히 창업에 나서지 못했다. 제조 분야에서 창업을 하려면
공장도 필요하고 그에 따른 막대한 자금도 있어야 해서, 창업의
문턱이 높았기 때문이다.

그런데 이 책은 제조 분야의 창업 문턱이 얼마나 빠르게 낮아

지고 있는지 알려준다.

제목 '메이커스(Makers)'는 제품을 만드는 개인을 의미한다. 인터넷 덕택에 개인이 만든 소프트웨어를 전 세계에 팔 수 있었듯이, 3D 프린터 등의 다양한 제조 시스템 덕분에 이제 개인이 물건을 만들어서 전 세계에 팔 수 있다.

3D 프린터와 CAD 소프트웨어를 이용하면, 마치 워드로 문장을 써서 프린터로 인쇄하듯이 물건을 쉽게 만들 수 있다.

요즘에는 저렴한 가정용 3D 프린터는 20만 원 내외면 살 수 있다. 게다가 인터넷으로 도면을 보내면, 하나에서 수만 개에 이르기까지 높은 품질의 물건을 생산해주는 생산 대행업체도 많다. 이전의 제조업에선 공장 설립 등에 막대한 자금이 필요했다면, 지금은 개인도 저렴한 비용으로 생산을 할 수 있다.

게다가 뭐든 자유롭게 생각대로 형태를 만들 수 있다. 3D 프린터에 금속 가루를 사용하면 금속 제품도 만들어낼 수 있다. GE는 차세대 에어버스 제트 엔진에 3D 프린터로 만든 연료 노즐을 탑재했다. 일체로 성형할 수 있기 때문에 용접 횟수가 1/5로 줄었고, 내구성은 5배 높아졌다.

물론 현재의 제품 제조를 전부 대체할 수 있는 것은 아니다. 3D 인쇄에서는 '규모의 경제'가 통용되지 않는다. 목욕할 때 욕조에 띄워서 갖고 노는 고무오리를 만든다고 해보자. 기존 방식이라면, 먼저 오리의 금형(틀)을 만들 것이다. 금형을 만드는 데는 돈이 많이 든다. 가령 금형 제작비가 1천 만 원이고 수지 가격이 개당 50원이라면, 고무오리를 한 개만 만든다 해도 비용이 1천만 50원이 든다. 하지만 100만 개를 만든다면 총액이 6천만 원으로 개당 비용은 60원으로 떨어진다.

한편 3D 프린터로 제조한다면 금형이 필요 없다. 1개를 만들든 100만 개를 만들든 1개당 소요되는 재료와 시간은 같다. 개당 제작비가 5천 원이면, 100만 개를 만들어도 개당 제작비는 같기 때문에 총액은 5억이 된다. 물론 금형과 달리 하나하나를 조금씩 수정할 수 있다.

대량 생산에는 기존의 제조 방식이 압도적으로 저렴하다. 하지만 최초의 금형에 맞춰서만 만들어야 하기 때문에, 세밀한 변경을 가할 수 없고 복잡한 제품도 생산하기 힘들다. 3D 인쇄는 개당 단가가 비싸다. 하지만 오리의 표정을 전부 다르게 만들거나 오리 몸체에 깃털 모양을 표현하거나, 심지어 고양이를 만든다 해도 비용은 변하지 않는다.

결국 3D 인쇄는 복잡한 제품을 소량 생산할 때 강점을 제대로 발휘한다.

수많은 지혜가 모여드는 상품 제조

메이커스 혁명의 진짜 가치는 아직 등장하지 않았다. 메이커스

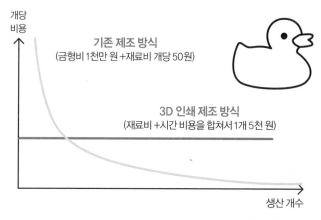

3D 인쇄는 '규모의 경제'가 통하지 않는다

개당
비용

기존 제조 방식
(금형비 1천만 원 +재료비 개당 50원)

3D 인쇄 제조 방식
(재료비 +시간 비용을 합쳐서 1개 5천 원)

생산 개수

※《메이커스》를 바탕으로 필자가 작성

가 가지는 힘은 집단 지성에서 나온다.

리눅스는 마이크로소프트나 IBM도 채용하는 기본 소프트웨어로 성장했다. 소스 코드를 공개하는 '오픈소스' 방식 덕에 전 세계 재능 있는 프로그래머들이 참여해 개발했기 때문이다. 메이커스 혁명은 하드웨어 세계의 오픈소스 방식을 실현할 수 있다. 설계도의 3D 데이터는 디지털 정보다. 디지털 정보는 누구나 공유할 수 있고 자유롭게 복사할 수 있으며 자유롭게 변경할 수 있다. 소스 프로그램처럼 말이다. 리눅스가 소스 코드를 전부 공개했듯이, 메이커스 혁명도 설계도를 전부 공개한다. 누구나 설계도를 볼 수 있으므로, 단기간에 더 많은 사람의 지혜를 얻을 수 있다.

일례로, 미국 방위고등연구계획국(DARPA)에서 차기 전투 차량 공모전을 열었을 때, 오픈소스 하드웨어로 자동차를 개발하는 일군의 벤처 커뮤니티가 우승을 차지했다. 단 몇 주 만에 디자인을 마치고 3개월 반 후에 거머쥔 우승이었다. 사내 개발 방식으로는 이렇게 빠른 속도를 낼 수 없다.

모방이 걱정이라는 사람도 많을 것이다. 이에 대해 앤더슨은 자신이 경영하는 3D 로보틱스에서 드론을 개발해 판매한 경험을 소개한다. 그가 드론의 설계도를 인터넷에 공개하자, 저렴한 가격에 고품질에다 중국어 매뉴얼까지 딸린 중국제 모조품이 인터넷에서 판치게 되었다. 앤더슨은 '모방당하는 것은 성공했다는 증거'라고 생각해 아무 조치도 취하지 않았다. 얼마 후 모조품의 중국어 매뉴얼을 만든 젊은이가 연락해와 중국어 매뉴얼을 공식 매뉴얼에 포함시켜달라고 요청했다. 게다가 그는 본체의 버그도 수정하는 등 프로젝트에 지대한 공헌을 하게 되었다. 앤더슨은 말한다. "오픈소스를 통해 연구 개발 파트를 공짜로 손에 넣은 셈입니다."

모방까지도 염두에 두고 지식을 공유해 제조를 진화시켜나가는 것이 바로 메이커스 혁명이다.

초기 투자비 고민을 덜어주는
크라우드 펀딩

신제품을 만들 때 따라 다니는 고민이 바로 자금과 판매다.

'돈을 어디서 조달해야 할까?'

'어떻게든 제품을 만든다 해도 과연 팔릴 것인가?'

이 두 마리 토끼를 동시에 잡는 방법이 바로 크라우드 펀딩 (Crowd Funding)이다. 특정한 상품을 만들겠다고 고지하면 그걸 사고 싶은 사람들이 비용을 지불한다. 목표액에 도달하면 제작에 들어간다. 사전에 자금을 조달할 수 있을 뿐 아니라 돈을 내고 사겠다는 고객이 얼마나 되는지도 파악할 수 있다.

나이키는 아이팟 나노를 손목에 차는 나이키플러스를 제품화할 때 크라우드 펀딩을 실시했다. 자금 조달을 위해서가 아니라 시장 조사에 사용한 것이다.

앤더슨은 세상의 새로운 움직임을 개념으로 정리하고 명확한 명칭을 붙이는 데 뛰어난 능력을 발휘한다. '프리미엄(Free-mium)'나 '롱테일(longtail)'도 그가 만들어낸 말이다.

이 책은 미래 상품 제조의 방향성을 이해하는 데 참고가 된다.

> **POINT**
> 디지털 방식으로 제품을 제조하는 방식은 복잡한 것을 소량 생산하는 데 적합하며, 오픈소스를 통한 지식 공유와 협력에도 유리하다

Chapter 4

마케팅
Marketing

마케팅은 시장을 만들어가는 행위를 통칭하기 때문에, 넓게 잡으면 그 범주가 매우 포괄적이다.

이 장에서 다루는 마케팅은 그 범주를 조금 좁혀서 설정한다. 전통적인 마케팅 방법론의 조합을 일컬어 '마케팅 믹스(Marketing Mix)'라고 하는데, 시장을 형성하기 위해 필수적인 요소들을 어떻게 설정하느냐 하는 과제를 다룬다.

4P 즉 제품(Product), 판촉(Promotion), 가격(Price), 채널(Place)인 마케팅 믹스는 마케팅의 기본 중의 기본이다. 이 장에서는 마케팅의 4P 개념과 함께 브랜드 전략을 소개하는 명저들을 소개한다.

BOOK.27

데이비드 아커의 브랜드 경영

가슴을 뛰게 하는 강력한
브랜드 파워를 만드는 법

《Building Strong Brands》

데이비드 A. 아커
David A. Aaker

UC버클리 하스 비즈니스스쿨 명예 교수. 브랜드 컨설팅 회사 프로펫(Prophet) 부회장으로 브랜드 자산 관리 분야의 1인자다. 마케팅 학문 발전에 기여한 공로로 폴 D. 컨버스(Paul D. Converse) 상을 수여 받는 등 다양한 수상 경력을 자랑한다.

자동차를 좋아하는 사람은 벤츠 로고를 보면 가슴이 뛴다. 에르메스의 오렌지색 로고만 봐도 넋을 잃는 사람도 있다.

강력한 브랜드는 극도의 신뢰감을 준다. 고객을 매료시키며, 가격을 낮추지 않아도 잘 팔린다. 로고(logo)는 브랜드의 일부분일 뿐이다.

브랜드란 매우 오묘한 주제다. 브랜드 전략의 세계적 대가 데이비드 A. 아커는 이 책을 통해 '전략적으로 강력한 브랜드를 만드는 법'을 가르쳐준다.

강력한 브랜드 아이덴티티는
어떻게 만들어지는가?

아커는 브랜드가 가진 보이지 않는 가치를 '브랜드 자산 가치 (Brand Equity)'라고 명명했다. 브랜드는 사람·물자·돈과 마찬가지로 기업의 자산이다. 강력한 브랜드 자산 가치를 만들려면 브랜드 아이덴티티(Brand Identity, BI)에 대해 생각할 필요가 있다. 브랜드 아이덴티티란 '브랜드를 어떻게 보이고 싶은가?' 하는 지향이다. 한편으로 브랜드 이미지(Brand Image)도 있는데, 이는 '지금 브랜드가 어떻게 보여지는가?' 하는 현상을 나타낸다. 브랜드 이미지가 현실이라면, 브랜드 아이덴티티는 되고자 하는 목표다.

강력한 브랜드 아이덴티티를 실현하기 위해서는 다음 4가지 시점을 검토할 필요가 있다.

BI의 관점 1 _ '제품'으로서의 브랜드

코카콜라의 갈색 액체는 갈증을 풀어주는 느낌을 준다. 진열대에 놓인 하겐다즈 제품은 부드럽고 풍미 좋은 아이스크림을 연상케 한다. 고객은 제품을 통해 브랜드를 실제로 체험한다. 그러므로 제품은 브랜드 아이덴티티의 중요한 일부다. 물론 제품만으로는 금방 라이벌에 모방 당할 것이다. 브랜드는 단순한 제품 이상이다.

BI의 관점 2 _ '조직'으로서의 브랜드

스킨케어 브랜드 '더바디샵'은 단순히 화장품을 파는 것이 아니라 세상을 더욱 풍요롭게 만든다는 가치를 표방한다. 창립자는 '자연을 착취하지 않는다'는 철학에 바탕을 두고 회사를 만들었다. 이들은 천연 원료만 사용하며 동물 실험을 하지 않는다. 직원들도 이러한 철학을 철저히 준수한다. 고객은 이 회사의 제품을 구입함으로써, 세상을 풍요롭게 만드는 데 참여한다고 느낀다. 아웃도어 브랜드 파타고니아(Patagonia)나 신발 브랜드 탐스(toms)도 이러한 조직 브랜드 아이덴티티를 갖고 출발했다. 조직이나 가치관은 강력한 브랜드 아이덴티티를 만든다.

BI의 관점 3 _ '사람'으로서의 브랜드

자신의 몸에 특정 브랜드를 새긴다는 게 상상이 되는가? 그런데 가장 많은 소비자들이 몸에 새기고 다니는 브랜드가 있다. 바로 할리데이비슨(Harley-Davidson)이다. 성능이 다른 브랜드들보다 탁월하다고 볼 수 없어도, 열광적인 고객에게 할리데이비슨은 모터사이클 이상의 존재다. 자유의 상징이자 아메리칸 드림이며 남자다움의 표상이다. 강력한 브랜드는 마치 '소중한 인격적 존재'처럼 느껴진다. 이런 경우를 브랜드 퍼스널리티(Brand Personality)라고도 한다.

BI의 관점 4 _ '심벌'로서의 브랜드

브랜드를 표현하는 것은 무엇이든 심벌이 된다. 코카콜라의 '빨간색', 맥도날드의 마스코트인 피에로, 애플 창업자 스티브 잡스…. 이런 것들이 심벌(상징)로서 강력한 브랜드를 더욱 파워 풀하게 전달한다.

강력한 브랜드는 고객에게 편익을 준다

브랜드가 가지는 정체성만을 가지고는 아직 강력한 브랜드를 만들기에 불충분하다. 고객이 브랜드를 신뢰해서 상품을 사도 록 만들려면, '고객이 얻는 편익'을 명확화·구체화해야 한다.

브랜드의 고객 편익 1 _ 기능

'제품으로서의 브랜드'가 제공하는 편익이다. 기능은 모방 당 하기 쉽고 차별화하기가 어렵다. 그렇기 때문에 많은 기업이 제 공하는 기능이라는 '고객이 얻는 편익'은 일정한 수준에 도달하 면 정체되기 쉽다.

브랜드의 고객 편익 2 _ 정서

구입하거나 사용했을 때 기분이 좋아지는 브랜드가 있다면, 그는 고객에게 정서적 편익을 제공하기 때문이다. [Book 46]

에서도 소개하겠지만, 눈을 가리고 시음하면 코카콜라와 펩시를 마실 때 뇌파의 큰 차이가 없다. 그런데 눈을 뜨고 무엇인지 인지한 상태에서 마시면, 코카콜라를 마실 때 뇌가 더 활발하게 활동한다. '코카콜라 브랜드'는 정서적인 영향을 더 많이 미치기 때문이다. '벤츠를 타면 기분이 좋은 것'도 같은 원리다.

브랜드의 고객 편익 3 _ 자기표현

카페에서 맥북을 테이블 위에 올려놓고 '맥북을 사용하는 나는 정말 멋져!' 하고 자랑스러운 표정을 짓고 있는 사람을 종종 볼 수 있다. 소유하거나 사용했을 때 단순히 기분이 좋은 것을 넘어서 '나는 이런 사람이야!' 하는 우쭐대는 기분이 들게 하는 것이 브랜드가 제공하는 자기표현의 편익이다.

브랜드의 구조를 이해하면, 강력한 브랜드를 만들 방법도 도출할 수 있다. 애플 제품이 비싼 이유는 잡스가 '우리 회사 제품을 명품으로 만들고 싶다'고 열망한 결과다. 원래 애플의 브랜드 이미지는 '컴퓨터 마니아용 세련된 제품' 정도였다. 이들은 벤치마킹 상대로 사치품(명품)을 설정했고, 직영점을 통해 '고소득자'에게 판매해 소유의 기쁨과 자기표현 편익을 제공한다는 목표를 세웠다. 당시 대부분 전자제품을 판매하던 방식과 달리 직영점을 설치하고, 나아가 '애플=멋지다' 하는 이미지를 심는 캠

애플을 고급 브랜드로 만들고 싶다!

브랜드 이미지(Brand Image) 지금 어떻게 받아들여지고 있는가?	➡	브랜드 아이덴티티(Brand Identity) 어떻게 받아들여지고 싶은가?

	제품	전자 기기	전자 기기
	사용자	컴퓨터 마니아	고소득자
	성격	멋지고 세련됨	멋지고 세련됨
편익	기능	사용하기 쉽다	사용하기 쉽다
	정서	(특별히 없음)	고급품
	자기표현	(특별히 없음)	'애플 제품을 쓰는 나는 멋지다!'

• 직영점 판매
• 멋진 광고

※《데이비드 아커의 브랜드 경영》을 바탕으로 필자가 작성

페인을 실시했다.

목표로 삼은 브랜드 아이덴티티와 현재의 브랜드 이미지 사이의 괴리를 파악하고, 강력한 브랜드를 만들 방법을 궁리해야 한다.

브랜드 구축에는 일관성이 필요하다

브랜드 아이덴티티를 실현하려면, 장기간 일관되게 캠페인을 해야 한다. 필요한 것은 축적 효과다. 브랜드 아이덴티티를 자주 바꾸면 과거의 축적은 물거품이 되며 고객도 혼란에 빠진다.

말보로(Marlboro)는 1950년대부터 '말보로맨' 캠페인을 일관되게 계속함으로써, 카우보이, 강한 자존심, 소박함과 남자다움이라는 강력한 브랜드 이미지를 만들어냈다. 일관성을 유지하면 라이벌을 압도하는 강력한 브랜드를 만들 수 있으며, 라이벌이 따라 할 수 없게 된다.

물론 시대는 격변하고 있다. 아무것도 바꾸지 않으면 시대에 뒤떨어진 구닥다리가 된다. 코어가 되는 브랜드 아이덴티티로부터 벗어나지 않으면서, 시대의 변화에 맞출 필요가 있다. GE는 19세기 말 '전기를 사용한 쾌적한 생활을 제공한다!'는 캐치프레이즈 하에 '제너럴 일렉트릭(General Electric)'이라는 브랜드를 정했다. 하지만 전기와 관련된 명칭이 구닥다리가 되었기 때문에, 지금은 GE를 전면에 내세운다.

상품을 고려할 때, 대개 기능 위주로 생각하는 경향이 있다. 하지만 고객은 기능만으로 제품을 선택하지 않는다. 브랜드는 상품의 가치를 결정하며, 상품을 고르는 매우 강한 이유가 된다. 브랜드가 무엇인지 이해하고 싶은 사람은 꼭 이 책을 읽어보기 바란다.

> **POINT**
>
> 우리 브랜드를 어떻게 받아들여지게 하고 싶은가? 우리 브랜드가 고객에게 제공하는 기능·정서·자기표현 상의 편익은 무엇인가?

BOOK.28
헤르만 지몬의
프라이싱

회사에 전략적으로
사고하는 가격 전문가가
있는가?

《Confessions of the Pricing Man:
How Price Affects Everything》

헤르만 지몬
Hermann Simon

전략·마케팅·컨설팅 회사인 지몬―쿠허 앤드 파트너스 회장. 독일의 마인츠 대학과 빌레펠트 대학에서 경영 관리와 마케팅을 가르쳤으며, 하버드 대학과 스탠퍼드 대학, 런던 대학, INSEAD, 게이오 대학, 매사추세츠 공과 대학의 객원 교수를 역임했다.

이익을 얼마나 내느냐는 가격에 따라 정해진다. 다음 식을 보자.

· 이익 = (판매량 × 가격) − 비용

그런데 판매 전문가, 비용 절감의 전문가들은 많이 봤어도, '가격 책정 전문가'는 본 적이 없다. 이 책의 저자이자 '프라이싱 맨(Pricing man)'으로 불리는 지몬은 가격 전략의 1인자다. 세계 최대 가격 컨설팅 회사의 CEO이기도 하다. 지몬은 이 책에서 가격 전략의 진수를 아낌없이 소개한다.

책 앞부분에서 지몬은 세무사에게 상담했던 경험을 소개한다. "조금 골치 아픈 세금 문제가 있습니다. 조언을 얻을 수 있을까요?"

상담은 단 30분 만에 끝났는데, 얼마 후 청구서가 날아왔다. 30분에 1,500달러(180만 원)나 됐다. 뭔가 착오가 있다고 생각한 지몬이 세무사에게 정말 이 금액이 맞느냐고 물었다. 그러자 그가 대답했다. "다른 사람에게 상담했다면 사흘이 걸려도 해결하지 못했을 겁니다. 하지만 저는 15분 만에 문제를 이해하고, 15분 만에 최적의 해결책을 찾아내 드렸지요."

그제야 지몬은 고개를 끄덕였다고 한다.

가치를 결정하는 가격 책정의 비밀

가격은 곧 가치다. 고객이 '그 가치라면 이 정도의 돈을 기꺼이 내겠다'고 하는 금액이 올바른 가격이다. 가격은 내가 결정해야 한다. 고객인 상대가 제시하는 가격으로 결정해서는 안 된다.

가격 전략에서는 행동 경제학(Behavioral Economics)의 발상이 도움이 된다. 가격을 정할 때, 사람의 심리까지 고려해야 하기 때문이다. '사람은 반드시 이성적으로 행동한다'고 여기는 고전 경제학의 사고는 한계가 있다. 행동 경제학은 인간의 행동이 반드시 합리적이지만은 않다는 걸 설명해준다. 가격 책정에 도움이 되는 행동 경제학 개념 몇 가지를 알아보자.

가격 책정 행동 경제학 1 _ 전망 이론

세븐일레븐 창업자인 스즈키 도시후미(鈴木敏文)는 '심리학에 입각해 비즈니스를 사고해야 한다'고 입버릇처럼 말했다. 그는 소비세율이 5퍼센트로 올랐을 때, '소비세 5퍼센트 환원 세일'을 대대적으로 실시했다. 직원들 일부는 '20퍼센트 할인을 해도 잘 안 팔린다'며 반대했지만, 결과는 대성공이었다. 이는 '이득보다 손해에 더 민감하다'는 행동 경제학의 '전망 이론(Prospect theory)'을 응용한 전략이었다. 증세(增稅)로 인한 상실감을 환원 세일이 채워준다. 할인율은 중요하지 않다. 잃어버렸던 것을 돌려받는다는 감정이 더 중요했다. 그래서 소비자가 반응한 것이다.

가격 책정 행동 경제학 2 _ 플라시보 효과

필자는 집에서 자주 커피를 마신다. 어느 날 커피를 마시고 나서 '역시 커피를 마셔야 잠이 깨고 정신이 맑아져!' 하고 감탄하는데, 아내가 김빠지는 소리를 한다. "그거 디카페인 커피야!"

이것이 '플라시보(Placebo, 위약) 효과'다. 가격에도 플라시보 효과가 있다. 가령 큰맘 먹고 고급 레스토랑에 가면 맛있는 요리를 먹고 싶다는 생각에 비싼 요리도 과감히 주문하게 된다. 누구나 자연스럽게 가격을 품질과 연결시켜서 생각하게 마련이다. 그러니 품질을 판단하기 어려울 때에는 가격이 판단 기준이 된다. 이런 경우 저가 전략이 오히려 실패하는 경우가 많다.

가격 책정 행동 경제학 3 _ 앵커 효과

'앵커(Anchor)'는 배의 닻을 의미하는데, 기준점이 만들어지는 것을 뜻한다. 특정 숫자가 주어지면, 사람들은 그 숫자를 기준으로 생각하게 된다.

1930년대에 있었던 일이다. 형제가 경영하는 양복점에 손님이 찾아와 가격을 물었다.

형인 시드가 동생에게 묻는다. "해리, 이 양복이 얼마였지?"

"아, 그 고급 양복? 42달러(현재 가격으로 100만 원)야." 동생이 큰소리로 대답했다.

"뭐? 얼마라고?" 형은 잘 안 들리기라도 한 듯 다시 묻는다.

"42달러!" 동생이 다시 한 번 큰소리로 답했다.

그러자 형은 손님 쪽으로 몸을 돌려 이렇게 말했다. "22달러입니다."

'양복=42달러'로 앵커링이 된 손님은 '22달러=싸다'고 생각해 즉시 구입했다. 적절한 가격인지 어떤지 판단이 서지 않으면, 이렇듯 앵커에 의지하게 된다. [Book 46]에서는 이 앵커 개념에 대해 더 자세히 소개할 것이다.

저가 전략이냐 고가 전략이냐 선택하는 것은 중요한 판단이다. 일단 한 번 정하고 나면, 고객은 그것에 앵커링 되기 때문에 변경하기가 힘들다.

저가 전략과 고가 전략 중 무엇을 택할까?

만약 저가 전략 쪽을 택했다면 철저히 효율을 추구해야 한다.

가구와 생활용품을 판매하는 니토리는 '저성장에 신음하는 이들에게 가구를 저렴한 가격에 판매한다'는 취지 아래 저가 노선을 지향한다. 이를 위해 비용 절감에 최대한 집중한다. 생산부터 판매까지 전부 직접 개입해서 독자적인 SPA(Speciality retailer of Private label Apparel) 모델을 만들고 낭비를 철저히 줄여왔다. 매장 수를 늘리고 판매량을 높여 재료 공급업자에 대한 가격 교섭력을 강화함으로써, 더욱 낮은 가격에 조달한다. 저가인 대신 할인은 하지 않고, 연중 최저가 보증제를 실시한다.

반대로 고가 전략을 택했다면, 항상 뛰어난 품질을 유지하고 높은 가치를 적합한 가격에 제공하기 위해 노력해야 한다. 이 경우에도 할인 판매는 피하는 것이 좋다.

목조 주택은 흰개미에 취약하다. 일시적인 해충 구제만이 아니라 영구적으로 해충의 근거지를 박멸하는 게 최선이다. 이 책은 영구 보증 제도를 실시하는 미국 해충 구제 회사 사례를 소개한다. 만약 서비스를 받은 후에 다시 해충이 나오면 전액 환불해주고, 그로 인해 추가로 발생하는 해충 구제 비용이나 손실도 전부 회사가 부담한다. 대신 요금은 다른 회사의 10배다.

지몬은 1966년부터 2010년까지 미국 기업 2만 5천 개를 분석한 결과를 제시하고, 다음과 같이 정리한다.

가격 전략의 성공 요인

저가 전략		고가 전략

도중에 노선 변경은 불가능

• 처음부터 저가·대량 판매에 전념 • 철저히 효율을 추구 • 편차가 없는 적절한 품질 유지 • 고객에게 필요 없는 것은 일절 하지 않음 • 원재료 조달에서 역량을 발휘 • 할인 판매는 피하며, 연중 최저가 보증을 실천	• 높은 가치를 제공하는 것이 필수 • 높은 가치에 걸맞은 가격으로 설정 • 편차가 없는 높은 품질을 유지 • 항상 더 좋은 상품·서비스가 되도록 개선 • 높은 브랜드 이미지를 소구 • 프로모션이나 할인 판매를 하지 않음

※ 《헤르만 지몬의 프라이싱》을 바탕으로 필자가 작성

"고가 전략으로 성공한 기업이 저가 전략으로 성공한 기업보다 많다. 저가 전략으로 성공할 수 있는 기업은 대부분의 시장에서 한둘뿐이다."

지몬은 할인 판매에 관한 경험도 소개한다. 가격 전문가답게 그는 정원사에게 호쾌히 제안했다.

"3퍼센트를 깎아주시면, 전액 현금으로 드리죠."

그러자 정원사가 답했다. "제 마진이 6퍼센트입니다. 지금 당장 현금을 받으면 수중에 돈은 생기지만, 마진 3퍼센트를 깎으면 일을 하나 더 해야 합니다. 그 제안은 받아들일 수 없군요."

참으로 대단한 정원사다.

이 정원사만큼도 생각하지 못하는 기업가들이 많다. 그래서 앞으로 남고 뒤로 밑지는 일이 무수히 일어난다.

가격 인하는 비참한 상황을 초래한다. 일본 정부는 2009년부터 3년 동안 가전제품 에코 포인트 제도를 실시해서, 에너지 절약형 가전제품 구매를 장려했다. 덕분에 이 기간 동안 매출이 호전됐지만, 2011년에 제도가 종료되자 이후 몇 년 동안 극심한 매출 부진에 시달렸다. 가전제품은 몇 년에 한 번 산다. 가격 인하로 사실상 미래 고객을 끌어와 매출을 올렸던 셈이다.

반대로 조금만 가격을 올려도, 이익은 크게 증가한다. 지몬이 2015년에 분석한 바에 따르면 가격을 2퍼센트만 올려도 소니는 2.4배, 월마트는 41퍼센트, GM은 37퍼센트나 이익이 증가한다. 가격을 할인해서 팔지 않는 영업 사원에게 보상금을 지급함으로써, 평균 판매가를 2퍼센트 높인 회사도 있다.

대부분의 기업은 가격 전략을 진지하게 고려하지 않는다. 그 결과 매출과 수익에서 큰 손해를 보고 있는 셈이다. 이제까지 가격 전략을 크게 고민하지 않던 경영자라면 이 책을 읽어보도록 권한다.

POINT

가격 전략은 매우 중요한 비즈니스 전략이다. 고가 전략과 저가 전략 중 어느 하나를 선택해 일관되게 관련 정책을 수립하고 섣부른 가격 인하를 피하라

BOOK.29
FREE 프리

공짜로 팔아도 돈을 버는
새로운 비즈니스 전략

《Free: How Today's Smartest
Businesses Profit by Giving
Something for Nothing》

크리스 앤더슨
Chris Anderson

〈와이어드(Wired)〉 편집장 출신으로 3D 로보틱스
(3D Robotics)의 CEO다. 일찌감치 롱테일, 프리미엄, 메이커 무브먼트 등 디지털 시대의 새로운 패러다임을 제시해, 2007년 〈타임〉 선정 '세계에서 가장 영향력 있는 100인'에 뽑혔다. 2012년에 드론 개발 스타트업 3D 로보틱스를 창업했다.

주위를 보면 무료 상품이나 서비스가 많다. 구글의 검색이나 이메일 서비스는 무료지만, 편리하고 기능이 우수하다. 라디오나 텔레비전 방송, 최근에는 스마트폰 앱도 무료가 많다. 이렇듯 무료 비즈니스 모델 원리인 '프리'를 해명한 것이 바로 이 책이다.

무료 비즈니스가 증가한 3가지 원인

본래 상품이나 서비스는 당연히 돈을 내고 구매하는 것으로 여겨졌다. 그런데 오늘날의 경제 시스템 하에서는 무료로 향유할 수 있는 것이 많아졌다. 왜 그럴까?

무료 비즈니스의 동력 1 _ 지출은 고통

유료라면 사람들은 '돈을 내서 살 것인가 말 것인가'를 고민한다. 하지만 무료라면 돈을 내는 고통을 수반할 필요가 없다. 망설이지 않고 즉시 사용해볼 것이다. '0원'의 위력은 실로 강력하기 때문에, 사용자가 폭발적으로 증가하게 된다.

무료 비즈니스의 동력 2 _ 네트워크 효과

사용하는 사람이 많을수록 서비스의 가치가 높아진다. 나 혼자만 사용하는 이메일이나 SNS는 아무 가치도 없다. 아는 사람이 모두 사용하기 때문에 편리한 것이다. 무료로 제공함으로써 사용자가 늘어날수록, 네트워크 효과로 가치가 더 상승한다.

무료 비즈니스의 동력 3 _ 한계 비용

상품을 한 개 더 만드는 데 드는 비용이 한계 비용이다. 일반적인 제품은 한 개 더 만들 때마다 제조비와 물류비가 추가된다. 그러니 상품을 무료로 제공하는 데도 돈이 들게 마련이다. 그런데 디지털 세계에서는 그렇지 않다. 이론적으로 무한 복사가 가능하기 때문에, 한계 비용은 거의 제로가 된다. 무료로 대량 배포해도 추가 비용이 거의 들지 않는다.

무료 비즈니스의 수익모델

고품질의 서비스를 무료로 제공해서 사용하는 사람이 폭발적으로 증가하고, 그 결과 서비스의 가치가 높아진다. 디지털 세계에선 그 비용도 거의 들지 않는다.

그렇다면 이러한 무료 비즈니스는 어떻게 해서 이익을 낼까? 이 책에서는 4가지 방법을 소개한다. 앞의 둘은 예전부터 있었던 모델이고, 뒤의 둘은 디지털 시대에 새로이 탄생한 모델이다.

무료 비즈니스 수익모델 1 _ 직접 교차 보조금

직접 교차 보조금(Direct Cross Subsidies)은 기존 비즈니스 세계에도 존재하던 방식이다. 일단 무료로 배포해 이용을 확대한 다음, 유료 버전을 발행해 돈을 번다. 가령 무료 스마트폰이라는 개념은 이미 해당 스마트폰의 가격이 통신 요금 안에 포함되어 있기 때문에 가능하다. 1달 무료 구독 후 유료 전환 모델은 넷플릭스(Netflix) 등 많은 구독형 비즈니스에서 채용하고 있다.

무료 비즈니스 수익모델 2 _ 3자 간 시장

이 비즈니스에는 3자의 당사자들이 있다. 이 3자 간 시장(3 Party Market)을 활용한 수익모델이다. 고객과 판매자가 있으며 광고를 하는 기업이 있다. 이 경우 판매자는 광고비로 돈을 번다. 전통적인 미디어인 라디오나 텔레비전이 무료인 이유는 광고 덕분이다. 구글 검색이 무료인 것도 검색 상위에 랭크되기 바라는 광고주들이 비용을 지불하고 있기 때문이다.

무료 비즈니스 수익모델 3 _ 프리미엄

이 책에서는 무료와 프리미엄을 결합한 프리미엄(Free-mium)이라는 개념을 소개한다. 다수의 무료 고객이 있고, 일부 프리미엄(Premium) 고객들이 있다. 이들 고객이 요금을 부담한다. 에버노트(Evernote)나 드롭박스(Dropbox)는 무료지만, 데이터 사용량이 많은 헤비 유저에게는 유료다. 디지털 세계에서는 한계 비용이 거의 제로이므로, 일부 헤비 유저만 비용을 지불해도 수익에 큰 문제가 없다.

무료 비즈니스 수익모델 4 _ 비금전 시장

비금전 시장(Non-monetary Market)이란 사회 공헌 활동의 일환으로 선보이는 비영리 활동을 말한다. 인터넷 세계에서는 정보의 수집과 전달에 거의 돈이 들지 않으므로 돈을 벌 목적이 아니라도 다양한 정보를 제공할 수 있게 되었다. 위키피디아(Wikipedia) 등은 자원 봉사 방식으로 운영된다.

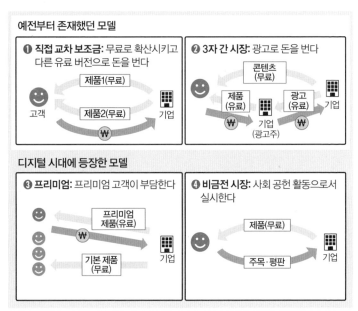

프리의 비즈니스 모델

예전부터 존재했던 모델

❶ **직접 교차 보조금**: 무료로 확산시키고 다른 유료 버전으로 돈을 번다

제품1(무료)
제품2(무료)
고객　　₩　　기업

❷ **3자 간 시장**: 광고로 돈을 번다

콘텐츠 (무료)
제품 (유료)　광고 (유료)
₩　기업 (광고주)　₩　기업

디지털 시대에 등장한 모델

❸ **프리미엄**: 프리미엄 고객이 부담한다

프리미엄 제품(유료)
₩
기본 제품 (무료)
기업

❹ **비금전 시장**: 사회 공헌 활동으로서 실시한다

제품(무료)
주목·평판
기업

※《프리》를 바탕으로 필자가 일부 수정

무료 비즈니스와 어설프게 싸우지 마라

무료 비즈니스는 거대한 파괴력을 숨기고 있다. 특히 디지털 상품은 복제 비용이 제로(0)다. 기존에 유료 비즈니스를 영위해온 이들에게 거대한 위협이다. 그렇다면 어떻게 해야 할까?

　음악업계를 참고해보자. 스포티파이(Spotify) 같은 서비스가 등장함에 따라 음악을 무료로 마음껏 들을 수 있게 되었지만 여전히 유명 뮤지션들은 돈을 번다. 콘서트 등을 통해서다. 디지털 음악처럼 무한히 복제할 수 있는 것은 얼마든지 무료가 될 수 있지만, 희소한 물건이나 시간이 갖는 가치는 더 높아진다.

2016년에 세상을 떠난 전설적인 가수 프린스는 2007년에 19달러짜리 CD 음반을 일간지 데일리메일 일요판에 넣어 런던에 280만 장이나 배포했다. 언뜻 위험해 보였지만, 사실 매우 영리한 행동이었다. 그 후에 열린 런던 콘서트는 총 21회가 전부 매진되었고, 프린스는 300억 원 가까운 공연 매출을 올렸다. 게다가 손해 보는 장사도 아니었다. CD를 첨부하는 대가로 데일리메일로부터 200억 원 정도를 받았기 때문이다.

무료 비즈니스는 기로에 서 있는 듯 보인다. 사람들은 무료인 줄 알았던 페이스북이나 구글을 사용할 때마다 그 대가로 개인 정보 등 눈에 보이지 않는 막대한 비용을 지불하고 있었다는 사실을 깨닫기 시작했다.

섣불리 무료 비즈니스와 싸우려 해서는 안 된다. 오히려 무료 비즈니스의 특징과 장점을 이해하고 경우에 따라서는 그것을 잘 활용하는 동시에, 자사 상품이 가지는 희소성을 무기로 고객에게 큰 가치를 제공해 이익을 낼 방법을 궁리해야 한다.

POINT 디지털 시대 공짜 상품이 작동하는 원리와 그 본질과 위력을 이해하고 자신의 비즈니스에 적극적으로 활용하라

BOOK.30

퍼미션 마케팅

———

고객을 낚는 사냥꾼 대신
고객을 일구는 농부가 되라

《Permission Marketing: Turning
Strangers into Friends and
Friends into Customers》

세스 고딘
Seth Godin

가장 영향력 있는 비즈니스 서적 작가이자 블로거.
야후 부사장을 역임했으며, squidoo.com을 설립
해 미국에서 가장 사랑 받는 카리스마적 시장 전략
가로 평가받는다. '비즈니스 사상가 50인(Thinkers
50)'에도 선정되었다.

어느 날 저녁 편집자에게서 문자가
왔다. '내일 아침 10시에 전화 드려
도 될까요?'

다음날 아침 편집자의 전화를 받
고 의견을 교환했다. 전화를 끊고
나니, 문득 이런 생각이 들었다. 예
전에는 다짜고짜 전화를 거는 게 기본이었는데, 이젠 상대가 전
화를 받을 수 있는지 확인한다. 서로의 시간에 방해가 되지 않기
위해 최대한 배려하는 것이다. 예전에는 영업자가 초인종을 누
르고 막무가내로 물건을 파는 일도 많았다. 요즘 누군가 그렇게
한다면 경찰이 출동할지도 모른다.

이러한 변화에 발맞춰 마케팅 분야에서 시도된 흐름이 바로

240

퍼미션 마케팅(Permission Marketing)이다. 퍼미션이란 허가나 허락을 의미한다. 아마존이나 구글은 이 책의 제언을 충실히 실천해, 거대 기업으로 성장했다. 현대 마케팅을 이해하기 위해 반드시 열독해야 할 책인 것이다.

온라인이 등장하기 전, 기업 마케팅은 광고 중심이었다. 예전에는 고객이 접할 수 있는 정보의 양이 한정되어 있었기 때문에, 광고를 통해 상품이 주목 받으면 잘 팔렸다. 하지만 지금은 정보가 압도적으로 넘쳐난다. 반면 고객의 시간과 관심은 희박해졌다. 일방적으로 광고를 보여준들, 고객은 거들떠보지도 않는다.

그런데 여전히 많은 기업이 그렇게 한다. 고객의 허락도 받지 않고 일방적으로 광고나 메시지를 내보내놓고는, 팔리지 않으면 메시지 내용을 탓한다.

퍼미션 레벨을 측정하는 단계 평가의 5가지 방법

퍼미션 마케팅은 차근차근 고객의 신뢰를 얻는 방법론이다. 소개팅에서 서로의 프로필과 의사를 확인하고 시범 삼아 데이트를 하다가 서로에 대한 이해가 깊어지면 사귀게 되는 것과 같은 점진적 프로세스다. 가망 고객(연애 상대)으로부터 퍼미션을 얻어내고, 지속적으로 관계를 유지하면서 더 깊은 퍼미션을 얻는다. 무작정 고객 수를 확대하는 것이 아니라, 한 명 한 명과 깊은 관계를 맺는다. 퍼미션을 얻는 데는 시간과 투자가 필요하다. 얼마나 많은 고객을 만나느냐가 아니라, 고객으로부터 얼마나 깊이 있는 퍼미션을 얻어내느냐가 중요하다.

퍼미션 레벨 1 _ 현장 대응

퍼미션 마케팅 영역 중에서도 판매 직원과 고객이 직접 대면하는 상황에서의 방법론을 상황적 마케팅(Situational Marketing)이라고 한다. 이 경우 둘은 매우 가까운 거리에 놓이지만, 접촉하는 시간이 짧다. 빠르게 대응하는 동시에 관계를 맺어야 한다. 퍼미션 레벨이 낮지만, 접객 품질을 높이기 위한 다양한 매뉴얼이 필요하다. 패스트푸드 식당에서 계산하는 고객에게 "같이 곁들인 감자튀김 필요하세요?"라고 묻는 등 다양한 고객의 필요를 확인해 접근하는 방식이 그것이다.

퍼미션 레벨 2 _ 구매 인증

구매를 통한 인증(Purchase on Approval)의 퍼미션 단계다. 일종의 포인트를 제공함으로써 고객이 지속적으로 구매하도록 안내한다. 스탬프나 마일리지 프로그램 등 제품을 살 때마다 포인트를 받는다. 모을수록 더 모으고 싶어져서 더 많이 사게 된다. 포인트를 얼마나 사용하는지 파악하면, 퍼미션 레벨을 측정할 수 있다.

퍼미션 레벨 3 _ 개인적 관계

개인적 관계(Personal Relationship) 단계는 고객과 인간적 유대 관계가 생기는 레벨이다. 고딘은 '숫자로 측정할 수 있는 것'을 중시하지만, 개인적인 인간관계는 숫자로 측정할 수 없다. 영업은 곧 사람을 파는 것이라고 믿는 많은 기업들이 이 레벨에 치중하는 경향이 있다.

퍼미션 레벨 4 _ 브랜드 신뢰

브랜드 신뢰(Brand Trust)는 매우 얻기가 힘들지만, 일단 한 번 형성되면 커다란 이점을 가져오는 퍼미션 단계다. 하지만 고딘은 "브랜드는 과대평가되고 있다. 돈도 시간도 많이 들어가는데 계측도 제어도 불가능하다"고 신랄하게 비판한다. [Book 27]을 쓴 브랜드 전략의 대가 아커와는 상이한 의견이다.

퍼미션 레벨 5 _ 일괄 위임

정맥주사 식(Intravenous) 마케팅이라고 표현되는 이 퍼미션 레벨은 고객이 모든 것을 맡기는 수준을 말한다. 일례로 의사는 치료동의서를 통해 '어떤 약을 주사해도 받아들인다'는 퍼미션을 얻는다. 이와 같이 고객으로부터 의사 결정을 일임 받는 최고 수준의 퍼미션이다. 잡지 정기 구독이나 전기·가스·수도·전화 요금 등이 그런 예다. 소위 구독(Subscription) 방식도 여기 포함된다. 구매 대행이나 아마존의 책 추천 역시 이 수준이다. 고객은 시간과 돈을 절약할 수 있으며 고르는 수고도 줄일 수 있다. 퍼미션 레벨은 지속률로 측정할 수 있다.

5가지 퍼미션을 획득하지 못한 고객과의 커뮤니케이션은 최저 레벨인 '스팸(Spam)'에 불과하다. 고딘은 단언한다.

"마케팅의 대부분은 스팸이다. 텔레비전 광고, 모르는 사람에게 보내는 DM 등등 이들은 모두 퍼미션을 얻지 않고 보낸다는 점에서 고객의 시간을 빼앗을 뿐이다."

퍼미션을 얻는 데 필요한 규칙들

고객으로부터 퍼미션을 얻어내는 데에도 규칙이 필요하다.

첫째, 퍼미션은 양도가 불가능하다.

퍼미션은 어디까지나 퍼미션을 부여받은 기업만의 것이다. 양도는 불가능하다. 다른 기업에게 데이터를 넘기는 따위의 일을 해서는 안 된다.

둘째, 퍼미션은 순간이 아니라 과정의 축적이다.

DM이나 광고는 보여준 순간 승부가 결정된다. 그래서 강렬한 인상이 가장 중요하다. 한편 퍼미션은 대화의 축적이다. 씨앗을 뿌리고 물과 거름을 주면서 인내심을 갖고 성장을 지켜봐야 한다.

퍼미션의 5단계

❺ 일괄 위임	→ 고객 대신 의사 결정을 할 수 있다
❹ 브랜드 신뢰	→ 검증 완료 도장
❸ 개인적 관계	→ 개인적인 인간관계를 쌓고 있다
❷ 구매 인증	→ 모을수록 더 모으게 된다
❶ 현장 대응	→ 고객과 판매 직원의 일시적인 관계
그 외에는 전부 스팸!	→ 광고/CM '시간 도둑'

※《퍼미션 마케팅》을 바탕으로 필자가 작성

셋째, 고객은 언제라도 퍼미션을 취소할 수 있다.

고객의 귀중한 시간을 사용하고 있다는 걸 잊어서는 안 된다. 광고는 기업이 주도권을 쥐고 있지만 퍼미션은 고객이 주도권을 쥐고 있다. 고객의 의사가 최우선이며, 고객은 언제라도 퍼미션을 해지할 수 있다.

아마존에서는 사용자 등록을 하지 않아도 누구나 상품을 자유롭게 검색할 수 있다. 처음 주문을 할 때 비로소 이메일 주소와 주소, 이름을 등록한다. 필요한 최소한의 데이터다. 그 후에 아마존은 사용자가 이용할 때마다 행동 데이터를 축적한다. 구입 상품, 다른 구입 후보 등의 정보를 통해서 사용자 한 사람 한 사람의 취향을 파악해 기분 좋게 아마존을 이용할 수 있는 환경을 조성한다. 이것을 20년에 걸쳐 우직하게 지속한 결과, 아마존은 거인이 되었다.

퍼미션 마케팅이 가장 큰 적은 '당장 결과를 내야 한다'는 압박감이다. 기존의 광고 마케팅은 즉시 결과가 나오는 '사냥'에 가깝지만, 퍼미션 마케팅은 '농경'에 가깝다. 시간도 걸릴 뿐만 아니라 한시라도 손을 놓아서는 안 된다. 수확을 서두르면 미처 자라지 못한다. 반면 매일 끈기 있게 키워 나간다면 수확량은 점점 늘어난다. 인내의 끝에 성공이 기다리고 있는 것이다.

[Book 11]에서 소개한 '고객 로열티' 개념 역시 고객에게 퍼미션을 획득히는 것을 중시히는 발상이다. 고객괴의 유대를 깊게 하고 이를 수치로 파악하면서 대책을 마련해 매출로 연결시켜야 한다.

> **POINT**
> 고객에게 일방적으로 팔겠다는 메시지를 쏟아 붓지 마라.
> 고객과의 유대를 수치화하고 시간과 수고를 들여서 고객의
> 신뢰를 키워나가라

BOOK.31

전략적 판매

법인 영업 기업들이
사용하는
최고급 판매 프로그램

《Strategic Selling: The
Unique Sales System Proven
Successful by America's Best
Companies》

로버트 B. 밀러
Robert B. Miller

스탠퍼드 대학을 졸업했으며, 1974년 로버트 B. 밀러 사를 설립해 '전략적 판매 프로그램'을 개발했다. 그 후 기업 교육과 컨설팅을 전개하면서 스티븐 헤이먼과 함께 밀러-헤이먼 사를 세계 유수의 컨설팅 회사로 성장시켰다.

우리가 평소에 만나는 세일즈 직원들은 기업의 최전선에서 소비자에게 상품을 판매하는 이들이다. 그러나 사실 기업 판매 담당 대부분은 우리 눈에 보이지 않는 곳에서 법인 상대로 제품을 판매하는 일을 한다.

영업 관리자들은 일선의 영업 담당들에게 다음과 같이 지시하곤 한다.

"몸으로 부딪혀 뛰십시오. 영업은 당신 자신을 파는 일입니다! 사무실에 앉아서 머리만 굴리는 건 시간 낭비입니다."

고객과 만나는 것을 중요시하고 그 시간까지 측정해 성과 지표로 삼는 회사들도 많다. 분명 고객과 접촉해 커뮤니케이션 하는 것은 중요한 일이다. 하지만 무작정 고객을 찾아가서는 곤란하다. 요즘처럼 프라이버시가 중시되는 세상에선 귀찮은 스팸으로 전락할 공산이 크다.

이 책은 전략적이고 실천적인 법인 영업 방법을 가르쳐준다. 무려 1985년에 출판된 책이지만, 현대 법인 영업의 기본이 모두 응축되어 있다.

특히 이 책의 핵심이라 할 수 있는 '영업 깔때기(Sales Funnel)' 개념은 필자가 몸담았던 IBM뿐만 아니라 세계 유수의 기업에서 채용하고 있다. 영문판 《The New 전략적 판매》역시 2007년에 출판되었는데, 여기서는 그 내용도 포함해 소개한다.

집 TV가 히도 오레돼서 비꿀까 생각 중이었는데, 우연히 들이간 가전제품 양판점에 저렴한 50인치 TV가 있었다. 직원도 열심히 권했다. 스마트폰으로 사진을 찍어서 아내에게 보내고 의견을 물었더니 즉각 답이 왔다. "너무 크지 않아? 안 그래도 방이 좁은데…." 결국 50인치 TV 구매는 보류됐다.

이처럼 상품 구입에 두 명 이상의 동의가 필요한 경우, 판매의 난이도는 높아진다. 하물며 법인 영업에는 더 많은 사람들의 이해관계가 복잡하게 얽혀 있기 때문에 쉽지 않다. 그래서 전략이 더욱 필요한 것이다.

전략적 판매는 관련된 인적 구성을 확실히 파악한 다음 어떻게 하면 판매자가 주도권을 쥘 수 있을지 철저히 궁리함으로써 판매 성공률을 높인다. 이를 위해 고려할 것은 다음 6가지 요소다.

전략적 판매의 고려 사항 1
구매 영향력

"거래처 부장이 선배인데, 의리를 중시하는 사람입니다. 이 건은 확실히 따낼 수 있습니다!"

이런 식으로는 안 된다. 인맥이나 인정에 기대는 판매는 지속 가능하지 않다. 기업은 기본적으로 합리성에 입각해서 판단하게 마련이다. 고객을 '대상'이 아니라 '역할'로 바라봐야 한다. 전략적 판매는 영업 대상의 구매 영향력(Buying Influences) 주체를 파악하는 일을 최우선으로 한다. 즉 구매에 영향을 미치는 주체가 누구이며, 그들은 어떤 기준으로 구매를 결정하는가 하는 점이다. 바이어(Buyer)의 유형에는 4가지가 있다.

바이어 유형 1_ 경제 지향

경제 지향(Economic)의 바이어들은 가치에 걸맞은 '가격'인지를 판단해 구매를 결정한다. 이때 판단 기준은 철저히 채산성이다. 이들은 조직의 상층부에 존재하며, 거래 유형에 따라 역할을 맡는 이들이 바뀌기도 한다. 소액의 구매라면 부장 급, 대규모 투자라면 사장이 결정하는 식으로 말이다.

바이어 유형 2 _ 편의 지향

사용자(User)가 구매를 결정하는 경우다. 이들은 실제 제품을 사용할 사람들이며, 제품이 자신의 업무에 도움이 될지에 관심이 있다. 가령 공장에서 자동화 로봇을 구매한다면, 생산성이 향상되는 장점이 있으면서도 기존 직원들이 사용법을 잘 익히고 편하게 사용할 수 있어야 한다는 현실적인 특징들을 최우선 고려사항으로 삼을 것이다.

바이어 유형 3 _ 기술 지향

기술 지향(Technical)의 구매자들은 제품이 문제기 없는지 꼼꼼히 확인하는 것을 중시한다. 공장이 자동화 로봇을 구입할 때, 고객은 자사 전문가에게 '이것이 정말로 공장에서 잘 작동할까?'를 면밀하게 확인시키고자 할 것이다.

바이어 유형 4 _ 코치

직접적인 구매자는 아니지만 구매에 결정적 조력을 하는 주체에 대해 파악할 필요가 있다. 이들 코치(Coach)는 고객 기업군을 잘 알고 있고 판매자의 편에서 다른 바이어들을 중개해줄 수 있으며, 필요한 정보를 제공해준다. 고객 기업 내부에 있을 때도 있고 제3의 조직에 있을 수도 있고 판매하는 자사 내부에 있을 수도 있다.

최초의 영업 개시 단계에는 이 4가지 유형의 바이어가 누구인지 파악하는 것이 중요하다. 이들 모두의 찬성을 얻어내는 것이 전략적 판매의 첫 단추이기 때문이다.

전략적 판매의 고려 사항 2
적신호 감지

제품이 잘 팔리지 않을 때, 반드시 사전에 적신호(Red Flags)들이 나타난다. 이때 이러한 작은 조짐들을 간과하지 말고, 그에 상응하는 자사의 강점에서 대책을 찾아내 대응해야 한다.

적신호 1 _ 정보 부족

누가 바이어인지 불명확하거나 바이어가 무슨 생각을 하고 있는지 모르는 상태에서 영업을 시작하면 실패할 때가 많다.

적신호 2 _ 정보 불확실

정보를 얻었더라도 그 의미를 판단할 수 없다. 막연히 '사줄 것 같다'고 희망사항을 갖는 것은 위험하다. 불확실한 정보는 반드시 진위를 파악해 확실하게 만들어야 한다.

적신호 3 _ 바이어 접촉 불가

반드시 4가지 유형의 바이어와 모두 접촉해야 한다. 이를 게을리 해서는 판매를 할 수 없다. 상대가 사장이어서 만날 수가 없다면, 수준을 맞춰 자사 대표와 만날 기회를 만드는 등 대안을 마련한다.

적신호 4 _ 담당자 교체

교체된 담당자가 전임자의 약속을 뒤엎어버리는 경우는 흔하다. 그러므로 즉시 접촉해야 한다.

적신호 5 _ 조직 개편

조직이 개편되면 바이어들의 역할이 바뀐다. 사전 교섭이 원점으로 돌아갈 가능성이 높다.

모든 적신호는 다른 의미로는 기회이기도 하다. 도통 만나주지 않던 바이어가 다른 사람으로 교체되어 어떻게든 연결선을 찾아내 만날 수 있게 되기도 한다.

전략적 판매의 고려 사항 3

고객 반응 모델

팔릴지 안 팔릴지는 고객의 반응에 달려 있다. 고객의 반응 모델(Response Model)에는 4가지 유형이 있다. 이 중 어느 것에 해당하는지 파악해 대응 전략을 세운다.

반응 모델 1 _ 성장

성장(Growth)만이 당면 목표다. 목표로 하는 지향과 현재 상황 사이의 갭을 채워줄 무언가를 제공해준다면, 얼마든지 구매할 의사가 있다. 예를 들어 매출이 급속히 늘어나는데, 생산 설비가 뒷받침되지 못한다면 곤란한 일이다. 성장을 위해 필요한 현재 상황 개선의 대책, 즉 설비 증강 같은 구체적 개선 방안을 제안하면 구매할 가능성이 높다.

반응 모델 2 _ 트러블

트러블(Trouble)이 생겨나서 어떻게든 그걸 바로잡아야 한다. 이때 바이어의 마음속에는 '사태를 정상으로 돌릴 수 있다면 무조건 산다!'는 절실함이 있다. 그걸 잘 이용해야 한다. 트러블 상황의 바이어에게는 시간, 인력, 자금, 기술 등이 부족할 수 있으므로 다방면을 충족하는 성장 유형 대상의 제안보다는 아주 구체적이고 문제해결에 직접적인 제안을 하는 것이 좋다.

반응 모델 3 _ 평온

평온(Even Keel) 고객은 현재 상태에 아무런 문제도 없다고 느끼고 필요를 절감하지 못한다. 그러니 어지간한 제안에는 잘 움직이지 않는다. 성장이나 트러블 단계로 가야만 움직일 가능성이 생긴다.

반응 모델 4 _ 자신감 과다

자신감 과다(Overconfident) 고객은 현재 더할 나위 없이 좋은 상황이라고 느낀다. 무엇을 제안해도 소용이 없기 때문에, 영업

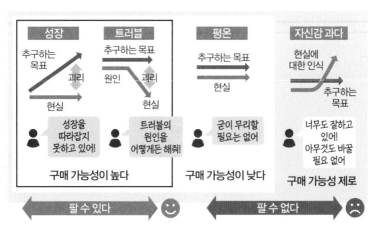

팔릴지 안 팔릴지는 고객의 반응에 달려 있다

※ 《전략적 판매》를 바탕으로 필자가 작성

성공 가능성은 제로다. 무리해서 밀어붙이지 말고 '언제든 필요해지면 말씀해주십시오.' 정도의 느낌으로 말해두는 것이 좋다.

전략적 판매의 고려 사항 4
만족과 결과

거래를 성사시키고 나서도, 고객의 '만족' 여부에 대해 항상 신경 써야 한다. 성장이나 트러블 모드에 있는 고객의 상황을 이용해 거래를 성사시키고, 판매했다고 자족해서는 거래를 지속시킬 수 없다. 반대로 '앞으로 많이 사줄 테니 첫 거래에는 큰 폭으로 할인을 해주자!'는 식으로 고객인 상대만 만족하는 영업을 해서도 곤란하다. 가격을 원래대로 되돌린 순간 고객은 배신당했다고 느껴 거래를 끊을 것이다. 그러므로 만족의 주체는 양측 모두가 되어야 한다. 어느 한쪽만 만족한다는 것은 장기적으로 보아 서로 불만족스러운 상황을 만들게 된다. 고객과 내가 모두 만족하는 윈윈(Win-Win) 상황을 지향하기 위해 끊임없이 노력해야 한다.

또 하나 생각해야 할 것은 '결과'다. 판매를 통해 정량적인 결과 개선을 얻을 수 있다면 제일 좋다. 예를 들어 '새로운 장비를 구매해서 업무를 개선했더니 야근 시간이 줄었다'는 식으로 구체적이고 명확한 결과가 필요하다.

결과와 만족은 다르다. 야근이 줄어서 '가족과 함께 보내는 시간이 늘었다'고 만족하는 사람도 있겠지만, '야근 수당이 줄어' 불만을 느끼는 사람도 있게 마련이다. 만족은 개인적이고 주관적이다. 결과만 팔지 말고, 사람들의 만족도 고려할 필요가 있다.

전략적 판매의 고려 사항 5

이상적인 고객

'팔아서는 안 되는 고객'도 있다. 밀러에 의하면 고객의 30퍼센트는 비용만 들어갈 뿐 이익이 나지 않는 '팔아서는 안 되는 고객'이다. '이상적인 고객(Ideal Customer)'을 명확히 해두어야 한다.

이를 위해서는 과거의 판매 실적들을 체크해봐야 한다. 가장 바람직했던 고객을 찾아서 적고, 그 특성을 열거해본다. 아울러 최악이었던 고객도 적고 특성을 열거한다. 그런 다음 둘을 비교해 '이상적인 고객'을 결정한다.

이렇게 점검한 결과로 '우리 회사 제품을 폄하하고 할인을 요구하는 고객과는 처음부터 거래하지 않는다'는 식으로 방침을 정해두는 기업도 있다. 그 회사의 계약 성공률은 50퍼센트가 넘는다고 한다.

영업 깔때기로 판매를 관리한다

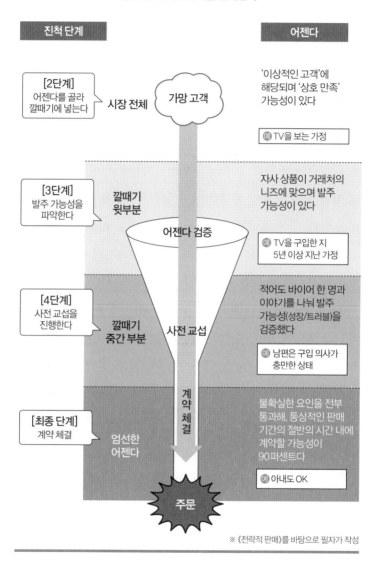

진척 단계

[2단계]
어젠다를 골라
깔때기에 넣는다

시장 전체

가망 고객

[3단계]
발주 가능성을
파악한다

깔때기
윗부분

어젠다 검증

[4단계]
사전 교섭을
진행한다

깔때기
중간 부분

사전 교섭

계약
체결

[최종 단계]
계약 체결

엄선한
어젠다

주문

어젠다

'이상적인 고객'에
해당되며 '상호 만족'
가능성이 있다

예 TV을 보는 가정

자사 상품이 거래처의
니즈에 맞으며 발주
가능성이 있다

예 TV을 구입한 지
5년 이상 지난 가정

적어도 바이어 한 명과
이야기를 나눠 발주
가능성(성장/트러블)을
검증했다

예 남편은 구입 의사가
충만한 상태

불확실한 요인을 전부
통과해, 통상적인 판매
기간의 절반의 시간 내에
계약할 가능성이
90퍼센트다

예 아내도 OK

※《전략적 판매》를 바탕으로 필자가 작성

전략적 판매의 고려 사항 6 _ '영업 깔때기'로 관리

"A사를 집중 공략하고 있습니다. 제 생각엔 50퍼센트는 넘어왔습니다."

영업 현장에서 어젠다(Agenda)를 관리하는 것은 중요하다. 막연한 감이나 감상으로 하거나, 당면한 것만 관리하고 나머지는 방치해서도 안 된다.

'영업 깔때기' 메커니즘은 모든 어젠다의 진척 상황을 파악하고 관리하는 방법이다. 깔때기에 어젠다들을 넣어서 제일 밑으로 걸러져 나온 제일 유리한 어젠다와 계약하는 이미지를 떠올리면 된다. 먼저 현재의 어젠다를 목록화하고 '이상적인 고객'에 맞지 않는 것은 제외한 다음, 257페이지 그림처럼 4단계로 나눠 모든 어젠다를 가시화한다. 법인 고객은 아니지만, 앞서 언급한 'TV을 구입하려는 고객'의 예시로 이해를 도왔다.

그런 다음, 아래의 진척 단계대로 각각의 어젠다에 임한다.

- **2단계:** 가망 고객 어젠다 중에서 깔때기에 넣을 어젠다를 고른다.
- **3단계:** 깔때기 윗부분에 있는 어젠다에 관해 발주 가능성을 파악한다.
- **4단계:** 깔때기 중간 부분에 있는 어젠다에 관해 사전 교섭을 진행한다.
- **최종 단계:** 판매 목표 어젠다는 계약을 즉시 체결한다. 라이벌도 노리는 상대이기 때문이다. 남편도 아내도 TV을 살 생각이 있는데 방치한다면, 다른 곳에서 구매할 것이다

핵심은 깔때기에 항상 어젠다가 가득 차 있도록 매일 노력하는 것이다. 그렇게 되면 한 영업 담당의 말처럼 배부른 고민을 하게 된다. "아무리 바빠도 매주 한 번은 반드시 신규 어젠다를 개발해서 깔때기를 채우고 있습니다. 지금은 의뢰를 오히려 거절해야 하는 처지입니다."

현재 해외 유수의 기업은 이 영업 깔때기를 전망 고객의 위쪽까지 확장한 '마케팅 깔때기(Marketing Funnel)'라는 개념을 만들어, 전략적 판매에 임하고 있다. 그런데도 여전히 근성이나 의리와 인맥을 외치는 기업들도 많다. 이들은 20년은 뒤쳐져 있는 셈이다. 법인 영업에 관여하는 사람들에게 '전략적 판매'는 반드시 이해해야 하는 개념이다.

POINT
기업을 대상으로 영업할 때는 체계적인 판매 전략이 필요하다. 사려는 이들의 역학관계와 상황을 고려해 효과적으로 접근하고 관리하는 '전략적 판매'를 도입하라

Chapter 5

리더십과 조직
Leadership & Organization

좋은 경영자가 되기 위해 반드시 갖추어야 할 소양이 바로 리더십과 조직론에 관한 것이다. 이는 사람을 대하고 리드하는 바탕이자, 기업이라는 집단을 움직이는 힘인 것이다.

여기에서는 시대를 초월해 꼭 읽어야 하는 명저들을 중심으로 하되, 비교적 최근에 출간된 좋은 책도 소개한다.

세상이 격변하는 시대이기에 더더욱 시대가 달라져도 변하지 않는 것은 무엇인지 잘 알고 있어야 할 것이다.

BOOK.32

초우량 기업의 조건

최고로 잘하는 기업의
베스트 폼을 배우고
따라 하라

《In Search of Excellence:
Lessons from America's Best-
Run Companies》

톰 피터스 · 로버트 워터먼
Thomas J. Peters · Robert H. Waterman, Jr.

피터스는 미국 최고의 경영 컨설턴트로 스탠퍼드
대학에서 MBA와 박사 학위를 취득했다. 풍부한 지
식과 비즈니스 현장 경험에 입각한 날카로운 문제
제기와 솔루션, 선견력과 독창성으로 높은 평가를
받고 있다. 워터먼은 스탠퍼드 대학에서 MBA 학위
를 취득하고 맥킨지에서 일했다. 스탠퍼드 경영대
학원 등에서 객원 강사로 활약한다.

1982년 미국 기업들은 부진에 허
덕이고 있었지만, 그런 와중에도 초
우량 기업은 존재했다. 이 책은 그
러한 초우량 기업이 어떻게 생각하
고 행동하는지 해명함으로써, 미국
기업 경영의 흐름을 크게 바꿔놓았
다. 비유하자면 골프 달인을 연구한 책으로, 그들이 어떻게 생각
하고 행동하는지 앎으로써 골프 실력을 키울 수 있게 해준다.

맥킨지(McKinsey) 컨설턴트인 저자들은 미국의 초우량 기업
75개를 골라서 면담 조사를 실시한 결과, 초우량 기업은 평범한
사람들로부터 비범한 힘을 끌어내고 있음을 밝혀냈다. 오래된 책
이지만 지금도 읽히는 까닭은 오늘날에도 통하는 기업의 '베스

트 폼(Best Form)'이 제시되기 때문이다. 그 핵심은 '일단 시도한다. 해봐서 안 되면 고치면 된다. 실천이 우선이다!' 하는 태도다.

합리적인 룰에 입각해 구성원을 철저히 관리해 생산성을 향상시킨다는 테일러주의(Taylorism) 이래 기업 경영은 과학적 관리법(Scientific Management)에 바탕을 둬 왔다. 그러나 사람은 반드시 합리적으로만 행동하지 않는다.

작업 환경과 노동자 작업 능률의 상관관계를 연구한 '호손 실험(Hawthorne Experiment)'에 의하면, 조명, 휴식 시간, 실내 온도를 이상적으로 바꿨더니 효율이 점점 상승했다. 그런 다음 이전 조건으로 되돌렸더니 놀랍게도 능률이 더 올랐다. 노동자들은 '우리가 일하는 모습을 누군가 지켜보고 관심 갖고 있다'고 의식한 것만으로 작업 능률이 계속 올랐던 것이다. 인간은 자신이 하는 일에 보람을 느낄 때 생산성이 높아진다. [Book 43]에서 이러한 내면의 동기 부여에 대해 더 자세히 살펴볼 것이다.

합리적인 관리를 추구해서는 한계가 명확하다. 관리를 강화하고 직원들의 자유를 허용하지 않는 과도한 합리주의는 실패를 극단적으로 두려워하게 하며 실험을 용납하지 않는다. 하지만 새로운 것은 시행착오 속에서 탄생한다. 초우량 기업은 구성원을 세심하게 배려하며 그들을 통해 생산성 향상을 꾀한다. 열정을 소중히 여기고 직원들의 도전과 사내 경쟁을 장려하며, 고객 지향을 철저히 한다. 저자는 이를 8가지 특질로 정리했다.

초우량 기업의 특질 1
행동 중시

'일단 해보자! 해봐서 안 되면 고치면 된다. 시도해보자(Do it, fix it, try it)!'

이것이 이들의 슬로건이다. 실천주의 성향(Bias for Action)은 이들 기업의 풍토다.

성공을 위해 중요한 것은 신속한 행동과 수많은 실험이다. 한 대형 은행은 새로운 서비스를 개발하기 위해 1년 반에 걸쳐 다량의 시장 조사 자료를 작성했다. 그런데 서비스 개시 직전, 필자가 시장 테스트를 했느냐고 물었더니 책임자는 친구 둘에게 의견을 들었다고 답했다. 고작 두 명이냐고 놀라 묻자, '경쟁사에 알려질까 걱정되어서 그랬다'는 답이 돌아왔다. 이렇게 무능한 기업은 실험과 학습의 중요성을 이해하지 못한다.

P&G는 그와 정반대다. 신상품을 개발하기 수년 전부터 시장 테스트를 철저히 한다. 시장에서 학습함으로써 얻는 이익이 라이벌에 알려짐으로써 입는 손해보다 훨씬 크다고 생각하기 때문이다. 아모코(Amoco)가 미국에서 유전 개척 1위를 줄곧 유지하는 이유는 다른 회사보다 더 많은 시추를 시도하기 때문이다.

초우량 기업은 모두 '일단 해보자! 해봐서 안 되면 고친다. 시도해본다!'는 마인드로 무장하고 실천을 가장 중시한다.

초우량 기업의 특질 2
고객 밀착

초우량 기업은 눈앞의 이익에 얽매이지 않고 고객 지향을 철저히 한다. 고객과 가까이한다(Close to the Customer).

IBM의 주력 제품이었던 메인프레임 컴퓨터는 업계 최고 성능은 아니었지만, 이들은 고객 서비스 면에서 다른 회사들을 압도했기에 업계 최고 지위를 유지했다. 고객에게 문제가 발생하면 온갖 수단을 동원해 신속하게 해결했다. 직원들은 거래 기업의 일원처럼 사고하고 행동했다. [Book 39]에서는 이들이 이러한 초심을 잃어버렸다가 어떻게 파산의 위기에 몰렸으며 그걸 어떻게 다시 회복했는지 다룰 것이다.

과학 기기 제조사를 대상으로 상품 아이디어의 원천이 무엇인지 조사한 적이 있는데, '지금까지 없던 유형의 신상품' 11종이 전부 사용자의 아이디어에서 탄생했다는 결과가 나왔다.

지금으로서는 '고객을 소중히 하라'는 명제가 당연한 듯하지만, 이 책이 출간되던 당시는 달랐다. 소비재 기업들은 상대적으로 경쟁자가 적었고 배짱 영업을 하는 일도 많았다. 그런 상황에서도 초우량 기업들은 '고객과 거리를 좁혀야만 수익이 나온다'고 생각하고 철저히 사용자의 의견에 귀를 기울였다.

자율성과 기업가정신

초우량 기업은 조직 내 자율성(Autonomy)과 기업가정신(Entre-preneurship)을 장려한다.

경영자가 직원에게 당부한다. "내가 열심히 궁리해낸 전략이니 제대로 한 번 실행해보게."

언뜻 완벽해 보이는 전략이다. 그런데 실행해보니 여러 문제점이 노출됐다. 결국 전략은 실패했다. 경영자는 '전략은 완벽했는데, 실행이 문제였다'고 직원을 탓한다.

이는 우선순위가 철저히 잘못된 생각이다. 전략 성공의 열쇠를 쥐고 있는 것은 아이디어가 아니라 실행이다. [Book 5]에서 루멜트가 지적한 것과 일치한다.

초우량 기업은 구성원들에게 '무엇을?'과 '어떻게?'에 대해 자율성을 부여한다.

관건은 얼마나 여러 번 시도하느냐다. 실패하는 것도 역량을 쌓는 일의 일부이기 때문에, 도전을 장려한다. 실패를 두려워해서는 혁신을 할 수 없다. 이들은 조직의 벽을 뛰어넘은 사내 커뮤니케이션을 중시하는데, 구성원들의 자율성과 기업가정신을 고양해 조직 내에서 수많은 리더들을 육성한다.

초우량 기업의 특질 4
사람이 자산

이들은 사람을 통한 생산성(Productivity through People)을 지향한다. 사람만이 아이디어를 낳는 최대의 자산이기 때문이다. 그리고 사람을 움직이는 비결은 단 하나, 그들을 신뢰하는 것이다. 자신을 믿고 있다는 것을 알면 누구나 기대에 부응하기 위해 노력한다. 초우량 기업은 '개인 존중'을 외치며, 직원들을 소중한 자산으로 생각한다.

소중하게 여긴다는 것은 늘 부드럽게 대한다는 의미만은 아니다. 엄격한 측면도 있다. 평가와 실적을 중시한다. 성과를 올리면 높이 평가하고 포상한다. 금전에만 국한되지 않는 다양한 보상 시스템을 마련해둔다.

초우량 기업의 특질 5
가치 중심

가치 기반(Value-Driven) 행동 지침을 보유한다. 초우량 기업에는 핵심가치와 행동 이념이 있다. 그것을 바탕으로 일관된 행동을 실천한다.

초우량 기업의 특질 6
본질에 집중

가장 뛰어난 역량을 발휘할 수 있는 핵심 가치에서 벗어나지 않는다. 돈이 된다는 이유로 아무것에나 손을 대지 않는다.

초우량 기업은 자신이 모르는 분야에 섣불리 두 발을 모두 들이미는 우를 범하지 않는다. 새로운 도전을 하지 않는다는 말이 아니다. 어느 정도 다각화를 꾀하며 새로운 환경에 적응하면서도 기본으로부터 벗어나지 않는다.

무능한 기업일수록 이것저것 손을 대서 다각화를 추구한다. 원칙 없는 다각화는 실패할 때가 많다.

초우량 기업의 특질 7
단순 편재와 소수의 관리

회사가 커지면 복잡해지고 본사가 비대해져 관리 업무가 늘어난다. 이것이 문제의 발단이다. 초우량 기업은 항상 조직을 단순화하고자 노력을 거듭한다.

가치관이 통일되어 있으므로 유동적으로 조직을 재구성하더라도 구성원들이 기대대로 움직인다.

초우량 기업의 특질 8
느슨하면서도 엄격한 체제

초우량 기업은 원칙과 기본에 충실하면서도 구성원 각자가 자율적이고 창의적으로 실천하고 시행착오를 경험할 수 있도록 느슨하면서도 타이트한(Loose-Tight) 조직 구성을 지향한다. 관건은 구성원이 자율적으로 스스로 기업가정신으로 무장해 실천하고, 그 결과 나온 성과에 대해 엄격하고 다양한 방법으로 보상하고 평가하는 환경을 유지하는 것이다.

이 책에 소개된 초우량 기업 중에는 이후로 부진에 빠진 곳도 많다. 그러나 이 책은 앞서 말했듯이 비유하자면 '골프 달인 연구서'다. 최고들의 패턴을 연구한 것이기에, 그중 일부가 부진에 빠질 수도 있다. 이들 역시 본래의 기본자세를 철저히 하고 훈련에 매진하면 얼마든지 부진에서 탈출할 수 있다.

초우량 기업의 베스트 폼을 세상에 알렸다는 점에서 이 책은 이후 수많은 경영 이론의 토대가 되었다. 이 책에서 열거한 8가지 특질을 오늘날 어떻게 활용할지 생각하면서 읽어보기 바란다.

> **POINT**
>
> 오랜 기간 최고의 기량을 발휘한 초우량 기업들의 최고 모범 교안을 배우고, 교과서와도 같은 그들의 베스트 폼을 내 것으로 만들라

BOOK.33

성공하는 기업들의 8가지 습관

시간을 알려주는 대신
오래 가는 시계 장치를
심어라

《Built to Last: Successful Habits
of Visionary Companies》

짐 콜린스
Jim Collins

스탠퍼드 경영대학원 교수를 거쳐 현재는 콜로라도 주 볼더에서 경영 연구소를 운영하고 있으며, 기업과 비영리 단체의 리더들의 어드바이저로 활약하고 있다. 10년에 걸친 기업 조사를 통해 다수의 컨셉을 제시했으며, 여러 밀리언셀러들을 집필했다. 피터 드러커 이래 가장 영향력 있는 경영 사상가로 평가받는다.

글로벌 기업들을 보면 하나같이 카리스마 있는 경영자가 놀라운 전략을 구상하고 강력한 리더십으로 회사를 이끄는 것처럼 보인다. 그런데 이 책을 읽으면 실제로 시대를 초월한 초일류 기업에는 카리스마적인 경영자가 필요 없으며, 전략도 다분히 시행착오에 의해 추진된다는 것을 알 수 있다.

저자 콜린스는 업계 정상급 기업의 지위를 수십 년간 수성하는 미래 지향적 초일류 기업을 '비저너리 컴퍼니(Visionary Company)'라고 명명한다. 그는 미국 700개 기업 CEO에게 설문 조사를 실시해 비저너리 컴퍼니 18곳을 선정하고, 이들의 창업

270

부터 현재까지 역사를 6년에 걸쳐 조사한 뒤 그 기본 원칙과 공통 패턴을 정리했다. 1994년에 출판되어 세계적 스테디셀러가 된 이 책에 등장하는 비저너리 컴퍼니는 다음과 같다.

3M, 아메리칸 익스프레스, 보잉, 씨티그룹, 포드, GE, HP, IBM, 존슨앤드존슨, 메리어트, 머크, 모토로라, 노드스트롬, P&G, 필립모리스, 소니, 월마트, 월트 디즈니. 이상 18개 기업이다. 1950년대에 설립되어 오랜 세월 최고의 지위를 유지한 기업들이 대상이므로, 신생 기업은 포함되어 있지 않다.

초일류 기업의 특징 1
신화는 틀렸다

이늘을 실제로 조사해보았더니, 기존의 '상식'이 잘못된 경우가 많았다. 구체적으로 살펴보자.

초일류 기업에 대한 무너진 신화 12개

널리 신봉되는 신화	조사 결과 밝혀진 사실
❶ 일류 기업은 일류 아이디어에서 시작된다	아이디어 없이 시작한 회사가 많다
❷ 위대하고 카리스마 넘치는 지도자가 필요하다	전혀 필요 없다
❸ 이익 추구가 최우선 목표다	이익은 다양한 목표 중 하나에 불과하다

❹ 공통된 '올바른' 핵심 가치가 있다	핵심 가치에 정답은 존재하지 않는다
❺ 변하지 않는 유일한 것은 변한다는 사실이다	핵심 가치가 바뀌지 않고 유행에 좌우되지 않는다
❻ 위험을 감수하지 않는다	'크고 위험하고 대담한 목표'에 도전하기를 두려워하지 않는다
❼ 누구에게나 좋은 직장이다	핵심 가치와 높은 이상에 맞는 사람에게만 좋은 직장이다
❽ 주도면밀하고 복잡한 전략이 있다	시행착오 끝에 낸 결과일 때가 많다
❾ 근본적인 변화를 위해서 외부에서 CEO를 영입한다	외부에서 CEO를 영입한 사례는 예외적이다
❿ 경쟁에서 이기는 것을 최우선으로 여긴다	스스로를 이기는 것을 최우선으로 여긴다
⓫ 두 마리 토끼를 잡을 수 없다	선택을 거부하고 '그리고'를 택하며 모순되는 목표를 동시에 추구한다
⓬ 경영자가 비전을 선포한다	경영자의 비전 선포만으로 성장하는 것이 아니다

※《성공하는 기업의 8가지 습관》에서 필자가 일부 수정

초일류 기업의 특징 2
오래 가는 시계 장치

'성공한 기업은 창업자의 아이디어를 바탕으로 시작되었다'는 인식이 일반적이다. 그런데 실제로 여러 비저너리 컴퍼니들은 사실 이렇다 할 아이디어 없이 만들어졌다.

HP는 빌 휴렛(Bill Hewlett)과 데이비드 패커드(David Packard) 가 차고에서 회사를 만든 다음, 전화요금이라도 내자는 심정으로 닥치는 대로 일을 한 것이 시작이었다. 소니(Sony) 역시 무작

정 회사를 세우고 이부카 마사루(井深大)와 직원 7명이 어떤 제품을 만들지 궁리한 후 온열 방석 같은 제품을 만들며 하루하루 연명했다. 비저너리 컴퍼니들의 경우 초창기부터 히트 상품을 만들어내 성공한 비율이 훨씬 낮다.

우수한 제품이나 전략보다 조직을 만드는 데 긴 시간을 들인다. HP 창업자는 구성원들이 창의성을 발휘하는 환경을 만들기 위해 조직 구조를 어떻게 할지 고민했다. 이들은 공공연히 "우리가 만든 최고의 작품은 오실로스코프나 탁상용 전자계산기가 아니라, HP와 'HP 방식(HP Way)'이라는 경영 철학"이라고 강조했다. 소니는 제품 개발 난항으로 자금난에 시달리던 시기에 '성실한 기술자가 최고의 역량을 발휘할 수 있는 자유 활달하고 유쾌한 이상적 공장의 건설…'로 시작되는 '설립 취의서'를 만들었다.

훌륭한 제품을 만들어내서 위대해진 것이 아니다. 카리스마가 있는 리더가 품질 좋은 제품을 만들어내서도 아니다. 처음부터 훌륭한 조직을 만드는 데 치중하고 구성원들에게서 영감과 창의성을 끌어낸 결과, 훌륭한 제품을 잇달아 만들어내는 비저너리 컴퍼니가 된 것이다. 카리스마 있는 경영자가 만든 훌륭한 제품이라도 언젠가는 수명을 다하게 되어 있다. 이들 위대한 기업에는 오래 가는 시계 장치(clock-building)가 있다. 일일이 시간을 알려줄 필요 없이 스스로 시간을 알아나가는 조직을 만든 것이다.

초일류 기업의 특징 3

핵심 가치를 관철한다

시계 장치를 만들기 위해 중요한 것은 '핵심 가치(Core Ideolo-gies)'다. 사회 공헌, 신실함, 직원 존중, 고객 우선주의, 탁월한 창의성, 지역사회에 대한 책임 같은 요소들이다. 비저너리 컴퍼니는 이러한 핵심 가치를 조직의 바탕으로 삼는다. 핵심 가치는 단순한 이익 추구를 초월한 이상(理想)이다. '우리가 누구이며 무엇을 위해 존재하며 무엇을 할 것인가?'를 구체적으로 명시한다. 다른 기업의 경우는 핵심 가치가 없었거나, 있더라도 아무도 그것을 의식하지 않았다.

콜린스가 비저너리 컴퍼니 18개를 조사한 결과, 핵심 가치는 회사마다 달랐으며 공통되는 바람직한 이념은 존재하지 않았다고 한다. 다만 공통점이 있다면 '이상을 관철한다'는 점이었다. 핵심 가치를 기업의 목표나 정책에 일관되게 반영시켜서, 구성원들의 생각과 행동에 침투시키고 있는 것이다.

초일류 기업의 특징 4

크고 위험하고 대담한 목표

기업을 끊임없이 진화시키는 시스템은 성장을 위해 필수적이다. 비저너리 컴퍼니 18개 중 14개가 진화를 촉진하는 강력한 시스템으로서 '크고 위험하고 대담한 목표(Big Hairy Audacious Goals, BHAGs)'를 설정해 도전하고 있었다.

폭격기 전문 제조사였던 보잉은 사운을 걸고 707을 개발해 제트 여객기 시대를 개척했다. 연이어 727과 747이라는 대담한 목표를 설정해 성공시킴으로써, 업계 정상의 지위를 확보했다. GE의 CEO 잭 웰치(Jack Welch)는 '진입하는 시장에서 1위 아니면 2위, 작은 기업이 갖춘 속도와 민첩성을 지닌 기업으로 변신한다'는 목표를 세웠다.

크고 위험하고 대담한 목표란 구성원 각자의 의욕을 고취시키고 구체적이면서 가슴 뛰게 하며, 초점이 명확하고 바로 이해할 수 있는 목표를 말한다. 외부 사람들이 보기에는 허황된 것 같지만, 의외로 내부 조직원들은 '달성할 수 없는 목표'라고 여기지 않는 경우가 많다고 한다. 암벽 등반과도 같다. 밑에서 보면 로프도 없이 높은 암벽을 기어 올라가는 게 위험천만해 보인다. 하지만 정작 본인은 자신의 수준에 맞는 암벽을 택해서 차근차근 올라간다. '발 디딜 곳을 확보하고 집중력을 유지하며 한 발 한 발 오르면 실패할 리 없다'고 굳게 믿는다.

크고 위험하고 대담한 목표는 핵심 가치를 강화하며 그 방향과 일치해야 한다. 보잉의 도전 역시 '항공 기술의 개척자가 된다'라는 핵심 가치에 따른 것이었다.

사교 집단 같은 기업 문화

디즈니랜드는 '사람이 미키마우스 탈을 쓴다'는 것을 공식적으로 인정하지 않는다. 디즈니랜드의 사명은 전 세계의 아이들에게 꿈을 주는 것이다. 그러니 미키마우스는 사람이 탈을 쓴 게 아니라 미키마우스 그 자체다.

외부인이 보기에는 '뭘 그렇게까지….' 하고 생각하지만, 그들로선 당연한 일이다. 이 생각에 공감하는 사람만 스태프로 선발해 연수시킨다.

이렇듯 비저너리 컴퍼니에는 사교 집단 같은 문화(Cult-like Cultures)가 있다.

여기서 컬트(Cult)란 가치에 대한 열광, 배움을 향한 노력, 동질성의 추구, 엘리트주의 같은 것이다. 당연히 사이비 종교는 아니다. 종교는 카리스마적인 지도자를 숭배하지만, 비저너리 컴퍼니에서는 그런 개인 숭배가 없다.

이들이 믿는 것은 개인이 아니라 핵심 가치다. 모순된 것 같지만, 사교 집단 같은 동질성이 다양성을 만들어낸다. 핵심 가치를 신봉한다는 전제 하에서 피부색, 성별, 외모 따위는 전혀 상관이 없어지기 때문이다.

초일류 기업의 특징 6
많은 것을 시도하고 잘되는 것에 집중

존슨앤드존슨은 어느 날 '반창고를 붙였다가 피부에 염증이 생겼다'는 의사의 항의를 받고, 작은 캔에 스킨파우더를 담아 보냈다. 이 작은 캔이 공전의 히트 제품인 베이비파우더가 되었다. 직원 아내가 칼질을 하다 자꾸 손을 베이자 외과용 테이프에 거즈를 붙여서 쓰게 했는데, 이것 역시 최대 히트 상품인 '밴드에이드'가 되었다.

비저너리 컴퍼니에서는 많은 경우 면밀한 전략 계획이 아니라 우연을 통해 히트 상품이 탄생한다. 많은 것을 시도하도록 장려하기 때문에, 그 중에 실패도 나오지만 대단한 성공과 새로운 혁신이 생겨난다.

진화를 통한 발전을 가능케 하려면 짧은 시간 안에 다양한 시도를 하고, 실수가 있다는 것을 인정하고, 작은 한 걸음을 소중히 하며, 구성원들에게 재량을 주어야 한다. 성취에 대한 포상이나 성과 목표 설정 등의 시스템은 부차적으로 제시된다. 직원들을 일일이 지배하거나 미세 관리를 하려 애쓸 필요가 없다. 시행착오를 허용하지 않으면, 진화의 가능성을 억누르고 만다.

초일류 기업의 특징 7
내부에서 성장한 경영진

비저너리 컴퍼니에는 내부에서 성장한 경영진(Home-Grown Management)이 많다. 사외에서 CEO를 영입하는 경우는 예외에 가깝다. 훌륭한 경영자를 육성하는 시스템을 갖춤으로써 우수한 경영진이 지속적으로 유지된다.

[Book 39]는 부진에 빠진 IBM에 CEO로 부임한 거스너의 자서전이다. 이 책은 거스너가 CEO에 취임한 직후에 출판되었는데, 콜린스는 '거스너의 성공 여부는 IBM의 기본적인 이념을 유지하면서 극적인 변화를 일으킬 수 있느냐에 달렸다'고 썼다. 기대에 걸맞게 거스너는 신속하게 문제를 해결하고 기업 문화 회복에 힘썼으며, 후임 CEO로 IBM 출신의 팔미사노를 택했다.

초일류 기업의 특징 8
안주하지 않고 지속적 발전을 지향

콜린스는 위대한 기업의 특징을 정리하면서 이렇게 말한다.

"비저너리 컴퍼니를 만든 이들은 단순한 방법으로 비즈니스를 하는 지극히 평범한 사람들이다."

다만 여기서 '단순'하다는 것은 '안일'하다는 의미가 아니다. 일관성이 중요하다.

이 책에서 종합한 기본 이념과 성공 패턴은 오늘날에도 달라지지 않았다. 콜린스는 2011년 출판한 《위대한 기업의 선택 (Great By Choice)》에서 혼란의 시대에 승승장구하는 마이크로소프트와 인텔 같은 기업을 '10배(10X) 기업'이라고 명명하고, 이들을 분석했다. 그가 내린 결론은 '비저너리 컴퍼니의 개념이 10배 기업에서도 유효하다'는 것이었다.

시대의 흐름에 좌초되지 않고 장수하며 일류 기업으로서의 특질을 유지하는 기업을 보면, 그들을 지탱하는 기본 이념이 존재하고 이를 시대 변화에 맞춰 진화시킨다는 것을 알 수 있다. 이 책을 읽다보면, 주변에 있는 기업들이 이에 얼마나 부합하며 그들의 장점과 단점이 무엇인지 새삼 보이게 된다. 앞으로 우리들이 무엇을 바꿔야 하고 무엇을 바꿔서는 안 될지 생각할 때, 이 책이 많은 힌트를 제시해줄 것이다.

POINT

기본으로 삼을 가치관을 철저히 지켜나가며 오랜 시간
지속되는 자신만의 시계 장치를 장착한 위대한 기업,
그렇게 되기 위한 핵심 원칙들을 되새겨보라

좋은 기업을 넘어 위대한 기업으로

3배 이상 비약적으로
성장하는 기업의 비밀 무기

《Good to Great: Why Some
Companies Make the Leap and
Others Don't》

짐 콜린스
Jim Collins

스탠퍼드 경영대학원 교수를 거쳐 현재는 콜로라도 주 볼더에서 경영 연구소를 운영하고 있으며, 기업과 비영리 단체의 리더들의 어드바이저로 활약하고 있다. 10년에 걸친 기업 조사를 통해 다수의 컨셉을 제시했으며, 여러 밀리언셀러들을 집필했다. 피터 드러커 이래 가장 영향력 있는 경영 사상가로 평가받는다.

[Book 33]을 쓴 지 얼마 후, 콜린스는 저녁 식사 자리에서 이런 이야기를 들었다.

"그 책은 분명 훌륭하지만 나한테는 도움이 되지 않아. 우리 회사는 위대하지 못하거든. 우리 같은 회사는 어떻게 해야 된다는 거야?"

이 질문에 답하기 위해 콜린스는 5년 동안 조사한 결과를 정리해 이 책을 펴냈다.

콜린스는 오랜 기간 평범하다가 어느 순간 갑자기 도약한 다음, 지속적으로 높은 실적을 유지하는 미국 기업 11개를 선정했다. 15년 동안 평균 이하의 주가 흐름을 보이다가 어느 시점부터 15년 동안 시장 평균의 3배가 넘는 실적을 남긴 기업들이다. 동시에 동종 업계 라이벌 기업을 비교 대상으로 선정했다. 그러고 나서 11개 기업의 공통점과 비교 대상 기업들과의 차이점을 찾아내, '좋은 기업이 위대한 기업으로 성장하기 위한 방법론'을 정리했다. 콜린스는 '이 방법으로 지속적으로 노력하면 대부분의 기업은 위대해질 수 있다'고 단언한다.

위대한 기업의 법칙 1
레벨 5의 리더십

위대한 기업으로의 도약을 이끈 경영자들 다수는 취임 당시 '경영을 맡겨도 괜찮을까?' 하는 우려를 자아내게 했던 인물이었다. 콜린스는 이들을 '레벨 5의 리더십(Level 5 Leadership)'이라고 부른다. 겉으로 보기에는 겸손하고 얌전하며 앞에 나서기 꺼리는 듯하지만, 강한 의지를 갖고 대담한 판단을 한다.

제지회사 킴벌리-클라크(Kimberly Clark)는 부진에 허덕이던 회사였다. 사내 변호사이던 다윈 스미스(Darwin Smith)가 CEO로 취임했지만, 이사회는 '경영자 자질이 부족하다'며 못마땅해 했다. 그러나 스미스는 이후 20년 간 변혁을 추진해 이 기업을 소비재 종이 제품 분야 세계 최강 기업으로 성장시켰다. 그는 겉보기에 서투르고 소극적인 사람이었다. 촌스러운 뿔테 안경에 싸구려 양복을 입고, 현장 사람들과 이야기 나누길 좋아했지만 종종 말을 더듬거렸다. 겉모습과 달리 CEO로 취임하자마자 '핵심 사업인 아트지 제조로는 위대한 기업이 될 수 없다'고 판단, 제지 공장을 매각하는 등 대담한 결정을 내렸다.

위대한 기업 11개 모두, 레벨 5의 경영자가 변화를 이끌었다.

겸손하고 소극적이며 꾸밈이 없지만 내면에 강하고 열정적인 의지를 품고 있으며, 훌륭한 실적이 계속되지 않으면 결코 만족하지 않는다. 무엇보다 성실하다. '성공은 우연·행운의 덕분', '실패는 내 책임'이라고 생각한다. [Book 45]에서 소개할 성공하는 기버(Giver)들의 행동과 일치한다. 세상의 주목을 받는 화려한 경영자 다수는 실상 레벨 4 수준인 경우가 많다.

위대한 기업의 법칙 2
인재 우선, 목표 차선

인재 우선, 목표 차선(First Who, then What)은 의외로 여겨질 특징이다. 흔히 할 일을 정하고 그에 걸맞은 인재를 채용하는 것이 일반적이다. 그러나 위대한 기업은 정확히 정반대로 했다. 먼저 자사의 방침에 맞는 적절한 사람을 뽑아서 버스에 태우고 부적절한 사람은 내리게 한 다음, 어디로 갈지 목적지를 정한다.

레벨 5에 이르기까지 경영자들의 단계

레벨 5	**최고 수준의 경영자** 개인으로는 겸손하고 직업인으로는 강한 의지력을 갖춘 모순된 캐릭터의 조합. 지속성 있는 위대한 기업을 만들어낸다
레벨 4	**유능한 경영자** 명확하고 설득력 있는 비전으로 실천을 이끌어내며, 높은 수준의 실적을 달성하도록 조직에 자극을 준다
레벨 3	**유능한 관리자** 사람과 자원을 조직화하고 정해진 목표를 효율적·효과적으로 추구한다
레벨 2	**조직에 기여하는 개인** 조직 목표의 달성을 위해 자신의 능력을 발휘하며, 조직 속에서 다른 사람들과 협력한다
레벨 1	**유능한 개인** 재능, 지식, 스킬, 근면함을 통해 생산적인 일을 해낸다

※ 《좋은 기업을 넘어 위대한 기업으로》

'무엇을(What)?'을 기준으로 사람을 뽑는다면, 목적지가 바뀌면 그만두게 될 것이다. 반대로 '누구를(Who)?'부터 시작하면 장점이 많다. 마음이 맞는 사람만 있다면 목적지는 어디여도 상관없다. 환경이 바뀌어도 금세 대응할 수 있다.

위대한 기업은 직원을 엄선해 채용하고 열심히 일하는 이들이 일하기 좋은 환경을 만든다. 반면 지향이 맞지 않고 게으른 직원은 즉시 버스에서 내리게 하는 시스템이 있다. 위대한 기업에 포함된 한 은행이 다른 거대 은행을 인수했을 때 '특권 의식에 젖은 임원은 우리 기업 문화와 맞지 않는다'고 판단해 그곳의 거의 모든 임원을 해고했다. 흔히 '인재는 보물'이라고 하지만, 정확히 하자면 '적절한 인재가 보물'이다. 그래서 엄격한 기준으로 인재를 선별한다.

위대한 기업의 법칙 3
냉혹한 현실 인식

필자의 지인은 업계에서 이름이 자자한 경영자 밑에서 일을 했는데, 현장의 문제점을 보고했다가 크게 혼이 났다고 한다. "그런 얘긴 하지도 마. 문제가 있으면 해결한 다음에 보고하게!" 이후로 일절 어떤 문제도 보고하지 않는다. 때로 카리스마 넘치는 리더일수록, 냉혹한 현실 인식을 뒷전으로 취급하는 경우가 많다.

그러나 평범함에서 위대함으로 도약한 위대한 기업은 모두 냉혹한 현실을 직시하고 현장의 소리에 귀를 기울이며, 즉각 대책을 마련해 실천하는 기업 문화를 만들어냈다.

나도 귀를 열어둔 경영자라고 항변할지 모른다. '무슨 일이 있으면 반드시 보고하라'고 신신당부해두었다고 말이다. 그런데 이는 무책임한 말이다. 의견을 말하라 한들, 직원들은 좀처럼 말을 하지 못한다. 현장의 의견을 제대로 들을 기회를 마련해야만

한다.

위대한 기업은 직원과 임원들이 자연스럽게 이야기를 나누는 기회를 의식적으로 만들고, 최선의 답을 끊임없이 모색한다. 직급에 관계없이 때로 격렬한 논쟁을 벌이고, 실패했을 때에도 문책하는 대신 '무엇을 개선해야 하는가?'를 철저히 규명한다. 실패의 책임자를 색출하는 일에 열을 올리지 않는다. 범인 찾기보다 문제 해결이 더 중요하기 때문이다.

이들은 냉혹한 현실에 직면하더라도 '반드시 이길 수 있다'고 믿는다. 업계 거인인 P&G와의 일전을 앞둔 킴벌리-클라크의 CEO 스미스는 '최고 기업에게 도전할 기회!'라고 생각하고 직원들을 독려하며 사기를 높였다. "P&G는 훌륭한 회사입니다. 다른 회사를 박살내왔습니다. 하지만 예외가 딱 하나 있습니다. 바로 우리 회사입니다."

위대한 기업의 법칙 4
고슴도치 전략

고슴도치는 움직임이 둔하다. 반면 여우는 민첩하고 영리하다. 그런데 항상 고슴도치 쪽이 이긴다. 여우는 이 방법 저 방법 동원해 고슴도치를 습격하지만, 고슴도치가 몸을 웅크리고 날카로운 가시를 세우면 포기하는 수밖에 없다. 이렇게 물러서면서 다음 작전을 궁리한다. 여우는 민첩하고 꾀가 있지만, 이기는 쪽은 언제나 단순명쾌한 전략의 고슴도치 쪽이다.

비즈니스도 마찬가지다. 위대한 기업은 단 하나의 단순명쾌한 '고슴도치 컨셉(Hedgehog Concept)'을 설정하고 꾸준히 실행하며, 그 밖의 것은 일절 하지 않는다. 그림처럼 3개의 원이 겹치는 부분을 찾는 것이다.

먼저 '세계 최고가 될 가능성이 있는 부분'을 찾고, 다음에는 '열정을 불태우며 몰두할 수 있는 것'을 찾는다. 그러면 열정을 갖고 일하자고 직원들을 독려할 필요도 없고 별도의 동기 부여도 불필요해진다. 물론 이것이 '수익을 가져다주는 것'이어야 한다.

위대한 기업이 고슴도치 컨셉을 만드는 데 걸린 기간은 평균 4년이다. 사내에서 철저하게 논의해 모두가 수긍하는 최선의 컨셉을 도출한 것이다.

위대한 기업의 법칙 5
규율의 문화

카리스마적인 리더는 자신의 전략을 실행하기 위해 규율을 만들고 작은 것 하나하나까지 지시하며 직원들을 관리한다. 그러나 누구라도 언젠가는 물러난다. 그렇게 됐을 때 남은 사람들이

'고슴도치 컨셉'을 실현하는 3개의 원

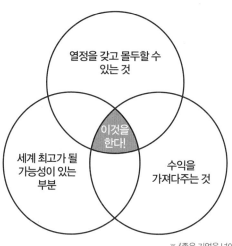

열정을 갖고 몰두할 수
있는 것

이것을
한다!

세계 최고가 될
가능성이 있는
부분

수익을
가져다주는 것

《좋은 기업을 넘어 위대한 기업으로》

무엇을 해야 할지 판단하지 못하고 방황하는 경우도 많다.

한편 위대한 기업은 레벨 5의 경영자가 지속성 있는 규율의
문화(Culture of Discipline)를 만든다. 먼저 원칙에 입각한 인재들
을 모으고, '고슴도치의 컨셉'으로 일관된 사고방식을 확립한다.
그리고 행동 프레임워크를 정한 다음, 각자에게 목표 달성의 책
임을 부여한다. 프레임워크 내에서는 얼마든지 자유롭게 행동
할 수 있다.

다양한 절차를 준수해야 하지만 결국 '승객을 안전하게 목적
지까지 모신다'는 목표를 달성하기 위해 자유재량을 부여받는

항공기 파일럿과 같다.

극적인 전환은 어느 한 순간이 아니라 서서히 일어난다

어렸을 때 종종 할아버지를 뵈면 '못 보던 사이에 많이 컸구나~.' 하는 말씀을 하시곤 했다. 나는 자각하지 못하지만 이따금 만나는 할아버지 눈에는 극적인 변화가 보이는 것이다.

　기업도 마찬가지다. 콜린스는 이를 무거운 플라이휠(FlyWheel)에 비유한다. 처음에는 꿈쩍도 않지만 필사적으로 돌리면 아주

거대하고 무거운 플라이휠을 고속으로 회전시키려면?

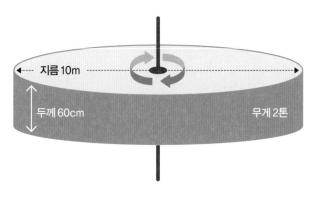

지름 10m

두께 60cm

무게 2톤

※ 《좋은 기업을 넘어 위대한 기업으로》를 바탕으로 필자가 작성

조금씩 움직인다. 계속 돌리다보면 드디어 1회전을 하고, 그대로 계속 돌리면 서서히 회전 속도가 빨라지면서 관성이 붙는다. 일정 단계를 돌파하면 무게가 오히려 유리하게 작용해 멈추지 않게 되며, 결국은 아무도 멈출 수 없게 된다.

'언제 누가 이 정도로 돌려놓은 것이냐?'고 묻는 건 의미가 없다. 결정적인 순간은 없다. 계속해서 돌리고 또 돌린 결과다. 같은 방향으로 계속 돌리면 플라이휠은 반드시 일정 단계를 돌파하게 된다. 같은 방향으로 개선을 계속하는 일 자체에 큰 가치가 있는 것이다.

콜린스는 이 책이 오히려 [Book 33]의 전편 격이라고 강조한다. 이 책에서 제시한 방법론을 실천함으로써 위대한 기업이 되고, [Book 33]의 방법론으로 위대함을 지속시킨다는 의미다. 다음에 소개할 [Book 35] 역시 우수 기업을 선입견 없이 사례 분석해 결론을 이끌어냈다. 이 둘에 공통점이 많다는 데 놀라게 된다. 위대한 기업은 국적을 막론하고 공통점을 갖고 있다. 둘을 비교하며 읽어보는 것도 흥미로울 것이다.

> **POINT**
>
> 한 명의 위대한 리더가 위대한 기업을 만드는 것이 아니다. 겸손하면서도 우직하게 고슴도치 컨셉으로 임해 나가다보면 누구라도 위대해질 수 있다

BOOK.35

기업 성공
6가지
핵심 조건

뛰어난 인재들이 모인
회사가 성공하지
못하는 이유

《日本の優秀企業研究》

니이하라 히로아키
新原浩朗

일본 경제 산업성 경제 산업 정책국장으로 산업 정책 분야의 전문가다. 도쿄 대학 경제학부를 졸업하고 통상산업성에 들어가 산업 정책과 관련된 수많은 법안을 입안했다. 미국 미시건 대학 대학원에서 경제학 박사 과정을 밟았다. 이 책은 제4회 닛케이 비즈니스 도서상을 수상했다.

이 책은 일본 기업의 강점을 연구한 책이다. '자신들이 잘 아는 사업을 필요 이상으로 확대하지 않고, 우직하고 성실하게 스스로의 머리로 열심히 궁리하면서 열정을 갖고 일하는 기업'이 성공 기업의 특징이다.

기업 성공 요건1 모르는 것은 떼어낸다

모르는 것은 하지 않는다. 몰두해야 할 사업이 명확하다면, 그것에서 벗어나는 사업에 대해 경영자는 '우리 일이 아니다'라고 근거에 입각해 설명할 수 있다. 마부치 모터는 세계 시장의 55퍼센트를 차지하며, 경상이익률 20~30퍼센트를 자랑하는 초우량 기업이다. 상품은 모터 하나. 200와트 이하 소형 자석 모터에 특화되어 있다. 제품 범위를 철저히 좁혀 최고의 경쟁력을 키웠다. 단품으로 세계 시장에서 경쟁할 수 있는 배경이다. 마부치는 면도기 제조사 브라운으로부터 모터를 개발해 달라는 꽤 좋은 조건의 의뢰를 받았다. 그런데 자신들의 분야가 아니라는 이유로 깔끔히 거절하고, 대신 자사의 모터로 브라운이 원하는 성능의 상품을 개발해 1/10 가격에 제공했다. 현재 브라운의 모터 조달처는 마부치 하나라고 한다.

한편 무능한 경영자는 자사 사업을 잘 모른다. 담당자에게 떠맡긴 채, 결정적인 순간에조차 중지를 모아 의논해보자며 결단을 미룬다. 큰 실패는 하지 않지만 서서히 말라 죽는다.

기업 성공 요건 2 자기 머리로 궁리하고 궁리한다

지속적으로 우수한 기업의 경영자는 예외 없이 논리적이다. 언뜻 상식을 벗어난 듯한 의사 결정도 논리적으로 설명할 수 있다.

1976년 야마토 운송의 오구라 마사오 사장은 택배업을 시작했다. 일반 운송업자가 우체국을 경쟁상대로 삼고 무(無)에서 시스템을 만든다는 것은 상식을 벗어난 도전이다. 하지만 오구라는 논리적으로 궁리한 끝에 시스템을 만들어냈다. 먼저 47개 광역 행정구역에 허브 터미널을 하나씩 만든다. 영업소는 20개다. 야간에 트럭으로 허브에서 허브로 화물을 운송하고, 아침에 영업소로 보내면 익일 배달이 가능하다. 당시 우체국 소포는 5일이 걸렸으므로 승산이 있다.

그럼 이익은 날까? 집하 비용 등을 합쳐서 어림셈을 해도 답은 나오지 않았다. 오구라 사장은 궁리를 거듭한 끝에 '전체적으로 생각하면 된다'는 걸 깨달았다.

택배 사업의 비용 대부분은 배송 거점이나 배달원의 인건비 등의 고정비다. 한편 수입은 '취급 수량×단가'다. 그래서 '취급 수량이 총비용을 웃돌면 이익이 난다'고 결론지었다. 즉 물량을 늘리면 수익이 생긴다. 타깃인 가정주부들이 '좋다'고 여기면 화물은 반드시 모인다. 요컨대 서비스가 좋으면 화물은 모인다.

그래서 '서비스 민저, 이익은 나중'이라는 표어를 민들고, 회사 전체가 우선순위를 철저히 지키게 했다. 상식을 뒤엎은 택배 사업은 경영자가 자신의 머리로 궁리를 거듭한 산물이었던 것이다.

기업 성공 요건 3 객관적으로 보아 불합리를 찾아낸다

예전에는 '자회사로 가면 좌천'이라는 인식이 있었다. 하지만 개혁에 성공한 기업 중엔 자회사 등에서 고생하며 잔뼈가 굵어 경

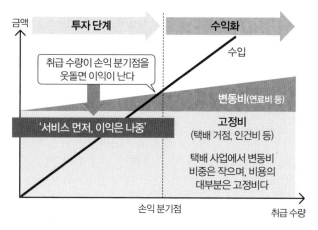

택배 사업의 비용 구조

금액

투자 단계 　　　　 수익화

취급 수량이 손익 분기점을
웃돌면 이익이 난다

수입

변동비(연료비 등)

'서비스 먼저, 이익은 나중'

고정비
(택배 거점, 인건비 등)

택배 사업에서 변동비
비중은 작으며, 비용의
대부분은 고정비다

손익 분기점　　　　　　　　취급 수량

※《기업 성공 6가지 핵심 조건》을 바탕으로 필자가 작성

영자로 발탁된 사례가 많다. 야마토 운송의 오구라 사장은 입사 몇 달 만에 결핵으로 4년 반을 요양한 뒤 복귀했고, 1년 후에는 경영 파탄에 몰린 운수 회사로 발령 받아 생생한 어려움을 체험했다.

　캐논(Canon)의 미타라이 후지오 회장은 줄곧 해외에서 일해서 본사 경험이 거의 없었지만, 선임 사장이 갑작스레 타개해 사장에 취임했다. 둘은 모두 창업자 일가이긴 하지만, 외부자의 시각에서 객관적으로 회사를 바라볼 수 있었다.

기업 성공 요건 4 위기를 기회로 바꾼다

궁지에 몰렸을 때야말로 새로운 방향성을 찾아 새로운 비즈니스 모델을 구축할 기회다. 야마토 운송이 택배업을 시작한 것은 장거리 운송 시장에 경쟁자들보다 늦게 진출했기 때문이었다. 마부치는 본래 완구용 모터만 생산했었는데, 1957년에 도료에서 납이 검출돼 미국에서 일본제 금속 완구 수입을 중단했을 때 큰 매출 타격을 입었다. 위기 상황에서 마부치는 '모터로 특화한 것이 문제가 아니라 완구용에 국한했던 것이 문제'라고 결론 내렸다.

용도를 확대해서 다양한 업계의 수요를 발굴함으로써, 특정 업계 부진에 대응할 수 있었다. 소형, 저소음, 저전력, 고수명, 저비용을 목표로 제품 종류는 5~6종류로 압축해 표준화했다. 이렇듯 모터의 경쟁력을 키워서 일본 시장을 넘어 세계 시장에 진출했다.

무능한 기업은 위기에 직면했을 때 초조해진 나머지, 그제까지 해왔던 것을 전부 부정하고 성공한 다른 회사를 흉내 내기 시작한다. 혹은 위험한데도 위기감 없이 대마불사(大馬不死)를 외치며 낙관한다. 제대로 된 위기감을 고취해, 그에 대한 대응력을 키우는 것이 중요하다.

기업 성공 요건 5 리스크를 직시한다

감당할 수 있는 현금 범위 안에서 분수에 맞는 연구 개발과 장기 투자를 하는 것이 우량 기업들의 특징이다. 자사가 보유한 현금 범위 안에서 투자하면, 주주나 은행 등의 눈치를 보지 않고 마음껏 장기 투자를 할 수 있으며 힘들어도 끈기 있게 투자를 지속할 수 있다.

　가오(Kao)가 히트시킨 화장품 '소피나'는 연구 개발부터 흑자가 나오기까지 20년이 걸렸다. 식용유 '건강 에코나 쿠킹 오일' 개발에는 15년이 걸렸다. 적자가 누적되어 사내에서도 상품 개발을 중지할지를 두고 논쟁이 있었다고 한다. 그러나 투자를 계속할 수 있었던 것은 이들이 자신의 분수에 맞는 규모로 연구 개발을 한 덕분이었다.

기업 성공 요건 6 기업 문화를 심는다

사회를 위해서 일한다는 기업 이념은 이들을 장기적으로 발전시킨다. 가식적인 소리라고 비웃을지 모른다. 기업의 목적은 어디까지나 이윤 추구라고 말이다. 분명 이익은 중요하다. 사람에게 공기나 물이 필요하듯, 이익이 없으면 기업은 지속되지 못한다. 그러나 인간이 공기나 물을 '위해' 살지 않듯, 이익 역시 기업이 지속되기 위한 수단에 불과하다. 돈은 절대 기업 이념이 될 수 없다.

장기적으로 지속되는 우수 기업은 경영자나 구성원 모두 사명감과 윤리의식 등의 규율을 갖는다. 기업이 일으키는 사회적 물의는 이익의 추구를 '수단'이 아닌 '목적'으로 삼는 데서 기인한다. 그런 야심만으로 똘똘 뭉친 경영자가 권력을 잡으면 그 기업은 반드시 타락한다.

사람은 우수한데 왜 기업은 제자리인가?

성장의 거품이 가시고 나면, 기업의 본질이 드러난다. 무엇보다 사람이 중요하다. 잘나가던 기업이 고꾸라지는 모습을 보면, 우수한 인재가 잠자고 있는 걸 알 수 있다. 그들의 잘못이 아니다. 시간 가는 줄 모르고 열중할 만한 무언가가 없다. 그래서 뛰어난 역량을 발휘하지 못한다.

[Book 32]에서 소개했듯이, 미국의 초우량 기업은 평범한 사람들에게서 비범한 힘을 이끌어낸다. 이 책의 지적은 [Book 34]의 '레벨 5 리더', '고슴도치 컨셉', '현실 직시와 불굴의 신념', '플라이휠' 등과 겹치는 부분이 많다.

POINT 스스로 생각하고 궁리하며 성실하고 끈기 있게 열정을 갖고 자신이 잘하는 것을 더욱 극대화하라

조직의 재창조

진화하고 혁신하는
미래형 '청록색 조직'의 위력

《Reinventing Organizations: An
Illustrated Invitation to Join the
Conversation on Next—Stage
Organizations》

프레데릭 라루

Frédéric Laloux

맥킨지에서 조직 변혁 프로젝트에 10년 이상 관여한 뒤 독립해 경영 전략 자문 및 컨설팅 분야에서 활약했다. 새로운 조직 모델에 관한 조사 결과를 집필한 이 책은 12개국에서 베스트셀러가 되었다. 현재는 가족과의 생활을 중시하면서 코칭과 강연 활동 등을 펼치고 있다.

당신은 '지금 하는 일이 즐겁다'고 자신 있게 말할 수 있는가? 한 조사에 따르면 '지금 하는 일에 애착을 느끼는 사람'은 전 세계적으로 35퍼센트에 불과하다고 한다.

'모두가 보람을 느끼며 일할 수 있는 인간미 넘치는 새로운 조직을 만들 수는 없을까?'

이런 문제의식을 느낀 저자는 구성원들이 자신의 업을 천직으로 여기며 조직의 웅대한 목표를 달성하기 위해 노력하는 다양한 업계의 조직들을 찾아 나섰다. 그런데 그런 조직들은 전부 조직 구조와 업무 방식 면에서 놀랄 만큼 유사했다. 라루는 가장 진화한 단계의 조직을 '청록색 진화형 조직'이라고 명명했다.

원시에서 현대로 _ 색깔로 보는 조직의 진화

조직은 부를 창출하고 빈곤을 추방하며 수많은 질병을 극복해 인간의 수명을 연장시켜왔다. 그런데 한편 조직 내부 구성원들은 과도한 관리에 시달리며 정신적으로 피폐해지기도 한다. 현대 조직은 한계에 부딪혔다. '이상적인 조직 구조를 만드는 것'이 힘들어 보이지만, 인류는 기로마다 새로운 조직을 만들어내 비약적으로 자신들의 능력을 향상시켜 왔다.

라루는 조직의 진화를 5단계의 색깔 변화로 표현한다.

조직의 진화1 _ 원시의 색깔 | 마젠타

1만 년 전 무렵 리더의 개념과 원시적 형태의 왕국이 탄생했으며, 힘으로 지배하는 최초의 조직인 부족 사회가 형성되었다. 색깔로 표현하면 마법의 마젠타(Magic Magenta) 패러다임으로, 이 단계의 조직 특징은 '늑대 집단'과도 같다.

조직의 진화2 _ 순응의 색깔 | 앰버

수천 년 전 대규모 농경을 시작한 인류가 거대한 조직을 만들면서 국가와 문명이 탄생했다. 식량의 여유가 생기고 권력자가 등장해 질서가 만들어졌으며, 계급 사회가 되었다. 색깔로 표현하면 순응적인 앰버(Conformist Amber)로, 이 단계의 조직 특징은 '군대'와 같다.

조직의 진화 3 _ 성취의 색깔 | 오렌지

현대의 주류 조직이다. 계급 조직의 권위와 스케일에 의문을 제기하면서, 합리적으로 사고하는 인간이 늘어나기 시작한다. 기업은 성과 제일주의와 목표 달성이라는 원칙을 바탕으로 운영된다. 색깔로 표현하면 성취의 오렌지(Achievement Orange)로, 이 단계의 조직 특징은 '기계'와 같다.

조직의 진화 4 _ 다원주의의 색깔 | 그린

성과주의의 폐해에 의문을 느낀 반체제 세력과 포스트모던 사상가들에 의해 '개개인의 생각을 존중하는 새로운 조직'의 개념이 탄생한다. 색깔로 표현하면 다원주의의 그린(Pluralistic Green)으로, 이 단계의 조직 특징은 '가족'과 같다.

조직의 진화 5 _ 진화하는 색깔 | 틸

가족적 가치 아래 평등주의를 과도하게 추구하다보면, 통합을 통해 앞으로 나아가는 일이 힘들어진다. 그러므로 새로이 등장한 가장 최신의 조직 형태에서는 조직의 목표를 실현하기 위해 모인 사람들이 상호 신뢰와 자율이라는 가치 아래 조화를 이루며 자유롭게 움직인다. 색깔로 표현하면 진화하는 틸(Evolutionary Teal), 즉 청록색이다. 이 단계의 조직 특징은 '생명'과 같다.

조직은 필요에 맞춰 진화해왔으며, 앞으로도 계속 진화할 것이다. 그 자체로 생명처럼 진화하는 조직 형태인 청록색 조직은 몇 가지 특징을 지닌다.

청록색 조직의 특징 1
리더가 없는 집단 의사결정 체제

뷔르트조르흐(Buurtzorg)는 지역 밀착형 방문 간호 서비스를 제공하는 네덜란드 기업이다. 이 나라에서는 자영업 형태의 간호사가 방문 간호 서비스를 제공한다.

1990년대 네덜란드 건강 보험 공단은 '모든 국민에서 골고루 서비스를 제공한다'는 기치 하에 간호사들을 진료 과목별로 나누어 일정을 관리하고 작업을 표준화했으며, 콜센터에서 건별로 환자들의 신청을 받아 파견하는 시스템을 구축했다. 그랬더니 이내 환자들의 불만이 하늘을 찔렀다. '모르는 사람이 초인종을 누른다', '반복해서 병력을 설명하기도 지쳤다' 등등. 간호사들이 격무에 시달리게 되어 의료의 질도 저하되었다. 이 제도는 환자와 간호사 모두로부터 신뢰를 잃고 말았다.

간호사였던 요스 드 블록(Jos de Blok)은 이 상황을 개선하고자 하는 간절함을 가지고 2006년 10명의 동료들과 함께 뷔르트조르흐를 창업했다. 6년 후 이들은 7,000명의 간호사를 보유한 조직으로 성장했다.

한 팀은 10~12명으로 담당 지역 환자 50명을 관리하는데, 팀이 모든 것을 재량껏 결정한다. 리더는 없으며 집단으로 결정한다. 환자를 새로이 받을지 여부, 일정 관리, 사무실 임대, 인재 모집 등 모든 것을 집단이 결정한다. 환자 한 명을 간호사 한둘이 전담해 정성껏 간호하기 때문에, 환자와 간호사 간에 깊은 신뢰가 구축된다. 그 결과 간호 시간은 40퍼센트 줄었고 입원 환자는 2/3가 되었으며 입원 기간도 단축되었다. 간호사의 결근율은 60퍼센트 낮아졌고, 이직률은 33퍼센트 감소했다. 의욕이 높아진 것이다.

리더가 없는 시스템이라는 걸 처음 들었을 때, 필자는 '아무도 책임 지지 않는 무질서 상태가 되지는 않을까?' 생각했다. 그러나 전혀 그렇지 않았다. 연수 과정에서 구성원 전원이 효율적인 의사 결정을 할 수 있는 스킬과 테크닉을 습득하기 때문이다.

조직에는 관리자가 없는 대신 '지역 코치'가 있다. 이들의 역할은 팀이 스스로 의사 결정하도록 돕는 것이다. 코치는 대신 결정해주지도 않고, 매출 목표 따위를 제시하지도 않는다. 다양한 질문을 던지면서 팀의 능력을 끌어내는 조력자 역할만 한다.

간호사 수가 7,000명인데도 이 기업의 본사 직원은 30명뿐이며, 인사팀도 없다. 채용도 모두 개별 팀에 위탁하기 때문이다.

공통의 목표

영리 기업에도 청록색 진화형 조직은 존재한다. 이들의 특징은 궁극적인 목적의식(Purpose)을 공유한다는 점이다.

자동차용 변속기 제조 회사 FAVI도 그중 하나다 FAVI는 애초에 평범한 피라미드 형태의 조직 구조를 가진 제조사였다. 그런데 CEO가 새로이 부임하면서, 조직을 고객 그룹별로 특화한 21개의 자율 팀으로 바꿨다. 한 팀은 15~30명으로 구성되는데, 인사·기획·기술·IT·구매 등의 모든 업무를 포괄한다. 관리 업무를 담당하는 부서를 없애고 그 인원을 모두 팀으로 배속했다.

이들 팀의 최우선 과제는 '고객의 요망에 부응하는 것'이다. 영업 직원에게는 매출 목표가 없다. 이들의 목표는 팀이 할 일을 수주하는 것이다. '100만 달러짜리 주문을 받았다'고 하지 않고, '10명이 할 일을 받았다'는 식으로 판단한다. 모든 팀은 토론을 통해 집단으로 의사 결정을 한다. 여러 팀을 아우르는 의제는 프로젝트 팀을 만들어서 대응한다.

이 회사는 '변속기 시장 점유율 50퍼센트, 고품질, 25년 간 납기 지연 제로'라는 놀라운 기록을 자랑한다. 급여는 업계 평균을 훨씬 웃돌고 이익률도 높으며 이직률은 0이다. 여기서 일하다보면 다른 데로 옮길 생각은 일절 들지 않는다고 한다.

구글은 '업무 시간의 20퍼센트를 자유롭게 사용해도 된다'는

'20퍼센트 룰'이 있다. 물론 업무의 100퍼센트가 자율에 맡겨져 있다. 모두가 올바르고 원칙을 지키는 사람이라고 생각하면, 통제 시스템이 불필요하다.

한번은 FAVI에서 값비싼 드릴이 사라진 적이 있었다고 한다. CEO가 창고에 메모 한 장을 붙였다.

'모두들 잘 알겠지만 도둑질 하면 해고됩니다. 바보 같은 짓입니다.'

이후로 도난 사고는 단 한 건도 일어나지 않았다고 한다.

청록색 조직의 특징 3
셀프 매니지먼트

진화형 조직의 특징은 '셀프 매니지먼트(Self-Management)' 즉 스스로 결정한다는 것이다. 물론 관련된 사람들이나 그 분야 전문가에게 조언을 구한다. 조언을 반영할 의무는 없지만 반드시 진지하게 검토해야 한다.

기존의 의사 결정은 대개 '탑다운(Top-down)'이나 '전원 합의' 방식이다. 불만을 가진 사람이 많이 생겨나거나, 오랜 시간이 걸리고 책임 소재도 명확하지 않다. '조언 프로세스(Advice Process)'는 그런 폐해를 해결해준다. 모든 이해 관계자가 의견을 말할 수 있고, 책임 소재도 명확하며, 신속하게 의사 결정을 할 수 있다. 의사 결정자도 하고 싶은 것을 할 수 있다. 조언 프로세스는 진화하는 조직의 핵심이다. 정보는 전부 공개한다. 공개하지 않으면 의심이 생겨나며 정보 격차로 계층이 형성되기 때문이다.

과거 미국 심리학자 더글라스 맥그리거(Douglas McGregor)는 '사람은 게으름뱅이에 일하기를 싫어 한다'는 X이론과 '사람은 의욕적이며 자제력이 있다'는 Y이론을 가정했다. 검증 결과 양쪽 모두 옳았다. 의심하고 규칙으로 얽매려 들면, 사람은 빠져나오려고 한다. 그러므로 X이론이 옳다. 믿고 맡기면, 사람은 신뢰에 보답하려 한다. 그러므로 Y이론도 옳다.

두려움은 두려움을 낳고, 신뢰는 신뢰를 낳는다. 청록색 조직은 후자의 발상인 것이다.

청록색 조직의 특징 4
조화의 중시

우연히 직장 동료를 휴일에 만나게 되어 놀란 경험이 없는가. 흔히 직장인들은 직장용 가면을 쓰고 회사에 나간다고 고백한다. 그런데 인간은 늘 자신답게 생각하고 행동할 때라야 삶에 더욱 충실해진다. 청록색 조직에서는 누구나 본래의 자신으로 행동한다. 물론 인간은 때로 약한 존재다. 있는 그대로의 자신을 거부당하면 상처를 입는다. 그래서 조직이 약점에 다가간다.

'인간은 누구나 선량하다', '사람은 모두 다르다', '자신이 옳다는 것은 생각에 불과하다', '다른 사람의 현실에 귀를 기울이자', '타인의 자존감을 상하게 하는 것은 부끄러운 일이다'… 이들은 조화(Wholeness)를 추구하며 상호 존중의 가치관을 철저히 하기 위해, 연수·코칭·대화를 수시로 한다.

청록색 조직의 특징 5
진화의 궁극적 목적

이들은 "우리는 왜 존재하며 무엇을 지향해야 하는가?" 스스로에게 묻는다.

'경쟁'은 불필요한 단어다. '환자에게 행복한 인생을 선물한다'는 사명을 갖고 있는 뷔르트조르흐는 구성원 서로가 목적을 공유하는 동지다.

성장이나 이익에 집착하지 않고 존재 목적을 달성하는 데 온 힘을 기울임으로써, 결과적으로 더 많은 이익을 만들어낸다.

모든 직원이 존재 의의를 생각하고 항상 고객에게 가치를 제공한다면, 결과적으로 변혁이 일어난다. 이노베이션은 조직 말단에서 자연스럽게 일어난다.

인터넷 기술은 진화하는 조직을
점점 더 원하고 있다

청록색 조직은 [Book 43]에서 소개할 내면적 동기 부여를 통한 성과 향상과도 연결된다. 쓸데없는 관리와 통제를 없애고, 경영진의 판단만 기다리는 수동적 조직 폐해를 개선한다. 스스로 더 효율적으로 일하며, 성과도 더 크다.

필자는 [Book 32], [Book 33], [Book 34]와 이 책의 공통점이야말로 시사점이 크다고 생각한다. 전부 개인의 힘을 최대한 끌어내기 위한 방법을 다루며, 자율과 창의를 강조한다. IT의 보급과 더불어, 인류는 새로운 진화의 모습으로 도약할 준비가 갖춰진 것인지도 모른다.

POINT 관리와 통제가 필요 없는 스스로 진화하는 조직, 사람을 행복하게 하며 높은 성과도 만들어내는 청록색 조직에 주목하라

BOOK.37

기업이 원하는 변화의 리더

시대가 변화를 요구할 때
당신은 무엇을
할 수 있는가?

《Leading Change》

존 P. 코터

John P. Kotter

하버드 비즈니스스쿨 명예 교수이자 리더십 변화 관리 분야의 세계적 권위자. MIT와 하버드 대학을 졸업한 뒤 1972년부터 하버드 비즈니스스쿨에서 가르쳤으며 1980년 불과 33세라는 젊은 나이에 최연소 정교수로 부임했다.

TV를 보니 불미스러운 사건에 휘말린 데다 실적 부진에 시달리는 A사 경영자가 차분한 표정으로 기자 회견을 하고 있다. "전사적으로 근본 개혁에 힘쓰고 있습니다."

내가 알기로 그는 수년 전부터 같은 말을 반복하고 있지만, 달라진 게 없다. 요즘엔 회사를 매각한다는 소문도 도는 모양인데, 정작 그 회사에 다니는 지인은 '어떻게든 될 것'이라며 여유가 넘친다.

변화 관리와 리더십 분야의 세계적인 권위자인 코터는 단언한다. "변화를 추진하는 기업들 상당수는 그 방법이 잘못되었다. 변화에도 정석이 있다."

기업은 왜 변화에 실패하는가?

기업이 변화에 실패하는 공통적 패턴은 그림에서처럼 8가지로 압축할 수 있다. 이들은 모두 피할 수 있다. 피하기 위해 필요한 것이 그림 오른쪽에 있는 '변화의 8단계 프로세스'다.

나가노 현에 있는 아치마을(阿智村) 사례를 통해서 한 번 생각해 보자.

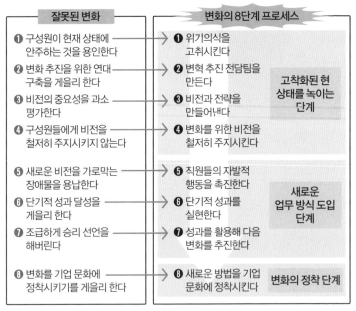

잘못된 변화, 그리고 '변화의 8단계 프로세스'

잘못된 변화	변화의 8단계 프로세스	
❶ 구성원이 현재 상태에 안주하는 것을 용인한다	❶ 위기의식을 고취시킨다	고착화된 현 상태를 녹이는 단계
❷ 변화 추진을 위한 연대 구축을 게을리 한다	❷ 변혁 추진 전담팀을 만든다	
❸ 비전의 중요성을 과소 평가한다	❸ 비전과 전략을 만들어낸다	
❹ 구성원들에게 비전을 철저히 주지시키지 않는다	❹ 변화를 위한 비전을 철저히 주지시킨다	
❺ 새로운 비전을 가로막는 장애물을 용납한다	❺ 직원들의 자발적 행동을 촉진한다	새로운 업무 방식 도입 단계
❻ 단기적 성과 달성을 게을리 한다	❻ 단기적 성과를 실현한다	
❼ 조급하게 승리 선언을 해버린다	❼ 성과를 활용해 다음 변화를 추진한다	
❽ 변화를 기업 문화에 정착시키기를 게을리 한다	❽ 새로운 방법을 기업 문화에 정착시킨다	변화의 정착 단계

※《기업이 원하는 변화의 리더》를 바탕으로 필자가 작성

아치는 6,600명이 사는 작은 마을이다. 이곳에는 여관 20여 개로 구성된 작은 온천 단지가 있다. 나고야에서 고속버스로 2시간밖에 안 걸리기 때문에, 고도 성장기에는 공업 단지 단체 손님이 많이 찾았고, 덕분에 1990년대 초까지만 해도 연간 방문객이 50만 명에 육박했다. 그런데 관광업은 쇠퇴를 거듭해, 2011년에 이르자 35만 명까지 감소했다.

변화의 단계 1 _ 위기의식을 높인다

온천을 찾는 관광객이 줄었지만, 사람들은 '언젠간 좋아지겠지.' 하고 막연히 생각했다. 당시 한 여관의 과장으로 일하던 마쓰시타 히토시(松下仁)는 달랐다. '우리 후손에게 이대로 이 마을을 물려줄 수 없다'는 강한 위기감을 느끼고 있었다. 그래서 여러 방면으로 프로그램을 기획해 투숙객들을 만족시켰지만 관광객이 획기적으로 늘지 않았다. 그는 '아치마을 전체를 재정비해야 한다'고 판단했다.

변화의 동력은 '이대로는 안 된다'는 강력한 '위기의식(Sense of Urgency)'이다. 현 상황에 만족하는 정서가 만연하면 변화는 불가능하다.

변화의 단계 2 _ 변화 추진 팀을 만든다

마쓰시타는 지역 개발이라는 힌트를 얻기 위해 여러 세미나에 참석했다. 그러다가 관광을 통한 지역 활성화를 지향하던 여행사 JTB의 다케다 미치토(武田道仁)와 만나게 되었고, 두 사람이 의기투합했다. 여기에 신뢰할 만한 동료들이 가세해 아치마을 환경 조성에 힘쓰기 시작했다.

변화의 성공담을 듣다보면 대개 '뛰어난 인물 하나가 변화를 일으켰다'고 생각하기 쉽다. 그런데 실제 변화를 가능케 하는 것은 위기의식을 공유하며 서로를 신뢰하는 '지원 연합체(Guiding Coalition)'의 존재다. 구성원은 신중하게 고를 필요가 있다. 책에서는 피해야 할 유형 2가지를 언급한다.

첫째, 논쟁적으로 타인을 공격하며 팀워크를 악화시키는 사람을 포함시켜서는 안 된다. 구성원들 간의 신뢰를 손상시켜서는 일이 진행되지 못한다.

둘째, 흔한 관리자 타입을 배제한다. 가장 중요한 것은 '현 상황을 바꾸고 싶다'는 열망과 의지다.

변화의 단계 3 _ 비전과 전략을 만들어낸다

변화 추진 팀 구성원들은 '아치마을만의 세일즈 포인트'에 대해 토론하는 과정에서, 그곳 스키장에서 보는 밤하늘이 꽤 아름답다는 사실을 발견했다. 이미 환경부가 '일본에서 별자리 관측에 가장 적합한 장소'로 인증한 곳이기도 했다. 이들은 그러한 강점을 바탕으로 '아름다운 밤하늘을 보고 싶어 하는 젊은이들을 끌어들여서 마을을 부흥한다'는 비전을 설정했다. 그에 입각해서 '일본 최고의 밤하늘 투어'를 기획했다.

코터는 "변화를 위해서는 사람들을 움직일 수 있는 매력적인 '비전과 전략(Vision & Strategy)'이 필요하다."고 강조한다. 복잡하고 이해하기 힘들면 안 된다. '일본 최고의 밤하늘 투어!' 이처럼 단순해야 한다.

변화의 단계 4 _ 변화를 위한 비전을 전파한다

마쓰시타를 위시로 팀원들은 '일본 최고의 밤하늘 투어'라는 전략을 설파하고자, 관계자들을 대상으로 설명회를 열고 미디어에 꾸준히 홍보했다. 처음에는 시큰둥했지만, 끈기 있게 지속한 결과 컨셉은 점점 많은 이들에게 침투했다. '비전 커뮤니케이션(Vision Communication)'은 변화의 매우 중요한 요소다.

우리는 매일 방대한 양의 정보를 접한다. 아무리 중요한 변화의 비전이라 해도, 그 속에 묻히기 십상이다. 그래서 더더욱 비전이 간결하고 명확해야 하는 것이다. 이를 반복해 전파한다.

변화의 단계 5 _ 사람들을 자발적으로 행동하게 한다

'일본 최고의 밤하늘 투어'의 소식을 듣고 관광객들이 찾아오면서, 할 일도 많아졌다. 마쓰시타는 그러한 일들을 마을 사람들에게 맡겼다. 밤하늘 가이드를 채용하고 육성하는 일을 스키장의 젊은 담당자에게 일임했으며, '여성들에게 아치마을의 매력을 알리고 싶다'고 자원한 관광국 여성 직원들에게 관련 프로그램의 기획과 운영을 도맡게 했다.

기업에서 변화를 확대할 때 구성원의 '자발적인 행동을 촉진(Action Empowerment)'하고, 새로운 일에 몰두하기 좋은 환경을 만드는 동시에 방해하는 장벽을 걷어내야 한다.

인사 시스템도 재점검해야 한다. 가령 '고객 만족을 극대화한다!'는 변화 목표를 설정했다면, 인사 평가 항목 역시 '매출'이 아니라 '고객 만족'으로 바꿔야 한다.

변화의 단계 6 _ 단기적 성취를 이뤄낸다

마쓰시타는 매년 관광객 유치 목표를 정하고, 그것을 초과 달성했다.

첫 해 목표는 5,000명인데 6,500명을 달성했고, 2년 차에는 1만 5,000명 목표에 2만 2,000명 달성, 5년차에는 목표 10만 명에 11만 명 유치를 달성했다. 이렇게 공언한 목표를 달성해가자, 종사자들의 신뢰는 점점 높아졌다.

흔히 '대규모 변화를 시도할 때 장기적인 목표와 단기적 성과 두 마리 토끼를 모두 잡는 것은 무리'라고 생각하는 경향이 있다. 그러나 성공적인 변화일수록, 큰 변화를 추구하는 동시에 단기적인 목표를 설정해 달성해가는 '짧은 승리의 경험(Short-term

Wins)'을 축적할 필요가 있다. 단기 목표를 달성하는 승리를 경험하면서, 변화의 방향도 세밀하게 점검한다. 무엇보다 성과를 올림으로써 반대파나 무관심층을 우리 편으로 만들 수 있다.

변화의 단계 7 _ 성과를 발판으로 다음 변화를 추진한다

마쓰시타는 매년 새로운 과제를 발굴해 해결함으로써 변화를 추진해갔다. 처음에 무관심하던 상인들이 '관광업 종사자들 좋은 일만 한다'고 볼멘소리를 하자, 별을 이용한 지역 특산품과 지역 화폐를 만들어서 상인들도 이익을 누리게 했다.

아직 조직 전체에 변화가 완전히 뿌리 내리지 않은 상태인데, 어느 정도 성과가 나왔다고 해서 '변화에 성공했다'고 자만하면 변화는 중단되고 만다. 변화에는 다양한 사람과 조직이 지속적으로 '통합(Consolidation)'되어가야만 한다.

변화의 단계 8 _ 새로운 접근법을 문화에 정착시킨다

'일본 최고의 밤하늘을 볼 수 있는 마을'을 향한 노력은 현재에도 아치마을의 지역 문화로 정착되어 있다. 마을 임원에서 지역민에 이르기까지, 전체가 하나의 가치와 접근법에 입각해 마을 문화로 자리 잡도록 노력을 지속한다.

이렇듯 변화는 '새로운 접근법이 문화에 이식(New Approaches in Culture)'되는 단계에 이르렀을 때 비로소 완전히 정착된다.

처음부터 무턱대고
기업 문화를 바꾸려 하지 마라

'변화의 가장 큰 장애물은 낡은 기업 문화다. 대규모 변화를 위해선 기업 문화부터 바꿔야 한다'고 주장하는 이들이 있다. 코터도 처음에는 그렇게 생각했다고 한다. 그런데 실제 장기간 연구해본 결과 '틀린 생각'이라는 결론에 도달했다.

[Book 38]에서도 지적하듯이, 기업 문화는 쉽게 바뀌지 않는다. 먼저 사람들의 행동을 바꾸고, 새로운 행동으로 성과가 나온다는 것을 경험하게 해야 한다. 그래야 변화의 필요성을 인정하게 된다. 그러고 나서야 비로소 조금씩 기업 문화가 바뀌기 시작한다. 그래서 기업 문화 쇄신은 변화의 가장 마지막 단계에서 가능하다.

기업의 변화를 위해서 관리 역량만이 아니라 리더십이 필요하다. 둘은 비슷한 것 같지만 전혀 다르다. 리더십이란 올라갈 산을 가리키며(방향성) 구성원들에게 '함께 가자'고 동기 부여하고 움직이게 하는 역량이다. 무엇을 변화시킬지 정하고 모두가 그를 위해 행동하도록 만든다. 관리 역량은 산 정상에 오르기 위해 구체적인 계획을 세우고 자원을 조달해서 확실히 그곳까지 도달하게 만드는 능력이다. 정해진 것을 완벽하게 실행하는 역량이다.

그러므로 변화를 위해서는 리더십과 관리 역량이 균형 있게 작동해야 한다. 변화가 일어나지 않는 기업의 경우 관리 역량을 지닌 인재는 많지만 리더십을 갖춘 인재가 부족할 때가 많다. 그래서 변화가 진행되지 않는 것이다.

예전에 리더십 하면 '타고난 재능을 가진 특별한 사람'이 발휘하는 것이라는 인식이 강했다. 그러나 리더십은 누구나 발휘할 수 있으며 누구든 키워갈 수 있다. 일개 여관의 기획과장이던 마쓰시타는 위기의식을 절감하고 솔선해 행동하는 사이, 주위 사람들을 움직이고 리더십을 발휘하게 되어 아치마을을 크게 바꿔놓았다.

자신이 어떤 위치에 있든, '조직을 변화시키고 싶다', '리더가 되고 싶다'고 열망하는 이들에게 이 책이 든든한 나침반이 되어줄 것이다.

> **POINT**
>
> 만약 지금 현 상태에 대해 강한 위기의식을 느끼고 있다면,
> 누구나 리더가 되어서 조직을 변화시킬 수 있다

기업 문화
혁신 전략

기업 문화는 성공의 기억,
정교하고 세심하게
개선하라

《Corporate Culture Survival
Guide》

에드거 H. 샤인

Edgar H. Schein

MIT 슬로언 경영 대학원 명예 교수. 1952년 하버
드 대학에서 사회심리학 박사 학위를 받았으며, 월
터리드(Walter Reed) 육군 연구소에서 근무한 뒤
MIT로 돌아가 2005년까지 교편을 잡았다. '기업 문
화의 아버지'라고 불리며 해당 영역에서 다방면으
로 활용되는 토대를 만들었다.

A사는 개인이 천천히 시간을 들이
며 일한다. 일의 방식도 매뉴얼에
입각해 정교하다.

B사는 일하는 속도가 빠르다. 사
내에 활기가 넘치며 개방적인 분위
기다.

A사는 기업 문화를 B사처럼 바꿔야 할까?

기업이 부진에 빠지면, 흔히 경영자는 '기업 문화를 바꿔볼
까?' 하고 생각한다. 그런데 [Book 37]에서도 살펴봤듯이, 가
장 나중에 바뀌는 것이 바로 기업 문화다. 그만큼 바꾸기가 어렵
다.

저자 샤인은 수많은 조직을 컨설팅 하면서 경험한 실무를 바

탕으로 기업 문화 이론을 체계화한 세계적인 권위자다.

기업 문화는 왜 중요한가?

실적이 좋은 미국의 한 게임 회사에 외부에서 영입된 CEO가 취임했다. 다년간의 경험이 있는 경영자의 눈으로 봤을 때, 회사는 기강이 없었다. 어수선하고 통제가 안 될뿐더러 누가 어떤 실적을 냈는지 파악할 수 없었다. 베테랑 경영자답게 그는 책임과 성과를 명확히 하고, 경쟁 원리에 입각해 보상 체계를 확실히 했다. 그런데 그러자마자 회사 실적이 정체되기 시작했고, 우수한 인재들이 회사를 떠났다.

본래 회사에서는 개발자들이 누구랄 것 없이 서로의 독창성을 자극하며 아이디어를 내고 있었다. 그러므로 '누가 어떻게 공헌했는지' 따위는 중요치 않았다. 명확히 답할 수도 없었다. 그런데 무리하게 책임 소재를 밝히고 경쟁 원리를 도입했더니, 오히려 협력하는 분위기가 사라지고 말았다. 그 결과 이 회사만의 독창성은 사라졌다. 새로운 CEO는 기업 문화에 대해 전혀 이해를 못했던 것이다.

기업 문화는 기업을 구성하는 개인이나 집단의 행동, 사고방식, 가치관의 바탕이다. 다만 조직 내부 사람들은 이에 대해 거의 의식하지 못한다. 이미 당연한 것이 되었기 때문이다. 외부인의 눈에만 독특함이 드러난다.

IBM에 다닐 때, 필자는 미국에 장기 출장을 간 적이 있다. 전 세계 IBM 직원들이 다 모였다. 휴일에는 자주 어울려 놀러 다니기도 했는데, 일본인, 덴마크인, 독일인은 시간을 칼같이 지켰다. 그런데 이탈리아인은 아무리 기다려도 올 생각을 안 했다. 방에 가보면 콧노래를 부르며 샤워를 하고 있다. 남유럽 사회에서는 지각이 용인된다. 반면 북유럽에서는 모욕적인 행위인 모양이다. 덴마크인 친구는 화가 머리끝까지 나 있었다. 자신에겐 당연한 일이 다른 문화권 사람에게는 다르게 보인다.

기업 문화란 과거 성공했던 발상이나 행동이 학습을 통해 정착된 것이다. 요컨대 '성공의 산물'인 것이다. 그리고 기업 문화는 기업의 온갖 행동에 영향을 끼친다. 실적이 부진해진 기업을 관찰해보면, 그들의 기업 문화가 시대에 뒤떨어지기 시작했기 때문인 경우가 많다. 그러나 기업 문화는 그 기업이 가진 여러 강점의 토대이기도 하다. 게다가 쉽사리 바꿀 수도 없다. 변화를 시도하더라도 무리하게 바꾸려 하지 말고, 현재의 기업 문화라는 바탕 위에서 시작해야 한다.

조직이 직면한 과제를 찾는 일이 우선이다. 과제나 위기는 문화를 바꾸는 계기가 된다. [Book 37]에서 지적했던 것처럼 말이다.

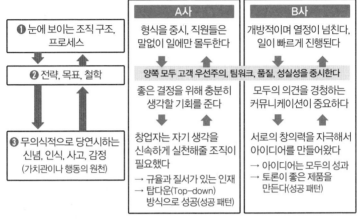

기업 문화를 구성하는 3가지 층위

	A사	B사
❶ 눈에 보이는 조직 구조, 프로세스	형식을 중시, 직원들은 말없이 일에만 몰두한다	개방적이며 열정이 넘친다. 일이 빠르게 진행된다
❷ 전략, 목표, 철학	양쪽 모두 고객 우선주의, 팀워크, 품질, 성실성을 중시한다	
	좋은 결정을 위해 충분히 생각할 기회를 준다	모두의 의견을 경청하는 커뮤니케이션이 중요하다
❸ 무의식적으로 당연시하는 신념, 인식, 사고, 감정 (가치관이나 행동의 원천)	창업자는 자기 생각을 신속하게 실천해줄 조직이 필요했다 → 규율과 질서가 있는 인재 → 탑다운(Top-down) 방식으로 성공(성공 패턴)	서로의 창의력을 자극해서 아이디어를 만들어왔다 → 아이디어는 모두의 성과 → 토론이 좋은 제품을 만든다(성공 패턴)

※ 《기업 문화 혁신 전략》을 바탕으로 필자가 작성

기업 문화를 구성하는 3가지 층위

기업 문화에는 그것을 구성하는 3가지 층위가 있다. 겉으로 보이는 것은 '조직 구조나 업무 프로세스' 등 외형(Artifacts)이다. 그 밑에 '전략, 목표, 철학' 등 겉으로 내세우는 가치(Espoused Values)가 있고, 제일 아래에 기본 바탕이 되는 인식(Basic Underlying Assumptions), 즉 무의식적으로 당연시하는 '신념, 인식, 사고, 감정'이 있다. 이것이 바로 구성원들의 가치관이나 행동의 원천이다.

앞서 예로 든 A사와 B사를 비교해보면 그 차이를 알 수 있다.

A사는 일을 하는 데 시간이 오래 걸리고 프로세스 역시 매뉴얼에 따라 정교하다. 그들의 기본 신념이 '신중하게 생각하지 않으면 좋은 결정을 할 수 없으니 충분히 생각할 시간을 주어야 한다'는 것이기 때문이다. 우수한 기술자 출신인 창업자는 자신의 아이디어를 실행에 옮겨줄 조직이 필요했고, 그런 이유로 그곳에는 규율과 질서를 중시하는 인재들이 모여들었으며 탑다운 방식으로 성공했다. 그렇게 A사의 기업 문화가 형성된 것이다.

B사는 개방적이고 열의가 있으며 일 진행 속도가 빠르다. 앞서 소개한 실적이 뛰어난 게임 회사처럼 '팀워크를 중시하고 모든 의견을 경청해 의사 결정을 내려야 한다'는 기본 신념이 바탕에 있다. 서로의 창의력을 자극해 아이디어를 만들어냄으로써 성공해왔다.

A사와 B사 모두 과거의 성공 패턴이 축적되어 기업 문화가 만들어졌다. 이것이 직원들의 행동과 사고방식에 심어져 있다. 그 결과, 같은 말도 다르게 파악한다. 가령 '일을 잘하기 위해 무엇이 필요한가?'라고 물으면, A사 직원은 '스스로 곰곰이 숙고하는 것'이라고 대답하고 B사 직원은 '다른 사람들과 열띤 토론을 벌이는 것'이라고 대답한다.

기업 문화는 가치관 속에 깊이 심어져 있다. A사의 직원에게 B사처럼 하라고 지시하는 것은 규칙을 준수하는 독일인에게

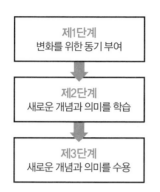

기업 문화 변화 모델
기업 문화는 3단계에 걸쳐 바뀔 수 있다

| 제1단계
변화를 위한 동기 부여 | • 현 상태에 대한 부인
• 살아남아야 한다는 불안감, 안주하면
  안 된다는 자책감을 만들어낸다
• 학습에 대한 불안감을 줄인다 |

| 제2단계
새로운 개념과 의미를 학습 | • 새로운 '역할 모델'을 익히고 모방한다
• 시행착오를 통해 학습한다 |

| 제3단계
새로운 개념과 의미를 수용 | • 스스로의 내부에 받아들인다
• 새로운 개념에 입각해서 일한다 |

※《기업 문화 혁신 전략》을 바탕으로 필자가 작성

'자유분방한 이탈리아인이 되라'고 하는 것처럼 무리한 요구다.

기업 문화를 바꾸는 변화 메커니즘

기업 문화를 의도적으로 바꿀 수는 없지만, 위기에 직면하면 바뀌기 시작한다. 이때 필요한 것이 '학습 폐기(Unlearning)'다. 기업 문화는 성공 패턴을 학습하면서 생겨났기 때문에, 그렇게 학습한 것을 버려야만 한다. 물론 쉬운 일은 아니다. 학습한 것을 버린다고 반드시 좋은 결과가 나온다고 확언할 순 없다. 학습 폐기는 번지 점프와도 같아서, 실패에 대한 두려움 탓에 좀처럼 행하기 어렵다. 그래서 샤인은 '3단계에 걸친 변화 메커니즘'을 체계화했다. 일시에 변하는 것이 아니라 단계적으로 변화한다.

기업 문화 변화 메커니즘 1 _ 학습 폐기

진심으로 달라지고 싶어 하는 사람은 별로 없지만, 위기 상황이 되면 바뀌어야 살아남는다는 것을 절감하게 된다. 구성원들이 '지금 상태로는 안 된다'는 점에 수긍해야 한다. '살아남을 수 없다는 위기감'이 '새로운 것을 학습하는 불안감'보다 커질 때, 사람은 변화하기 시작한다. 무작정 위기의식만 조장해선 마음의 문을 닫아버리고 만다. 새로이 배울 것에 대한 불안감을 줄이는 것이 중요하다. 번지 점프에 비유하면 '줄은 절대 끊어지지 않으니 걱정하지 말라'고 단단히 안심시킬 필요가 있다.

기업 문화 변화 메커니즘 2 _ 새로운 개념의 학습

새로운 '역할 모델(Role Model)'을 택해서 그로부터 배우는 단계다. 아무렇지 않게 뛰어내리는 모습을 보여주고 '무서워할 필요 없다'고 안심시키면서 그대로 따라 하게 만든다. 시행착오를 통한 학습도 장려한다.

기업 문화 변화 메커니즘 3 _ 새로운 개념의 도입

새롭게 학습한 개념을 조직 구성원의 업무에 도입하는 단계다. 새로운 행동 패턴이 만들어지고 기업 문화로 정착해간다.

기업 문화는 문화권을 망라하고 같은 방식으로 형성된다. 무작정 잘나가는 기업 문화를 흉내 내기보다 자신의 기업 문화를 진화시킬 방법을 궁리하는 것 역시 중요하다. 특히 서로 다른 문화권에 따라 특정한 기업 문화가 적합하지 않은 경우도 많다고 샤인도 지적한다.

기업 문화는 변화의 과정에서 피할 수 없는 복병이다. 이 책을 읽고 미리 준비하면, 변화의 와중에서 만나는 수많은 장애물을 미리 파악하고 넘어설 수 있을 것이다.

> **POINT**
>
> 기업 문화는 그 기업이 성공했던 경험을 통해서 오랜 세월 축적된 것이다. 그런 만큼 위기가 닥쳤을 때 변화의 방아쇠로 작동하기도 한다

BOOK.39

코끼리를 춤추게 하라

거대하고 관료적인
조직을 한순간에
변신시킨 재건 스토리

《Who Says Elephants Can't
Dance?》

루 V. 거스너

Louis V. Gerstner Jr.

1965년 하버드 대학 비즈니스스쿨에서 MBA를 취득하고 맥킨지에 입사했다. 1993년 붕괴의 위기를 맞은 IBM을 재건하기 위해 선택되어 회장 겸 최고경영자(CEO)로 취임했다. 그 후 수년에 걸쳐 IBM을 재건하고 1990년대를 대표하는 경영자로 추앙받았다. 교육 분야에서도 공헌을 해 수많은 상을 받았다.

1990년대 초, 30만 명의 직원을 거느린 IBM은 파산 직전에 몰렸다. 이 책은 그러한 거대한 코끼리를 부활시킨 CEO 루 기스너기 쓴 IBM 재건 스토리다. 경영자가 쓴 책 중 드물게 대필자를 고용하지 않고 직접 집필했다.

당시 필자는 IBM 직원이었기에, 회사가 망해가는 걸 피부로 느끼고 있었다. 그런데 위기감은 있어도 절박함은 강하지 않았다. '우리가 누군데 망하기야 하겠어? 어떻게든 될 거야.' 하는 묘한 심리 속에서 모두들 낡은 방식을 바꾸지 않고 서서히 침몰해갔다.

코끼리처럼 비대해진 조직에 필요한 것

과거 거스너가 아멕스(American Express) 간부였을 때, 데이터센터는 전부 IBM 장비로 구비돼 있었다. 다른 회사 제품을 한 대라도 샀다가는 IBM 담당자가 거래 정지를 통보했다. 거스너는 '이렇게 오만한 회사가 있단 말인가!' 하고 놀람을 금치 못했다고 한다. 취임 직후 IBM의 전임 경영자와 그런 이야기를 나눴는데, 그 역시 문제점을 전부 알고 있었다고 한다. 그런데도 그의 입에선 기업 문화, 팀워크, 고객, 리더십 중 어느 한 단어도 나오지 않았다. 거스너는 IBM 사내에 비치된 두꺼운 기업 비전 서류도 여럿 찾아냈다. IBM은 어떻게 해야 한다는 것을 알고 있었지만, 움직임이 둔해 실행하지 못하고 있었다.

취임 직후 기자 회견에서 그는 '실행이야말로 핵심'이라고 강조하며 말했다.

"현재 IBM에 가장 필요 없는 것이 비전입니다. 지금 IBM에는 전략과 실행(Execution)이 필요합니다!"

그는 4가지 중요한 전략 결정을 내렸다.

회생의 전략1 _ 회사를 분할하지 않는다

당시 컴퓨터 업계는 메인프레임, PC, 소프트웨어, 기업 스토리지 등의 영역에서 다수의 신생 기업이 등장해 점점 경쟁이 치열해져가고 있었다. 업계 전문가들의 중론은 '모든 것을 다 하는

IBM 방식은 시대에 뒤떨어졌으니 분할해야 한다'는 쪽이었다. IBM 스스로도 분할 준비에 돌입하던 차였다. 하지만 거스너는 생각이 달랐다.

'고객은 혼란스럽도록 많은 제품을 원-스톱으로 제공해줄 기업이 없어 오히려 곤란을 겪고 있다. 그런 고객의 고민에 부응할 수 있는 곳은 모든 분야에 발을 걸친 IBM뿐이다. 분할하지 말고 오히려 통합 서비스를 제공해야 한다.'

IBM을 분할하지 않는다는 게 거스너가 내린 첫 번째 전략적 결정이다.

회생의 전략 2 _ 낭비를 철저히 줄인다

IBM은 고비용 체질이었다. 대규모 경비 절감을 감행했다. 인원 감축 등의 아픔이 따랐지만 달리 방법이 없었다.

회생의 전략 3 _ 비즈니스 방식을 다시 만든다

사내 업무 프로세스는 낡아 빠졌고, 관리도 제각각이었다. 무려 10년에 걸쳐 세계 최대의 업무 변화 프로젝트를 단행해 온갖 업무 방식을 재탄생시켰는데, 그런 과정에서 5년 동안 무려 140억 달러(16조 원)를 절감했다.

회생의 전략 4 _ 불필요한 자산을 매각한다

IBM의 현금 흐름은 위기 그 자체였다. 그는 전용기, 맨해튼 사옥, 연수원, 수집한 그림 등 불필요한 자산을 매각해 현금을 확보했다. 정부의 대규모 사업을 수주하는 사업부도 매각했다. 이익률이 낮았기 때문이다.

철저히 고객에게로 향하는 실행

아멕스 시절 거스너는 새로운 국가에 진출할 때마다 해당 국가 IBM 지사와 같은 대화를 반복해야 했다.

"이 나라에서 신용카드 사업을 확대하고 싶습니다. 지원을 부탁드립니다."

"귀사는 신규 고객이니까 고객 등록부터 해주십시오."

아멕스처럼 거물급 고객도 다른 나라 IBM 지사에선 신규 고객에 불과했다. 각각의 지사는 막강한 파워를 가지고 고객 접점을 좌우했다. 이들 지사들은 서로 소통 없이 제각기 움직였다. 글로벌 관점으로 고객을 응대하는 자세는 눈곱만큼도 없었다. 거스너는 지사 중심의 고객 접점 업무를 없애고 글로벌하게 고객을 담당하는 새로운 부문을 만들었다. 고객을 12가지 유형으로 분류해 은행, 정부, 보험, 유통, 제조 등 산업별로 재편성하고, 예산과 인원을 배정했다.

IBM이라는 거대한 코끼리를 변화시킨 거스너의 전략

┌─── 먼저 문제를 해결한다 ───┐   ┌─── 그리고 새로운 시대로 ───┐

- 낭비 요소를 철저히 삭감   - 서비스 사업의 설립
- 업무 변혁 프로젝트   - 소프트웨어 사업의 설립
- 생산성 낮은 자산 매각   - e비즈니스 캠페인
- 고객별 조직으로 재편   - 기업 문화 변혁

※《코끼리를 춤추게 하라》를 바탕으로 필자가 작성

자기 언어로 진솔하게 커뮤니케이션

거스너 취임 1주년 무렵, 그가 임원들 앞에서 프레젠테이션을 하는 걸 비디오로 본 적이 있다. 이전 CEO들은 근엄하게 예의 바른 말만 하는 인물들이었다. 그런데 거스너의 모습은 그들과는 완전히 달랐다. 라이벌 경영자가 IBM을 비하한 발언을 가장 먼저 소개했다.

"'IBM? 아직은 안 죽었지만 상대할 가치가 없는 회사야!' 이렇게들 말합니다. 분하지 않나요? 난 참을 수가 없습니다. 직원들한테 수만 통의 이메일을 받았습니다. 모두들 다른 부서를 향한 분노와 적의를 드러내더군요. 경쟁자한테 분노한 건 하나도 없었습니다. IBM을 떠나야 했던 여러분 동료는 그놈들한테 일자리를 뺏긴 겁니다! 그런데도 왜 화를 내지 않나요? 분노해야 하

는 것 아닙니까?"

그는 열변을 토했다.

거스너는 책에도 이 이야기를 썼다. 발언을 마친 거스너를 향해 직원들이 몰려들어 악수를 청하는 모습이 비디오에 이어졌다. '엄청난 경영자가 왔다!'고 큰 충격을 받았던 기억이 지금도 선명하다.

업무를 변혁하고 낭비 요소를 신속하게 잘라내 빈사 상태의 IBM을 소생시킨 거스너는 이어서 새로운 일을 시작했다. '고객에게 상품과 기술을 통합적으로 제공한다'는 아이디어를 실현하기 위해 서비스 부문과 소프트웨어 부문을 설립했다. 앞으로 사람들은 인터넷을 통해 비즈니스를 할 수밖에 없다고 판단해, 마케팅 전략에 'e비즈니스'라는 개념을 포함시키고 글로벌 캠페인을 실시했다. e비즈니스는 이후 일반명사가 되었다.

이렇게 IBM은 부활했다. 거스너는 '기업 문화를 바꾸는 게 가장 어려웠다'고 고백한다. 그는 직원들과의 대화를 중요하게 생각했다. 일본 방문 때에도 직원 2,000명을 모아놓고 세미나를 했다. 그가 10분 동안 프레젠테이션 하고, 이후 1시간 동안 질문에 답했다. 직급을 막론하고 누구든 질문했고, 그는 어려운 질문도 자기 언어로 성실하게 대답했다. 자기 생각을 담은 이메일을 전 직원에게 자주 보내기도 했다.

수십만 명이나 되는 조직 구성원의 사고방식과 행동을 단번에 바꾸기는 어려운 일이다. 구체적인 행동으로 성과를 올리는 것이 먼저다. 행동을 서서히 침투시켜 새로운 문화로 바뀔 조건을 숙성시키며, 직원들과 계속해서 소통한다. 그 다음에는 직원들을 믿는 수밖에 없다. 기업 문화 변화에 앞서 실행이 우선되어야 한다.

거스너는 입버릇처럼 '실행이야말로 성공으로 가는 전략의 결정판'이라고 말했는데, 이는 [Book 5]를 쓴 루멜트의 생각과 일치한다. 거스너는 매우 수수하고 소박한 사람으로, 미디어에 거의 모습을 드러내지 않았다. 그러면서도 직원들을 끊임없이 동기 부여 시켰다. [Book 34]의 레벨 5 리더였던 것이다.

대기업이 실적 부진에 시달리며 쇠락해가는 것을 보면, IBM의 과거가 떠오르곤 한다. 세상에 당시의 IBM보다 더 크고 복잡한 조직은 별로 없다. 기업 문화를 바꾸는 일은 세계 공통으로 어렵다. 이 책이야말로 비대해진 조직을 재건하는 데 힌트를 제시한다. 실행이 먼저다.

POINT 성과를 내서 구성원들 안에 변화를 침투시키고 지속적이고 반복적으로 커뮤니케이션 하며 그들을 믿고 변화를 추구하라

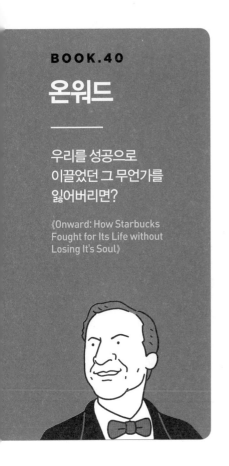

BOOK.40

온워드

—

우리를 성공으로 이끌었던 그 무언가를 잃어버리면?

《Onward: How Starbucks Fought for Its Life without Losing It's Soul》

하워드 슐츠
Howard Schultz

스타벅스 회장 겸 CEO. 1982년 당시 4개 매장에 불과했던 스타벅스의 마케팅 책임자로 시애틀에 부임했다. 그 후 스타벅스를 인수해 높은 기업 윤리를 갖춘 세계적인 체인으로 성장시켰다. 〈타임〉 선정 '세계에서 가장 영향력 있는 100인' 등 다수의 수상 경력이 있다.

2000년 무렵 스타벅스는 고급스러운 분위기의 카페였다. 그러다 2007년 정도에 '뭔가 분위기가 달라졌다'고 느껴졌다. 도시 곳곳에 스타벅스 매장이 들어섰지만, 예전 같은 편안함이 느껴지질 않았다. 그리고 지금, 스타벅스는 다시금 편안한 공간이 되었다.

사실 2007년 무렵 스타벅스는 세계적으로 부진을 겪고 있었다. 이 책은 급성장한 기업이 부진에서 회복해 다시 성장하는 스토리를 담았다. 그 핵심은 본질을 철저히 추구하는 것이다.

이 책은 창업자인 슐츠가 직접 썼다. 스타벅스를 창업해 15년 동안 성장시킨 뒤, 후임에게 자리를 물려주고 회장 직함으로 물러서 있을 때의 일이다.

별다를 것 없는 평범함으로의 후퇴

스타벅스는 2000년 슐츠가 CEO 자리에서 물러난 뒤에도 계속 성장세를 이어갔다. 10년 간 매장 수 1,000개에서 1만 3,000개로 급성장했고, 매출액과 수익도 순조롭게 올라갔다. 그런데 세부 실적에는 균열의 조짐이 드러나기 시작했다. 2006년 방문객 1인당 지출액이 미세하게 감소세로 돌아서더니, 2007년 여름 무렵에는 방문객 증가세가 눈에 띄게 줄었다.

당시엔 필자 역시 스타벅스에 실망하고 있었다. 맛은 예전 같지 않고, 좁은 의자에 어깨를 움츠리고 앉아야 했다. 더는 예전처럼 편안했던 공간이 아니어서, 점차 발길이 멀어지던 차였다. 전 세계적인 공통 현상이었던 것이다. 대체 무엇이 문제였을까?

전 세계 매장을 두루 방문한 슐츠는 '스타벅스의 본질적 무언가가 사라졌다'고 느꼈다. 매장에서는 방금 갈아낸 원두에서 나는 중후하고 풍부한 향기가 사라지고 있었다. 효율화를 위해 원두가루를 봉투에 담아 매장에 내보내는 시스템으로 바뀌었기 때문이다. 냄새가 강한 치즈가 들어간 아침식사용 샌드위치가 판매되면서, 이 역시 커피 향기를 뒤덮었다. 그런데도 '샌드위치 매출 목표를 달성했다'며 좋아하는 매니저들이 있었다.

매장 수를 빠르게 늘리기 위해 인테리어가 간소화되고, 충분히 교육 받지 못한 바리스타가 커피를 내렸으며, 미리 만들어놓은 커피를 내놓는 곳까지 있었다. 급기야 미국 소비자 기관이 실시한 커피 맛 평가에서 스타벅스는 맥도날드보다 낮은 평가를 받고 말았다.

스타벅스가 제공한 것은 집도 직장도 아닌, 자신을 발견하며 편히 쉴 수 있는 '제3의 장소(The 3rd Place)'다. 부진에 빠진 이유는 많은 이들이 그런 공간으로서 스타벅스에 불만을 가졌기 때문이다. 스타벅스는 '스타벅스 체험'이라는 특별한 가치를 버리고, 그저 그런 경쟁자들과 비슷한 일용품으로 전락해가고 있었던 것이다.

위기의식으로 복귀한 CEO가 내놓은 결단

2008년 다시 CEO로 복귀한 슐츠는 결단을 내렸다.

첫째, 원점으로 돌아간다. 역사를 보존하는 것이 아니라 개혁과 혁신으로 계승한다.

둘째, 과거의 잘못에 대해선 책임을 묻지 않는다.

셋째, 전략이나 전술로 혼란을 극복할 수 없다. 필요한 것은 열정이다.

그리고 나서 '즉시 실행할 것(매장 비즈니스 개선, 고객과의 감정적 유대 회복, 비즈니스 기반의 장기적 개혁)'과 '절대 변하지 말아야 할 것(커피 품질, 직원 처우)'을 명확히 했다. 특히 직원 처우는 매우 중요한 원칙이다. 공공 건강 보험 제도가 미비한 미국에서 스타벅스는 모든 직원들에게 양질의 건강 보험을 제공했는데, 그 비용이 급증해 폐지해야 한다는 주장이 많았다. 그렇게 하면 스타벅스가 중시하는 스태프와의 신뢰가 깨지고 만다. 슐츠는 아무리 비용이 들어도 건강 보험 등의 처우를 후퇴시키지 않기로 결정했다.

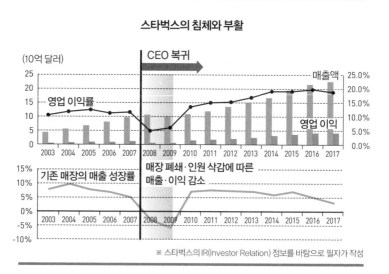

스타벅스의 침체와 부활

※ 스타벅스의 IR(Investor Relation) 정보를 바탕으로 필자가 작성

600개 매장을 과감히 폐쇄, 이어지는 변혁

개혁을 시작하자 스태프로부터 다음과 같은 내용의 이메일이 많이 날아왔다.

'본래의 서비스와 인사 시스템이 빛을 바래, 매장에 출근할 때마다 서글픔을 느끼곤 했습니다. 현재 상황을 바꾸고 새로이 부활하는 데 동참하는 일원이 될 수 있어 기쁩니다. 희망을 봤습니다.'

슐츠는 즉각 실행 가능한 대책을 잇달아 실시했다. 미국 전역의 7,100개 매장 문을 일제히 닫고 바리스타 13만 5,000명 전원을 다시 연수시켰다. 휴업으로 600만 달러(70억 원)에 달하는 매출이 날아갔지만 커피의 품질은 향상됐다. 새로이 원두 비율을 혼합해 상품을 개발하고, 커피 원두를 매장에서 갈아내도록 방침을 선회했으며, 1시간이 지난 드립 커피는 버린다는 규칙을 30분으로 개정했다. 냄새가 깅한 아침식사용 샌드위치는 판매 중지하고 냄새가 적게 나는 제품을 개발했다. 에스프레소 머신도 고성능 기기로 일제히 교체했다.

근본적인 개혁도 이어졌다. 실적이 나쁜 매장 대부분은 최근 2년 사이 신설된 곳이 많았다. 성장 제일주의를 내세워 급하게 확대한 결과였다. 그래서 600개 매장을 과감히 폐쇄했다. 매장 스태프에게 새로운 일자리를 최대한 알선했지만, 여럿은 해고할 수밖에 없었다.

커피 원두를 조달해서 매장에 배송하는 공급 체인이 충분하지 않은 상태에서 급성장한 결과 매장으로 가는 혈맥이 막히기 일쑤였다. 매장에서 주문을 해도 제 시간에 배송되는 비율이 35퍼센트에 불과했다. 고객에게 제때 제공하지 못할 때도 많았다. 경비는 매년 1억 달러(1,200억 원)씩 늘어났다. 그래서 전체 프로세스를 재검토해서 간소화하고 낭비를 철저히 줄였다. 업무 시스템도 낡아서 매장 업무가 늘어났기 때문에 주문시스템을 개선하고 최신형 컴퓨터도 도입했다.

고객의 요구를 수렴하는 시스템도 '가시화'했다. 고객이 스타벅스에 바라는 개선 아이디어나 의견을 자유롭게 게시할 수 있고 마음에 드는 아이디어에 투표도 할 수 있는 '스타벅스 아이디어 닷컴'을 개설했다. 개설 24시간 만에 아이디어 7,000건이 모였고, 일주일 만에 10만 명이 4만 1,000건의 아이디어에 투표했다.

고작 커피를 팔면서 대단한 혁신이 가능한가?

개혁을 진행하는 스타벅스를 향해 경영 전문가들은 과도하다는 지적을 하기도 했다. 그에 대해 슐츠는 다음과 같이 반론한다.

"스타벅스는 사람들에게 커피를 제공하는 커피 비즈니스가 아니다. 사람들에게 커피를 제공하는 피플 비즈니스(People Business)다. 스타벅스의 문화를 지키는 무형의 가치를 제대로 이해하지 못한 발언이다."

2008년은 매장 수를 축소하고 산적한 문제를 해결하면서 새로운 시도를 하는, 브레이크를 밟으면서 동시에 액셀을 밟는 1년이었다. 드디어 2009년, 스타벅스는 다시 성장하기 시작했다.

슐츠는 말한다. "스타벅스는 규율 없는 성장을 전략으로 삼았기 때문에 길을 잘못 들고 말았다."

그는 창업자인 자신이 어떻게 다시 이러한 변화를 만들어낼 수 있었는지에 대해서도 강조한다.

"창업자의 강점은 회사의 바탕이 된 블록 하나하나를 잘 알고 있다는 것입니다. … 그 지식이 성공에 필요한 열정을 불러일으키며, 무엇이 옳고 그른지 판단하는 직감으로 이어집니다. … 반면 외부의 신선한 관점이 결여돼 있지요."

스타벅스는 세계에 통용되는 '스타벅스다움'이라는 가치관 덕에 급속도로 글로벌 규모로 성장할 수 있었다. 그러니 '그들다움'을 잃었기에 부진에 빠졌으며 그것을 다시 철저히 추구함으로써 부활했다. 본질에 충실하다는 것이 무엇을 의미하는지 탐색하고자 하는 기업들에게 좋은 표본이 되어준다.

> **POINT**
>
> 성공으로 이끌었던 본질로부터 멀어져 원칙 없는 성과를 추구할 때 기업은 길을 잃는다. 나를 나답게 하는 원점을 잊지 말고 추구하라

BOOK.41

사업을 한다는 것

52세에 사업을 일으켜
수많은 억만장자를 만든
전설의 기업가

《Grinding It Out: The Making
of McDonald's》

레이 크록
Ray Kroc

1902년 미국 일리노이에서 태어나 중학교를 중퇴
하고 종이컵 영업 사원, 피아노 연주자, 믹서기 영업
사원으로 일했다. 1954년 맥도날드 형제와 만나 맥
도날드 프랜차이즈 상표권을 등록하고 미국 전역에
확장해 큰 성공을 거뒀다. 말년에는 레이 크록 재단
을 설립하고 메이저리그 샌디에이고 파드리스의 구
단주가 되는 등 정력적으로 활동했다.

요즘에는 60세 무렵 퇴임을 하고도
아직 기나긴 인생이 남아 있다.

'이 나이에 새로운 일은 무리'라
고 생각하는 사람은 이 책을 읽어보
기 바란다. 저자가 맥도날드를 창업
했을 때, 그의 나이 52세였다. 지금
으로부터 60년도 더 전의 일이다. 지금의 52세와는 완전히 다르
다는 점을 감안하면 더욱 놀라운 일이다. 게다가 당시 그는 관절
염과 당뇨병을 앓아 담낭 전부와 갑상선 대부분을 떼어낸 상태
였다. 그럼에도 맥도날드를 미국 전역에 확장시켰고, 매일 세계
인구 1퍼센트가 즐기는 브랜드로 만들었다.

별 볼 일 없는 영업 사원에서
대기업 창업자로

52세까지 그는 종이컵과 밀크셰이크 믹서기를 판매하는 영업 사원이었다.

그는 어느 날 '한 번에 밀크셰이크 6잔을 만드는 믹서기를 8 대씩이나 가동하는 매장이 있다'는 소문을 듣고 맥도날드 형제가 운영하는 작은 햄버거 가게를 찾게 된다. 손님들이 길게 줄을 서 있었고, 믹서기들은 요란한 소리를 내며 풀가동 중이었다. 먼저 주문을 받고 조리를 하는 게 상식인데, 그곳은 달랐다.

직원은 풀 먹인 하얀 셔츠와 깔끔한 바지 차림에 주방용 위생모를 쓴 친절하고 청결한 인상이었다. 가게에는 먼지 하나 떨어져 있지 않고, 길게 줄을 서도 오래 기다리지 않았다. 주문 즉시 맛있는 햄버거가 나왔고, 그걸 가지고 나와 밖에서 먹으면 됐다. 메뉴는 햄버거, 밀크셰이크, 감자튀김, 탄산음료뿐이었다. 유리창 너머로 주방이 훤히 들여다보이는데, 작업은 단순하게 표준화되어 방법만 배우면 누구나 할 수 있을 듯 보였다.

맥도날드 형제는 크록에게 매장 시스템을 빠짐없이 가르쳐줬다. 효율적인 매장 설계를 위해 테니스 코트에 직원들을 모아놓고 분필로 실물 크기의 배치도를 그린 다음, 실제로 햄버거나 감자튀김을 만드는 걸 흉내 내게 해서 몇 번이고 배치도를 다시 그려 동선을 최소화했다고 한다. 크록은 요식업 경험이 없었지만,

직감적으로 되는 사업이라고 느꼈다. 그는 맥도날드 형제와 계약해서, 미국 전역으로 프랜차이즈를 확대하기로 했다.

맥도날드 형제는 고품질의 햄버거를 균질하게 생산하는 혁신을 일으켰다. 그리고 크록은 여기에 덧붙여 판매의 혁신을 창조해 크게 성장시켰다.

규모를 키우기 위한 품질 표준화와의 싸움

크록은 높은 품질을 유지하면서 규모를 확대시켜야 하는 과제를 안게 됐다. 맥도날드의 역사는 품질 표준화와의 싸움이라고 해도 과언이 아니다. 프랜차이즈란 맥도날드 로고와 노하우를 제공함으로써 수월하게 매장을 운영할 수 있게 해주고, 그 대가를 받는 시스템이다. 제각기 다른 개성을 가진 프랜차이즈 운영자가 매장을 경영한다. 아니나 다를까 형편없는 햄버거를 만들거나 매장 마음대로 메뉴를 늘리거나 지저분한 환경을 방치하는 곳들이 속출했다.

크록은 시행착오를 통해, 매장을 확대하면서도 품질을 균질하게 유지하는 법을 확립했다. '햄버거 대학'을 설립해서 거기서 인증을 받은 사람만 매장을 열 수 있게 했고, '상품 개발 연구소'를 만들어 각각 메뉴별로 조리 시간과 방식을 표준화했다.

비겁한 짓은 싫지만 수단은 가리지 않는다

크록은 비정한 행동도 많이 했다. 맥도날드 형제와의 계약 내용 때문에, 뭔가를 바꿀 때마다 일일이 허락을 받아야 했다. 그들은 크록의 도전 정신을 버거워했다. 형제와의 계약이 점점 비즈니스 확장을 막는 족쇄가 되어갔다. 결국 그는 270만 달러라는 당시로는 거금을 주고 상표권을 사들였다. 이제 형제는 프랜차이즈 운영에 개입할 수 없으며, 앞으로는 자기들 가게에도 '맥도날드'라는 상호를 쓸 수 없게 되었다. 그들은 가게 이름을 '빅M'으로 바꿨다. 그런 다음에도 크록은 인정사정없었다. 빅M 맞은편에 맥도날드 매장을 열어, 끝내 형제의 가게를 문 닫게 만들었다. 한편 관리 능력이 뛰어난 심복이었던 해리 소너본(Harry Sonneborn)과도 경영 방침을 놓고 대립하게 되었고, 결국 소너본은 맥도날드를 떠났다.

그러나 크록은 정정당당하지 못한 짓에 대해서는 선을 그었다. 직원이 '경쟁 상대에 스파이를 보내면 어떨까?'라는 의견을 내자 버럭 화를 내며, '그럴 바엔 차라리 나처럼 새벽 2시에 경쟁 상대의 쓰레기통을 뒤져서 고기와 빵을 얼마나 쓰는지 조사하라'고 말했다고 한다. 비겁한 짓은 싫어하지만 수단은 가리지 않고, 경쟁 상대와 철저하게 싸웠다.

크록은 경쟁자를 철저히 공격했지만, 그 역시 '고객에게 무엇이 최선인가?'를 열심히 고민한 결과에서 나온 행동이었다. 매장의 스태프들이 자부심을 갖고 일할 수 있도록 신경을 쓴 것도 모두 고객을 위해서였다. 서비스를 제공하는 주체는 매장 스태프들이다. 그는 '주문을 받는 직원의 웃는 얼굴이야말로 맥도날드 이미지 그 자체'라고 여겼다. 맥도날드의 성장은 매장 스태프와 프랜차이즈 오너의 의욕에 달려 있다고 생각했다. '맥도날드는 피플 비즈니스'라는 철학은 현대에도 기업 문화의 기둥으로 자리하고 있다.

그는 매장에 식자재를 판매해 이익을 남기는 일을 하지 않았다. '본사가 매장에 물건을 팔아서 수익을 꾀하는 일은 고객에게 가치를 제공하는 것과 상반된다'고 판단해, 최선을 다해서 가맹점들의 성공을 도왔다.

신념과 꾸준함만이 경영의 전능한 원천

"맥도날드 프랜차이즈가 되려면 100퍼센트의 에너지와 시간을 투입할 각오가 있어야 한다. 두뇌가 명석할 필요도 없고 학력이 뛰어날 필요도 없다. 필요한 것은 맥도날드에 대한 열정과 운영에 집중하는 힘이다." 크록의 말이다.

프랜차이즈 오너 중에는 억만장자가 된 사람도 많다. 자신이 역사상 가장 많은 억만장자를 탄생시킨 경영자라는 걸 알게 됐을 때, 그는 이렇게 답했다. "그들이 자신의 힘으로 달성한 것이고, 나는 작은 기회를 줬을 뿐이다."

그의 성공은 열정과 집념의 결정체다. 그는 동료들에게 자주 이렇게 말하곤 했다.

"될 때까지 해야 돼. 이 세상에서 꾸준함만큼 가치 있는 것은 없어. 재능이 있고 천재라도, 교육을 많이 받았어도 실패하는 사람은 많아. 전능한 것은 신념과 꾸준함뿐이야."

책의 앞머리에 자신의 좌우명도 소개한다.

'미숙한 동안에는 성장할 수 있다. 성숙한 순간 부패가 시작된다.'

한국에서 출간된 번역서 서문은 유니클로 창립자인 야나이 다다시(柳井正)와 소프트뱅크 회장 손정의(孫正義)가 썼다. 두 사람 모두 크록의 기업가정신으로부터 크게 자극을 받았으며, 그를 스승으로 우러러보며 사업을 확대해왔다고 한다. 레이 크록은 세계적인 존경을 받는 창업자다. 시대가 변해도 고객 중심주의의 중요성은 변하지 않음을 그는 이 책을 통해 가르쳐준다.

> **POINT**
>
> 사업을 한다는 것의 본질은 무엇일까? 명석한 두뇌나 재능보다 고객을 최우선으로 여기고 열정과 신념을 다해 꾸준히 임하는 것만이 경영의 전능한 원천이다

BOOK.42

운명
마쓰시타 고노스케 이야기

경영을 신의 경지로
끌어올린
한 평범한 사람의 이야기

《Matsushita Leadership: Lessons
from the 20th Century's Most
Remarkable Entrepreneur》

존 P. 코터
John P. Kotter

하버드 비즈니스스쿨 명예 교수이자 리더십 변화
관리 분야의 세계적 권위자. MIT와 하버드 대학을
졸업한 뒤 1972년부터 하버드 비즈니스스쿨에서
가르쳤으며 1980년 불과 33세라는 젊은 나이에 최
연소 정교수로 부임했다.

이 책은 마쓰시타 전기(현 파나소닉)
창업자인 마쓰시타 고노스케의 전
기다. 리더십 분야의 세계적인 권위
자인 존 코터가 쓴 유일한 경영자
전기이기도 하다. 20년 동안 리더
십 연구를 해온 코터는 '경영자 개
인을 리더십의 관점에서 분석한 전기를 쓰고 싶다'고 생각하던
차에 고노스케를 알게 되어 7년에 걸쳐 이 책을 집필했다.

위기를 기회로 바꾸는 불굴의 리더십

고노스케가 살아온 시대는 대공황과 전쟁 등으로 앞날을 예측하기 힘든 시기였다. 젊은 시절의 고노스케는 리더와는 거리가 멀어 보인다. 말솜씨가 유려하지도 않고, 아이디어가 번뜩인 것도 아니며, 라이벌이었던 소니의 아키오 같은 화려함도 없었다. 병약하기까지 했다.

그러나 그는 역경에 부딪힐 때마다 위기를 기회로 바꾸며 리더로 성장해갔다. 고노스케를 어떤 이들은 '경영의 신'으로 추앙하지만, 코터는 철저히 실천적인 리더십 관점에서 담담히 그려낸다.

유년기(~22세) _ 궁핍에서 길을 찾다

그는 1894년 와카야마의 와사마을에서 8남매의 막내이자 셋째 아들로 태어났다. 집안은 유복했는데, 그의 나이 4세 무렵 아버지가 쌀 선물(先物) 사업에 실패하면서 가세가 기울었다. 초등학교 성적은 100명 중 45등으로 평범하기 그지없었다. 9세에 오사카로 건너가 자전거 가게에서 수습 직원으로 휴일도 없이 하루 16시간 노동하는 나날을 보냈다. 여기서 6년 동안 그는 원가, 접객, 상거래의 기본을 배웠다고 한다. 15세가 되어 당시 막 보급된 전기 분야가 유망하다고 생각해, 오사카 전등(현 간사이 전력)에서 기사로 일하기 시작했다. 20세에 중매로 결혼했지만 건강이 나빠져 형편이 어려웠다. 부모와 형제자매들 대다수가 죽고 10인 가족 중 3명만 남았기에, 자신도 죽는 것은 아닌지 두려 웠다고 한다. 그러던 차에 새로운 전등 소켓을 고안해 상사에게 제안했지만 묵살당하고 나서, 직접 회사를 차리기로 결심한다. 그러자 신기하게도 몸 상태가 회복되었다고 한다.

청년기(22~37세) _ 기업가로서의 기틀을 닦다

독립한 고노스케 수중엔 직원 5개월분 급여 정도의 저금과 아내 와 처남, 친구 둘을 포함한 직원들뿐이었다. 일단 방 두 개를 이 어 붙여 공장을 만들었다. 소켓 만드는 법을 아무도 몰라서, 예 전 동료를 찾아가 노하우를 배웠다. 하지만 '언제 망할지 모르는 회사와 거래할 수 없다'는 반응만 돌아올 뿐 판매처를 뚫지 못했 다. 결국 친구 둘은 떠나고 가족만 남았고, 전당포에 물건을 맡 기고 자금을 근근이 마련해야 했다.

그러던 어느 날 거래처로부터 '선풍기 부품 1,000개를 빨리 만들어 달라'는 주문을 받는다. 그는 한 달 동안 쉬지 않고 매일 18시간씩 일해 납기를 지켰고, 대금으로 160엔을 받았다. 당시 급여 8개월분이었다고 한다. 이로써 한숨을 돌린 다음, 주문이 지속돼 마쓰시타 전기 기구 제작소를 설립했다. 장사가 궤도에 올랐다.

이 시기 고노스케는 사업의 기본을 철저히 배웠다. 경쟁자 제품을 개량해 더 싸게 팔고, 철저한 절약으로 저비용을 실현했다. 사원을 가족처럼 대우하고 신제품 개발을 신속하게 한다는 원칙을 확립했다. 회사는 차근차근 성장했다. 훗날 산요(Sanyo)를 창업하는 처남 이우에 도시오에 의하면, 고노스케는 '열정은 보통 이상이었지만 재능은 평범했다'고 한다. 병약해서 잘 앓아누웠고 생각이 많아 불면증에 시달렸으며, 혈압도 높았다. 그런데도 신기하게도 사업이 벽에 부딪힐 때마다 몸이 좋아지곤 했다.

1929년 몸 상태가 악화되어 요양하는 동안 대공황으로 마쓰시타 전기의 매출이 반 토막 났다. 다른 회사들은 도산하거나, 살아남기 위해 직원을 해고했다. 마쓰시타 전기 역시 '인원 감축'을 해야 한다는 의견이 지배적이었다. 기운을 차린 고노스케는 지침을 전달했다. '생산을 반으로 줄이되, 단 한 명도 해고해서는 안 된다. 노동 시간을 반으로 줄이고 힘을 합쳐 재고를 판매하라.'

직원들은 환호했다. 과잉 재고가 사라졌고, 마쓰시타 전기는 다시 일어섰다. 그 후 회사는 라디오와 전지 분야에도 뛰어들어 최대의 점유율을 기록했다. 고노스케가 소중히 여긴 직원들이 스스로 생산성을 높이며 더 저렴한 비용으로 고품질의 제품을 만들었고 판매 전략을 궁리했다. 급기야 사원 1,000명을 보유한 거대 기업이 되었다.

중년기 (37~52세) _ 독창적인 카리스마

고노스케는 우연한 기회로 천리교 본부를 견학하고는 그곳에서 보수도 받지 않으면서 헌신적으로 일하는 신도들의 모습에 깊은 인상을 받았다. '기업도 종교처럼 의미를 가진 조직이 된다면, 직원들이 행복해하며 성실히 일하지 않을까?' 1932년 고노스케는 직원들에게 선포한다.

"우리의 사명은 가난을 극복하는 것입니다. 사회를 빈곤으로부터 구하고 부를 가져다주는 것입니다. 이 수돗물처럼 온갖 제품을 싸게 많이 생산한다면, 지상에서 빈곤을 몰아낼 수 있습니다."

어눌한 말솜씨였지만 열정이 넘치고 호소력이 있었다. 이후로 그는 '마쓰시타 전기가 준수해야 할 정신'을 정리해 매일 아침 직원들에게 낭송케 했다. 7가지 정신은 마쓰시티 전기의 행동 규범이 되었다. 미국의 기업 가치 선포는 1940년대 존슨앤드존슨의 '우리의 신조(Our Credo)'가 처음인데, 그보다 10년을 앞선 것이다.

시스템 확립에도 노력을 기울였다. 사업부 방식을 도입해 권한을 대폭 이양했다. 조직이 비대해져 민첩함을 잃지 않도록 작은 조직으로 재편하고 구성원 각자에게 권한을 줌으로써, 창의력과 의욕을 높이고 경영 능력을 키웠다. 스스로가 몸이 좋지 않아 다른 사람들에게 의지할 수밖에 없었기에, 더더욱 자연스러운 귀결이었던 셈이다. 그 결과 수많은 리더들이 탄생했다.

마쓰시타 전기가 준수해야 할 7가지 정신

산업보국	질 좋은 제품과 서비스를 적정한 가격에 제공함으로써 사회의 부와 행복에 기여한다
공명정대	공정함과 성실함을 목표로 선입견 없는 공정한 판단을 내린다
화친일치	서로를 신뢰하고 개인의 자율성을 존중하며, 공통의 목표를 실현하기 위해 노력한다
역투향상	기업과 개인의 역량을 높여 평화와 번영을 실현하는 기업 사명을 달성하고자 노력한다
예절겸양	항상 예의바르고 겸손하며, 타인의 권리와 요구를 존중한다
순응동화	생각과 행동을 끊임없이 변화하는 상황에 적응시키며 진보와 성공을 지향한다
감사보은	친절에 감사하고 기쁨과 활력 속에서 행복을 추구한다

※ 《운명 – 마쓰시타 고노스케 이야기》

장년기(52~76세) _ 통합의 리더십

2차 세계대전이 끝났을 때, 50세의 고노스케는 모든 것을 잃었다. 전쟁 중에 군수 공장이 되었던 마쓰시타 전기는 전후 거액의 빚을 떠안게 되었다. 승전국으로 일본 내정을 맡은 연합군 최고 사령부는 '전쟁 당시 군산 복합체의 원흉이었던 재벌'의 해체를 추진했다. 마쓰시타 전기 역시 해산 명령을 받았다. 고노스케는 거액의 부채를 안고 회사에서 쫓겨났고, 마쓰시타 전기는 공중 분해됐다. 그럼에도 고노스케는 경이적인 부활을 이뤄냈다.

고노스케는 중역들을 모아놓고 '국가 재건이라는 책임'에 대해 설파했다. 노조에도 찾아가 인사하고는 '경영진과 노조가 화합하면 살아날 수 있다'고 설득했다. 고노스케가 쫓겨난 것을 안 노조가 '사장직에 복귀시켜 달라'며 서명했다. 조합원 93퍼센트가 참여했다. 상공부 장관은 노조 탄원서를 받아들고 어이가 없어 웃었다고 한다. '경영자를 쫓아 달라'는 탄원서는 받아도 돌려보내 달라는 경우는 처음이었기 때문이다. 1950년 고노스케는 마쓰시타 전기에 복귀한다.

회사에서 쫓겨났다 복귀하기까지 수년 동안 고노스케는 '인간 본성'에 대해 깊이 성찰했다. 시련이 오히려 자성하고 성찰하도록 그를 성장시켰던 것이다. 56세에 처음으로 그는 해외로 눈을 돌렸다. 필립스와 기술 제휴를 맺고 선진 기술을 도입했으며, 중앙 연구소를 만들어 연구 개발에 투자했다. 마쓰시타 전기는 다시 성장 궤도에 올랐다. 기술이 향상되면서 해외의 평가도 높아져, 마쓰시타 전기는 세계적인 기업이 되었다.

노년기(76~94세) _ 이상적인 리더십

고노스케는 79세에 고문으로 물러나 회사의 일상 업무로부터 멀어졌다. 다만 은퇴한 것은 아니고, 인간 본성을 연구하며 번영을 통해 평화와 행복을 구현한다는 의미로 PHP(Peace and Happiness through Prosperity) 연구소를 설립해, 무려 46권이나 되는 책을 집필했다. 진정한 리더를 교육하기 위해 마쓰시타 정경숙을 설립한 것도 이 시기다. 만년의 20년 동안 고노스케는 배움을 돕는 데 몰두했다. 스스로도 끊임없이 배우며 성장하는 자세를 잃지 않았다.

고노스케는 [Book 32]에서 피터스가 초우량 기업의 조건이라고 묘사한 경영 방법을 60년 전에 실천했다. 그는 [Book 34]의 레벨 5 경영자이기도 했다. 재능이 특별한 것이 아니라, 수많은 역경에서 배움을 얻어 성장을 거듭하면서 오랜 시간 강한 리더로 성장한 것이다.

겸손하고 솔직한 마음이 있다면, 누구나 나이가 얼마라도 모든 것에서부터 끊임없이 배울 수 있다는 사실을 우리에게 가르쳐준다.

POINT

리더는 타고나는 것이 아니라 만들어진다. 겸손한 마음으로 시련과 역경으로부터 배우고 끈질기게 앞으로 나아가는 것만이 좋은 경영자가 되는 길이다

Chapter 6

사람
People

비즈니스를 움직이는 주체는 사람이다.

그러므로 사람을 이해하는 것은 비즈니스에서 매우 중요한 일이다. 사람에 대한 이해가 얕아서 전략이 실패하거나 경영 변화가 이루어지지 않은 사례가 적지 않다. 최근 들어 사람을 이해하는 일의 중요성은 더더욱 부각되고 있다.

이 장에서는 동기 부여 이론, 행동 경제학과 심리학, 사람들과의 유대 관계를 강화하는 법을 다룬 명저 8권을 소개한다.

BOOK.43

마음의 작동법

사람의 마음을 움직이는
데에도 특별한 방법이
필요하다

《Why We Do What We
Do: Understanding Self–
Motivation》

에드워드 L. 데시

Edward L. Deci

로체스터 대학의 사회심리학 교수. 자발적 동기 부여 연구의 1인자다. 외적 동기보다 스스로 결정한 자발적 선택이 더 큰 힘을 발휘한다는 자기결정 이론(Self–Determination Theory)으로 심리학계의 새로운 장을 열었다.

많은 사람들은 '보상이야말로 의욕을 높이는 가장 중요한 기제'라고 여겨왔다. 이 책은 그러한 상식을 뒤엎는다.

동물원에서 물개쇼를 본 적이 있는가? 배고픈 물개는 사육사가 주는 물고기를 받아먹으려고, 앞발로 박수를 치거나 관중에게 흔드는 등 시키는 행동을 한다. 그런 모습을 보고 '저렇게 보상을 이용해서 직원이나 아이들도 시키는 대로 움직이게 만들 수 있지 않을까?' 생각해본 적이 있는가?

물개는 '물고기'라는 보상이 없다면 아무것도 하지 않을 것이다. 동기 부여 이론에서는 이를 '외적 동기 부여(Extrinsic Motivation)'라고 한다. 먹이가 사라지면 외적 동기 부여도 사라진다. 직원이나 자녀가 보상이 없이도 올바르게 행동하길 바란다면 어떻게 해야 할까.

심리학자 해리 할로(Harry Harlow)는 원숭이 우리에 퍼즐을 넣어봤다. 아무런 보상도 없었지만 원숭이는 즐거운 듯이 열심히 퍼즐을 맞췄다고 한다. 할로는 이 현상을 '내적 동기 부여(Intrinsic motivation)'라고 명명했다. '스스로 학습해서 하려는 의욕'을 말한다.

보상·위협·경쟁은 내적 동기 부여를 약화시킨다

데시는 보상이 내적 동기 부여를 어떻게 변화시키는지 실험했다. 누구나 일단 시작하면 몰입하게 되는 '소마 퍼즐'을 이용하기로 했다.

먼저 학생을 두 그룹으로 나누고 한 그룹에는 금전적 보상을 조건으로 걸고, 다른 그룹에는 아무 조건 없이 30분 동안 퍼즐을 풀게 했다. 양쪽 모두 열심히 퍼즐을 풀었는데, 문제는 휴식 시간에 한 행동이었다. 무보상 팀은 '퍼즐은 재미있다'고 생각하며 휴식 시간에도 계속 풀었다. 한편 보상 팀은 휴식 시간엔 돈을 주지 않으므로 퍼즐 풀기를 그만뒀다. 보상이 있어서 오히려 퍼즐의 재미가 반감된 것이다.

데시는 추가 실험을 실시했다. 무급으로 열심히 대학 신문 제작을 돕던 학생에게 급여를 지급했다. 그러다가 돈이 떨어져서 급여를 주지 못하게 되었더니, 학생은 일에 흥미를 잃어버렸다.

사람은 누구나 외부로부터 조정 당하지 않고 스스로 선택할 때 더 활발히 행동한다. '자율성(Autonomy)'은 인간 본성이기 때문이다. 자율성이란 자기 행동을 스스로 결정하는 것이다. 외적 동기 부여에선 자율성이 약해진다. '누군가의 통제를 받고 있다'고 느끼면, '스스로 선택했다'는 감각이 약해진다. 그로 인해 내적 동기 부여가 약해진다.

데시는 추가로 금전적인 보상을 주는 대신 '퍼즐을 풀지 못하면 벌을 준다!'고 위협하는 실험도 해보았다. 위협은 효과가 있어서 순조롭게 진행됐다. 하지만 퍼즐을 즐긴다는 느낌은 완전히 사라져버렸다. 업무 목표를 강요하는 것, 데드라인 설정, 감시 같은 것도 일종의 '위협'이다. 이런 것들도 내적 동기 부여를 저하시킨다.

데시는 퍼즐을 2인 1조로 풀게 하면서, 한 그룹에는 경쟁 없이 빨리 풀라고만 하고 다른 그룹에는 상대와 경쟁을 붙였다. 두 그룹을 비교해보니, 경쟁을 시킨 쪽의 내적 동기 부여가 약해져 버렸다는 걸 알 수 있었다. 타인과의 경쟁 역시 내적 동기 부여를 약화시킨다.

정리하자면, 보상·위협·경쟁은 모두 내적 동기 부여를 약하게 만들거나 소멸시킨다. 사람은 자발적 선택으로 행동할 때라야, 그 행동에 의미를 느끼고 수긍한다. 선택의 기회가 내적 동기 부여를 높인다는 말이다.

내적 동기 부여를 위해 꼭 필요한 것은?

보상이 도움이 되는 경우도 있다. 단순 반복 작업의 경우 적절한 보상으로 통제하면 생산성이 향상되는 효과가 나타난다. 단, '보상이 주어질 때만 한다'는 태도가 정착될 수 있다.

보상을 활용할 때에는 2가지 주의할 점이 있다.

첫째, 일단 보상을 동기 부여의 도구로 사용하기 시작하면, 되돌리기가 불가능하다. 금전적 보상을 위해 행동하면, 그 행동은 보상이 주어지는 동안에만 지속된다. '공부 1시간에 용돈 얼마' 하는 조건을 걸면, 용돈이 없이는 공부를 하지 않게 된다.

둘째, 일단 보상이 주요 관심사가 되면, 빠르고 손쉬운 방법을 선택하게 된다. '공부 1시간에 용돈 얼마'의 조건 하에서 아이는 그 1시간을 쉬운 것만 공부하며 어떻게든 때우려 한다. 어려운 문제에는 도전하지 않게 된다.

성과에 걸맞은 보상은 분명 동기 부여 효과가 있다. 하지만 일 자체가 아니라 보상에 관심을 두게 되어 손쉬운 방법을 택하게 된다.

내적 동기 부여에도 보상은 있다. 바로 '즐거움과 성취감'이다. 또한 빼놓을 수 없는 것이 '나는 해낼 수 있다는 유능감(Competence)'이다. 유능감은 누구나 할 수 있는 일에서는 얻어지지 않는다. 자기 능력을 최대한 발휘해 달성했을 때, 비로소 얻을 수 있다. 유능감에 '내가 선택해 행동했다는 자율성'이 동반되면, 큰 만족을 얻으며 일의 성과도 오른다. [Book 44]에서 소개할 플로우 개념은 바로 이것이 높은 수준으로 실현된 상태다.

자율성과 유능감 어느 하나만으로는 내적 동기 부여가 강해지지 않는다. 최악은 자율성과 유능감 둘 다 없는 경우다. 강요 혹은 보상이나 억압으로 인해 행동하게 되면, 궁극적으로는 억울하고 비참한 감정 상태에 빠질 수도 있다.

통제는 더 큰 통제로
_ 외적 동기 부여의 악순환

호기심과 흥미를 갖고 유능감과 자율성을 발휘할 수 있다면, 인간은 누구나 성장하고 학습할 수 있다. 반대로 관리와 통제만 받으면 누구라도 무기력해지고 스스로 배우려 하지 않게 된다. 통제가 풀리면 아무것도 못하게 되어버린다. 그러한 무기력한 모습을 보고 '더 강하게 통제해야겠다!'고 생각하는 경영자들도 있다. 하지만 이는 악순환을 부를 뿐이다.

정말로 필요한 것은 정반대의 조치다. 통제를 그만두고 자율성을 지원해줘야 한다. 누군가를 '한 사람의 인격체'로 인정하면, '유능하고 자율적'이라는 자각에 따라 내적 동기를 유지할 수 있게 된다. 각자가 '나 스스로 선택해서 하는 행동'이라고 진심으로 느낄 수 있어야 한다.

설령 필요에 의해서 적절한 보상을 제공한다고 해도, 그 사람의 유능함을 인정하고 자율성을 해치지 않도록 배려해야 한다. 그렇게 하면 오히려 내적 동기 부여가 높아진다. 구성원 한 사람한 사람에게서 내적 동기를 이끌어내는 것이야말로, 조직이 큰 성과를 올리기 위한 열쇠다.

섣부른 성과주의가 직원들을 사사건건 통제하고 그들의 자율성과 유능감을 훼손하고 있는 것은 아닌지 되돌아볼 필요가 있다. 이 책을 통해 우리 조직은 사람들의 동기 부여를 위해 어떤 관점을 갖고 있는지 살펴보기 바란다.

POINT
관리와 통제로는 사람을 스스로 움직이고 배우게 만들 수 없다.
자율성을 최대한 끌어내어 스스로 유능감을 경험하는
내적 동기 부여의 방법을 창안하라

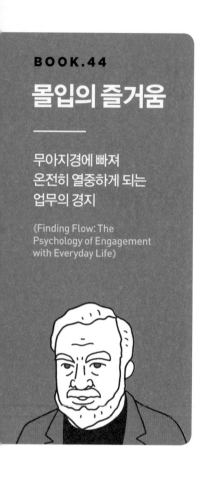

BOOK.44

몰입의 즐거움

———

무아지경에 빠져
온전히 열중하게 되는
업무의 경지

《Finding Flow: The
Psychology of Engagement
with Everyday Life》

미하이 칙센트미하이

Mihaly Csikszentmihalyi

행복과 창조성에 관한 연구로 유명한 심리학자. 플로우 개념을 제창했다. 1934년 이탈리아에서 헝가리 외교관의 아들로 태어났으며 1956년 미국으로 건너가, 1965년에 시카고 대학에서 박사 학위를 취득했다. 시카고 대학 교수 등을 거쳐 현재는 클레어몬트 경영대학원 석좌교수로 재임 중이다.

필자는 보통 아침 7시에 일을 시작하는데, 몰입해서 원고를 쓰다보면 네다섯 시간이 훌쩍 지나 어느 새 점심시간인 경우가 있다. 이럴 때 충실하고 좋은 글이 나오곤 한다.

저자 칙센트미하이는 이런 체험을 일컬어 플로우(Flow)라고 한다. 그는 어린 시절 유럽에서 전쟁을 경험한 뒤 심리학을 만났다. '행복의 원천이 무엇인가?'라는 필생의 과제에 관심을 두었기 때문이다. 조사 결과 미국에 사는 억만장자도 평균적인 수입을 얻는 사람보다 아주 조금 더 행복할 뿐이었다. 수입과 행복은 별 상관관계가 없었다.

플로우가 만들어지기 위한 3가지 조건

칙센트미하이는 예술가 등 창조적인 일을 하는 이들에게 주목했다. 한 작곡가는 "손이 멋대로 움직여서 곡을 쓰는 것을 그저 놀란 눈으로 바라봤다. 곡이 샘물처럼 솟아났다."고 표현했다. 이러한 '무아지경' 속에서 물이 용솟음쳐서 흐르듯 창조적인 활동이 가능해진다. 이렇듯 나도 모르게 자연스럽게 창조성이 흐르는 상황이 바로 플로우다.

무언가에 몰입하느라 시간 가는 걸 잊은 적은 있는가? 그것이 바로 플로우다. 플로우 속에서는 시간이 순식간에 지나가며 최상의 상태를 경험하게 된다.

플로우는 다음 3가지 조건이 갖춰졌을 때 생겨난다.

플로우의 조건1 _ 명확성

목표가 분명하고, 그것을 위해 어떤 행동을 해야 하는지가 명확하다. 즉 '무엇을 해야 할지'에 대한 명확성(Clarity)을 가질 때 진정한 몰입이 가능해진다.

플로우의 조건2 _ 즉각적 피드백

자신이 행동한 결과에 대한 즉각적인 피드백(Immediate Feedback), 즉 반응이나 평가를 바로 얻을 수 있다. 다시 말하면 '얼마나 잘 해냈는지'를 알 수 있을 때 플로우를 경험할 수 있다.

플로우의 조건 3 _ 높은 수준의 스킬과 도전

스킬(Skill) 수준도 높고 해결해야 할 도전(Challenges) 수준도 높아서, 충분히 도전 정신을 고취시키면서도 해낼 수 있다는 자신감이 충만할 때 몰입할 수 있다. 능력이 부족하거나 주어진 과제가 충분히 도전적이지 못하면, 플로우는 일어나지 않는다.

플로우 상태란 무엇일까? 완전히 집중해서 의식 속에 잡념이나 감정이 섞일 틈이 없다. 자신에 대한 자각이 사라지고 평소보다 훨씬 강해진 느낌을 받는다. 시간 감각이 사라져서 몇 시간이 단 몇 분처럼 흘러가기도 한다. 그야말로 '무아지경'이다.

뇌의 능력에는 한계가 있다. 엄청난 집중력이 필요한 플로우 상태에서 뇌는 정보를 차단하고, 딴 데 주의를 기울일 여유가 없어진다. 심지어 아픈 것조차 느끼지 못하기도 한다. 이렇듯 신체와 정신의 능력을 최대한으로 발휘한 결과, 최고의 창조성을 발휘하게 되는 것이다.

플로우 상태에서는 완전히 몰두하고 집중하기 때문에, 행복감을 느낄 여유가 없다. 극한에 도전하는 암벽 등반가는 '행복하다'고 느끼는 순간 집중력이 끊어져 절벽에서 떨어질지도 모른다. 외과 의사의 어려운 수술, 연주가의 난이도 높은 연주도 마찬가지다. 다 끝난 뒤에 되돌아봤을 때, 감사의 마음으로 가득해지고 행복을 느끼게 된다.

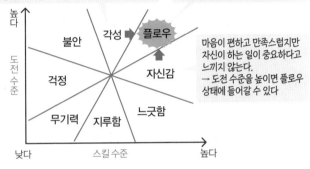

플로우 모델

활동적이며 집중하고 몰입하지만 한계에 부닥힌 상황. 강해졌다는 감각이나 즐거움은 느끼지 못한다 → 스킬을 높이면 플로우 상태에 들어갈 수 있다

완전히 집중해 몰입 상태가 된다. 자의식이 소실되고 자신이 강해졌다고 느끼며 순식간에 시간이 지나간다

마음이 편하고 만족스럽지만 자신이 하는 일이 중요하다고 느끼지 않는다. → 도전 수준을 높이면 플로우 상태에 들어갈 수 있다

불안 　각성 　플로우
걱정
무기력 　지루함 　느긋함
자신감

도전 수준
높다
낮다

스킬 수준
낮다　　　　높다

※ 《몰입의 즐거움》에서 필자가 일부 수정

현실에 안주하는 평온함으로는 행복할 수 없다

플로우 상태에서 나른 누구보다 훌륭한 결과물을 만들어내려면, 특정 분야에서 10년은 훈련을 쌓을 필요가 있다. 그 입구가 그림에서 보는 것처럼 '각성(Arousal)'과 '자신감(Control)'이다.

'각성'은 집중해서 몰두하긴 하지만 강해졌다는 감각이나 즐거움은 느끼지 못하며, 한계에 부닥힌 상태다. 자신이 갖춘 스킬이 높은 도전 수준을 감당하지 못한다. 이 상태를 지속하면서 꾸준히 스킬을 높이면 곧 플로우 상태에 다다를 수 있다.

한편 '자신감'은 마음이 편한 상태다. 여유롭게 일을 처리해내기에 집중력이나 몰입감은 없다. 자신이 가진 스킬에 비해 도전 수준이 너무 낮은 것이다. 도전 수준을 높이면 플로우 상태에 들어갈 수 있다. 흔히 '안전지대(Comport Zone)에서 벗어나 도전하라'고 하는 이유다.

독일인들을 대상으로 한 조사에서 'TV는 거의 보지 않고 책을 많이 읽는 사람'이 가장 많은 플로우 체험을 하는 것으로 나타났다. 반대로 '책은 거의 읽지 않고 TV만 보는 사람'은 가장 적은 플로우 체험을 한다. 좋아하는 일을 능동적으로 하면 플로우가 일어나기 쉽다. 좋아하는 일이라도 수동적으로 해서는 플로우가 일어나지 않는다.

수도원 사제였던 멘델(Gregor Mendel)은 취미로 유전 실험을 해서 유전학의 기초를 닦았다. 정치가 프랭클린(Benjamin Franklin)은 흥미로 피뢰침 실험을 해서 번개가 전기임을 밝혀냈다. 헬싱키 대학 학생이었던 리누스 토발즈(Linus Torvalds)는 재미로 리눅스를 만들었고, 그것이 전 세계에서 사용되고 있다.

무엇인가에 몰두해 플로우를 경험하게 되면 인생이 행복해진다. 그 결과 창조적인 것을 만들어내서 세상을 크게 바꿔놓을지도 모른다.

> **POINT**
>
> 진정한 행복을 맛보는 길은 자신의 능력을 갈고 닦으며 어려운 도전을 맞닥뜨려 기필코 해내는 플로우의 경험을 더 많이 하는 것이다

BOOK.45

기브 앤 테이크

전체를 살리는
성공한 기버가 되는 법

《Give and Take: Why Helping
Others Drives Our Success》

애덤 그랜트
Adam Grant

펜실베이니아 대학 와튼스쿨 조직심리학 교수.
펜실베이니아 대학 역사상 최연소 종신 교수다.
〈포천〉이 선정한 '세계에서 가장 우수한 40세
이하 교수 40인', 〈비즈니스위크〉가 뽑은 사랑
받는 교수들에 선정되는 등 여러 상을 받았다.
구글, IBM, 골드만삭스 등 일류 기업과 조직을
대상으로 컨설팅과 강연 활동도 정력적으로 펼
치고 있다.

'손해 보고는 못 산다'는 사람들
이 있다. 자신이 누군가보다 덜 갖
는 것에 분노하며, 이익을 기준으
로 매사를 판단한다. 흥미롭게도
시간이 흐르고 나서 그들이 정말
이익을 얻었는지 의문이다. 오히
려 주변의 인심을 잃고 고립되는 경우를 많이 본다. 이를 뒷받침
해주는 심리학 연구 결과가 있어 흥미롭다.

당신은 주는 사람인가 갖는 사람인가?

저자 그랜트에 의하면, 사람은 '3가지 유형'이 있다. 두 사람이

애플파이를 나눠먹을 때 하는 행동에 따라 분류한 유형이다.

3가지 유형 1 _ 갖는 사람

테이커(Taker) 유형이다. 자기가 더 많이 가져간다. 때로는 전부 다 갖고 싶어 한다. 상대가 어떻게 되든 상관없다. 나만 많이 가지면 된다.

3가지 유형 2 _ 공평한 사람

매처(Matcher) 유형이다. 아주 공평하게 정확히 2등분한다. 냉정하고 치우침 없이 손익을 생각한다. 차가워 보이지만 공정하다는 인식을 준다.

3가지 유형 3 _ 주는 사람

기버(Giver) 유형이다. 상대에게 오히려 더 많이 준다. 항상 타인에게 베푸는 '좋은 사람' 유형을 말한다. 사람 좋다는 말은 곧 누구에게나 만만한 상대라는 인상을 주기도 한다.

언뜻 테이커가 가장 이익을 보고, 기버는 손해를 보는 듯하다. 그런데 그랜트의 설명에 의하면, 항상 상대의 처지에서 생각하는 기버들이 더 성공한다.

물론 상황에 따라 처지는 바뀐다. 자식을 둔 부모는 기버가 되고, 가격을 흥정할 땐 테이커가 된다. 그런데 업무에선 대개 둘 중 하나로 굳어진다. 다른 사람들과 협업할 때, 유형이 분명히 드러난다. 일례로 테이커는 강한 상사에게는 복종하지만 약한 하급 직원은 지배하려 든다. 반면 기버는 누구에게나 베풀려고 한다.

물론 기버가 항상 성공하는 것은 아니다. 엔지니어를 대상으로 조사했을 때, 기버는 가장 생산성이 낮았다. 자기 일은 뒷전이고 남을 돕는 게 먼저다. 그런데 가장 생산성이 높은 쪽도 기버다. 테이커와 매처는 적당한 수준에 머물렀다. 이 패턴은 의과대학 학생, 세일즈맨 등 다양한 조사 대상에게서 공통적으로 나타났다.

링컨은 대표적인 기버였다고 한다. 선거 때 상대 진영을 응원하다 낙선한 적도 있다. 그러나 결국 역사상 가장 존경 받는 미국 대통령이 되었다.

성공하는 기버와 성공하지 못하는 기버

주위를 보면 자신도 가난하면서 기부나 자원 봉사에 헌신하는 사람들이 있다. '당신부터 살고 봐야지!' 하고 훈계하고 싶은 심정이다. 자기를 희생하며 계속 주기만 하는 기버는 좀처럼 행복해지지 못한다.

성공하는 기버는 주기만 하지 않는다. 타인의 관점으로 생각하는 동시에, 전체 파이를 키울 궁리를 한다. 그 결과 자신의 이익도 만들어낸다. 그래서 종국에는 크게 성공한다.

테이커는 '파이 크기는 한정돼 있다'고 여겨 승패에 집착한다. '파이를 더 크게 만든다'는 발상에 도달하지 못하기 때문에 독차지하려 드는 것이다. 때로 말로는 윈윈을 도모한다고 해도, 철저히 자기중심적이다.

배우자나 교제 상대가 있는 이들에게 '관계 유지를 위한 서로의 공헌도(100점 기준)'를 조사했다. 양측의 답을 합하면 100의 근사치가 나오는 게 당연하다. 그런데 4쌍 중 3쌍의 합계는 100을 크게 넘어섰다. 악의가 아니라도 사람은 대개 자신의 공헌을 과대평가하고 타인의 공헌을 과소평가한다. 이를 행동 경제학에서는 '책임 편향(responsibility bias)'이라고 한다.

성공하는 기버들은 이런 본성을 잘 안다. 이들은 일이 잘 풀리지 않을 때는 스스로 책임을 지고, 잘 풀릴 때는 다른 사람을 칭찬한다. [Book 34]에서 소개한 레벨 5 리더들도 그렇다.

성공한 기버가 가장 행복하다

기버가 되면 행복도 커진다. 24세 이상 미국인 2,800명을 대상으로 실시한 조사에서, 자원 봉사 활동을 1년 동안 한 사람은 행복감과 삶의 만족도가 높아지고 우울증이 경감했다. 자원 봉사 활동을 하는 노인이 오래 산다는 사실도 확인되었다.

성공하는 기버는 윈윈을 지향한다

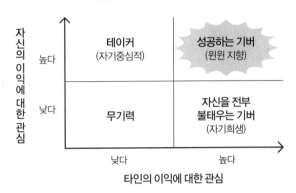

		타인의 이익에 대한 관심
자신의 이익에 대한 관심	높다	테이커 (자기중심적) / 성공하는 기버 (윈원 지향)
	낮다	무기력 / 자신을 전부 불태우는 기버 (자기희생)
		낮다 / 높다

※《기브 앤 테이크》를 바탕으로 필자가 일부 수정

　그렇다고 해서 '기버가 되는 게 이익이니, 기버가 되어야지!' 하고 작정해, 대가를 바라고 행동해선 의미가 없다. 기버가 보답을 받기까지는 긴 시간이 걸린다. '기버로 행동했는데도 보답이 없다니 손해야!' 하고 생각하는 것은 전형적인 테이커의 사고방식이다.

　훌륭한 리더 중에는 기버가 많다. 세상은 점점 더 투명해진다. SNS 등을 통해 누가 누구인지 금세 분명해진다. 그런 시대에 진정한 기버가 되는 가치를 이 책을 통해 이해하기 바란다.

> **POINT** 성공하는 기버는 타인을 생각하고 계속해서 주고자 하는 동시에, 전체 파이를 키워 사회를 더 윤택하게 만든다

BOOK.46

상식 밖의 경제학

사람들의 비합리 패턴을
파악해서
비즈니스에 활용하라

《Predictably Irrational: The
Hidden Forces that Shape our
Decisions》

댄 애리얼리
Dan Ariely

행동 경제학 분야의 1인자. 듀크 대학 교수. MIT의
슬로언 경영대학원과 미디어랩 교수를 역임했다.
독특한 실험 연구로 이그노벨상을 수상한 바 있으
며, 2008년에 간행된 이 책으로 여러 미디어가 선
정하는 베스트셀러를 석권했다.

저자 애리얼리는 행동 경제학 분야
의 최고봉인 동시에 실험 마니아다.
인간이 불합리하게 행동하는 현상
을 발견하면 즉시 실험해서 규칙을
찾아낸다.

　기존 경제학은 '인간은 완벽하게
합리적으로 사고한다!'는 것을 대전제로 삼는다.

　그런데 실제로 인간은 합리적으로 사고하지 않는다. 그리고
그런 비합리성에도 패턴이 있다.

　행동 경제학은 불합리한 인간의 행동 패턴을 해명하는 학문
이다.

만족은 상대적이다
_ 비교하는 인간

펀드회사 입사 3년 차 직원이 있다. 입사했을 때 '3년 후엔 연봉 10만 달러'를 목표로 삼았는데, 현재 연봉은 무려 30만 달러다. 그런데도 불만이다. 같은 연차의 동료가 연봉 31만 달러를 받는다는 걸 알게 됐기 때문이다. 사람은 타인과 비교해 상대적인 불행을 느낀다.

1992년 미국 정부는 기업체 임원의 천문학적 수준의 급여 상승을 억제할 목적으로, 이들의 연봉을 공개하도록 의무화했다. 그 결과 경영자들은 서로의 연봉을 비교하게 되었고, 이들의 연봉은 오히려 더 급격히 상승했다. 비교 대상이 있으면, 인간은 그것을 기준으로 사물을 평가한다.

수요와 공급의 오류
_ 앵커링 효과

미국인들은 9자리 번호로 된 사회 보장 번호를 부여 받는다. 애리얼리는 학생들을 모아놓고 와인에 대해 설명해준 다음, 자신의 사회 보장 번호 마지막 두 자리 숫자를 적게 했다. 그러고 나서 얼마에 와인을 살 생각이 있는지 의향을 물었다. 학생들은 '사회 보장 번호 같은 게 가격에 영향을 줄 리 없다'고 웃었지만,

실제로는 유의미한 연관 관계가 나왔다. 마지막 자리가 80~99인 학생이 00~19인 학생보다 3배가량 비싼 가격을 제시한 것이다.

이것이 바로 '앵커링(Anchoring) 효과'다. 앵커는 배의 닻이고, 앵커링은 '닻을 내린다'는 뜻이다. 마치 닻을 내리듯 처음 본 숫자에 마음이 묶여버린다. [Book 28]에서 소개한 가격 전략에서도 이 발상이 활용됐다.

사람은 일관성 있는 행동을 하므로, 최초의 앵커는 이후 판단에 영향을 끼친다. 기존 경제학에서는 '공급자가 팔고자 하는 가격과 수요자가 낼 의향이 있는 가격이 일치하는 지점에서 시장가가 결정된다'고 보는데, '낼 의향이 있는 가격' 역시 간단히 조작할 수 있다.

어설픈 시장주의는 인간관계를 망친다

이스라엘의 어린이집에서 부모들이 아이를 데려가는 시간 약속을 지키지 않아 골치를 앓고 있었다. 궁여지책으로 지각하는 부모에게 벌금을 부과했더니, 오히려 지각이 더 늘었다. '지각을 해서 폐를 끼친다'고 죄책감을 느끼던 부모가 벌금을 냄으로써 그걸 탕감해버렸던 것이다. 몇 주 후, 다시 벌금을 폐지하자 놀랍게도 지각은 더 늘어났다.

인간관계로 움직이는 사회의 규범이 있고, 금전으로 움직이는 시장의 규범이 있다. 이 둘은 매우 다르다. 사회 규범의 세계에 시장 규범을 도입하면, 인간관계는 망가지며 다시 회복되지 못한다. 어린이집은 사회 규범에 시장 규범을 도입했다가 큰 낭패를 보았다. 다시 원래대로 되돌리려 했지만, 사회 규범은 이미 사라졌고 벌금이라는 시장 규범까지 없애자 지각이 더 증가한 것이다.

흥분 효과
_ 금지와 자제력은 별로 도움이 안 된다

저자는 남학생을 대상으로 평온한 상태, 그리고 성적으로 흥분한 상태에서 판단이 어떻게 달라지는지 실험했다. 평소 품행이 바른 학생조차 성적 흥분 상태일 때는 '상대 여성에게 약을 먹이거나 콘돔 없이 성관계를 하고 싶다'는 식으로 위험한 응답을 하는 비율이 많이 늘었다.

할로윈이 되면 도쿄 시부야 거리는 흥분한 젊은이들로 다음 날 아침까지 시끌벅적하다. 기물 파손으로 체포되는 이들도 있다. 대부분 평소엔 얌전하기 그지없던 사람들이다.

감정이 극도로 고조된 상태에서는 어떤 의미로는 그 사람이 아니라고 볼 수도 있다. 그럴 때 금지나 계도는 별로 도움이 안 된다. '극도로 흥분하면 말도 안 되는 행동을 한다'는 전제 하에 예방 시스템을 마련할 필요가 있다.

소유의 가격표
_ 내가 가진 물건은 좋은 것이다!

애리얼리는 인기 있는 NBA 농구 결승전 티켓에 당첨된 학생으로 하여금, 그렇지 않은 학생에게 표를 팔도록 실험했다. 말하자면 암표상이 되게 한 것이다.

티켓에 당첨되지 못한 학생 100명은 평균 '170달러'를 낼 의향이 있었다.

반면 티켓에 당첨된 학생은 평균 '2,400달러'를 받고 팔겠다고 대답했다. 무려 14배나 차이가 난다. 사람은 자기가 소유한 것을 과대평가한다. 소유한 물건을 좋아하고 그걸 잃을까봐 두려워한다. 이것이 '보유 효과(Ownership Effect)'다.

'1주일 무료 시험 사용'이라든가 '30일 환불 보증' 등의 판매 기법은 이를 응용한 것이다. 사람은 일단 소유하면 계속 소유하고 싶어 한다. [Book 48]에서 나오겠지만, 자동차 딜러가 1일 시승을 권하는 이유도 이 때문이다. 그런 판매 수법에 넘어가지 않으려면, 물건으로부터 거리를 두고 소유하지 않은 것처럼 간주하는 심리 연습이 필요하다.

기대 효과
_ 맛있다고 생각하면 더 맛있어진다

코카콜라와 펩시콜라 중 무엇이 더 맛있을까? 뇌파 측정기로 이를 직접 실험한 신경 과학자가 있다. 상품명을 가리고 마실 때는 뇌파의 큰 차이가 없었는데, 상품명을 알고 마실 때는 코카콜라 쪽이 뇌파 활동을 더 활발하게 했다. 빨강, 독특한 로고 등이 더 맛있는 느낌을 유발한다.

[Book 27]에서 소개한 정서적 편익이 바로 이것이다. 요리도 '맛있다'고 생각하면서 먹으면 맛있지만, '맛없다'고 생각하면서 먹으면 맛없게 느껴진다. 요리 학교에서 요리 자체만이 아니라 플레이팅을 강조해 눈으로 미리 맛있다는 기대를 갖게 하는 걸 중시하는 데는 다 이유가 있다. 긍정적인 기대 효과(Effect of Expectations)는 매사를 너욱 즐길 수 있게 해준다.

가격의 힘 _ 같은 약도 비싼 게 훨씬 더 잘 듣는다

[Book 28]에서 플라시보 효과를 소개했다. 애리얼리는 가격에 따라 플라시보 효과도 달라질 수 있음을 실험으로 확인했다.

100명에게 비타민 C를 주면서 '신약 진통제'라고 했다. 한쪽에는 한 알에 '2달러 50센트'라고 했고, 다른 쪽에는 '10센트'라고 했다. 비싼 쪽 응답자는 거의 전원이 '효과 있다'고 답한 반면,

저렴한 쪽 응답자는 그 수가 절반으로 줄어들었다. 같은 플라시보 효과라도 비싼 쪽이 더 높다.

한 레스토랑은 일부러 비싼 가격의 메뉴를 상위에 하나 더 추가했다. 그 메뉴를 시키는 사람은 실제로 거의 없다. 그렇지만 비싼 메뉴는 고객으로 하여금 가치 있는 식당이라는 느낌을 갖게 한다. 게다가 앵커링 효과까지 있어, 그 다음으로 비싼 메뉴를 주문하게 만든다.

플라시보 효과로 고객이 느끼는 가치를 높이는 일은 자칫 과대광고나 거짓말이 될 수도 있다. 경계가 애매하다. 마케팅 담당자로서는 딜레마이기도 하다.

인간의 행동은 많은 경우 비합리적이며, 그러한 비합리에도 규칙성이 있어 예측이 가능하다. 행동 경제학의 힘을 빌리면, 잘못된 행동을 예방할 수 있는 사회 시스템을 고안할 수 있다. 또한 효과적인 비즈니스 전략을 도출할 수도 있다.

대니얼 카너먼의 《생각에 관한 생각(Thinking Fast and Slow)》역시 이 분야의 명저로, 흥미를 느꼈다면 읽어보기 바란다.

POINT
인간의 비합리적 행동은 규칙이 있어 예측 가능하다.
행동 경제학은 비즈니스 전략 도출을 위한 훌륭한
성찰을 담고 있다

BOOK.47

나는
후회하는 삶을
그만두기로 했다

———

소비자로부터 최적의
선택을 끌어내는
심리 메커니즘

《The Art of Choosing》

쉬나 아이엔가
Sheena Iyengar

콜롬비아 대학 비즈니스스쿨 교수. 1969년 캐나다에서 인도 시크교도 출신 부모에게서 태어났다. 고등학생 무렵 시력을 완전히 잃고 미국으로 이주했다. 삶은 정해진 사건의 연속이 아니라 선택에 의해 변화한다는 깨달음을 얻고, 20년 이상 그 주제에 천착해왔다.

저자는 캐나다에서 나고 미국에서 교육 받았지만, 부모로부터 물려받은 시크교 교리에 따라 유년기를 보냈다. 시크교는 엄격한 계율과 교리를 따르는데, 음식이나 옷조차 마음대로 고를 수 없다. 아이엔가는 아주 어렸을 때부터 질병을 앓았고 13세에 아버지를 여의고 고등학생 때 시력을 완전히 잃는 등 여러 시련을 경험했다. 성장 배경 때문이었을까? 그녀는 '스스로 선택하는 삶'에 대해 오래 고민했고, 20여 년에 걸친 연구 끝에 이 책을 펴냈다.

책에는 집요할 정도로 다양한 '선택' 실험이 등장한다. 그러면서도 '선택권을 가지면 행복하다'고 결론을 강요하지도 않는다.

선택이 없다면 생명은 살아갈 수 없다

동물원에서는 동물이 잘 보호 받고 천적도 없으므로 오래 살 것 같다. 먹이도 충분하고 의료진이 항시 치료해준다. 그런데 동물원에 사는 동물이 야생에 사는 동물보다 수명이 짧다. 아프리카 코끼리의 평균 수명은 56년이지만, 동물원에선 평균 17년밖에 살지 못한다. 출생률도 낮고 조기 사망률도 높다고 한다.

위험하긴 해도 야생에선 동물이 자신답게 살 수 있다. 반면 동물원에서는 주어진 공간 안에서 선택의 여지없이 살아가야 한다. 선택권이 없다는 스트레스는 체력과 정신력을 소모시킨다.

인간은 어떨까?

영국에서 공무원 남성 1만 명의 건강 상태를 수십 년에 걸쳐 연구했다. 흔히 '일벌레 상사가 어느 날 갑자기 심장 마비로 돌연사 한다'는 이미지가 있지만, 실제론 그렇지 않다. 심장병에 의한 사망률을 비교했더니, 낮은 직위 쪽이 높은 직위보다 3배나 높았다. 이유는 '업무 재량권'이었다. 고위직이 되면 책임과 압박감이 강해지지만, 재량권도 커진다. 업무 재량권이 적은 하급 직원 쪽이 스트레스가 더 높다. 다만 직위가 낮더라도 '하는 일에 자유 재량권을 갖고 있다'고 여기는 쪽은 상대적으로 건강했다. 실제 재량권의 크기보다 스스로 어떻게 인식하느냐가 더 중요했다.

노인 돌봄 시설에서도 비슷한 실험이 있었다. 방에 놓을 화분을 입주자가 직접 고르게 하고 관리도 하게 한 쪽, 그리고 시설이 일방적으로 결정하고 관리도 전담한 쪽을 비교했다. 그랬더니 화분을 직접 고르게 한 입주자의 만족도와 건강 상태가 더 양호했고 사망률도 낮았다. 작은 것이라도 스스로 선택할 수 있으면, '나는 결정권이 있다'는 의식이 높아진다. 그리고 이런 의식만으로도 결과는 달라진다.

대를 위한 희생이냐, 나 자신을 위한 선택이냐

시크교도는 결혼 상대도 정해져 있다. 저자의 부모는 결혼식 당일 처음 만났다고 한다. 이렇듯 삶의 모든 조건이 결정되어 있는 그들은 행복할까?

흥미롭게도 시크교 같은 원리주의 종교 신자의 우울증 비율은 낮았다. 역경조차 낙관적으로 받아들이고 수많은 교리와 규정을 속박이 아니라 삶의 원천이라고 여기는 그들은 인생을 스스로 결정한다고 믿는다. 오히려 무신론자 쪽의 비관주의와 우울 성향이 높았다.

관건은 내 삶을 스스로 결정한다는 감정을 손상시키지 않는 것이다. 사회 특성이 개인주의적이냐 집단주의적이냐에 따라서도 다르다. 선택의 중심에 '나 자신'이 있는가, 아니면 '주위 사람들'이 있는가? 상대적으로 서구에 비해 아시아 문화권에서는 자기가 속한 공동체 '모두의 행복'을 더 중시하는 경향이 있다.

미국 초등학생을 대상으로 한 실험도 소개한다. 카드 6묶음과 6가지 색연필을 준비하고, 아이들을 3개의 그룹으로 나눈다. 카드와 색연필을 아이가 직접 고르는 1그룹, 실험자가 골라주는 2그룹, 엄마가 이걸 고르면 좋겠다고 말해준 3그룹으로 나눈 것이다. 흥미롭게도 앵글로색슨 계 미국인 아이들 중 1그룹의 성적이 가장 많이 향상되었다. 3그룹 아이들에게 '엄마가 이걸 고르면 좋겠다고 했다'고 하자, 노골적으로 싫은 표정을 지으며 정말이냐고 반문했다.

한편 아시아계 미국인 중에선 3그룹의 성적이 가장 많이 향상되었다. 3그룹에 속한 일본계 미국인 아이 하나는 '엄마 말씀대로 했다고 전해주세요'라고 딧붙이기까지 했다.

어느 쪽이 옳고 다른 쪽이 그른 게 아니다. 어떤 환경에서 자랐느냐에 따라, 선택 방식은 달라진다.

또한 조사에 따르면 연애결혼에 비해 중매결혼의 행복도가 초기에는 낮지만 10년 후에는 오히려 높아진다고 한다. 어떤 문화권에선 중매결혼이 야만적이라고 여겨진다. 그러나 중매결혼이 상식인 사람에게 '자유롭게 결혼 상대를 택하라'고 하면 그것이 오히려 당혹스럽다.

내가 옳다고 여기는 선택 방법이 다른 사람에게도 옳으리란

법은 없다. 선택권과 자기 결정권은 중요하지만, 선택 방법은 그 사람이 처한 환경에 따라 달라진다. 상대가 나와는 다르다는 걸 인정하고 존중하는 자세가 필요한 것이다.

선택의 폭이 넓다고 해서 반드시 좋은 것은 아니다

아이엔거는 대학원생 시절 압도적인 제품 라인업을 자랑하는 슈퍼마켓을 방문하게 됐다. '압도적인 제품 가짓수가 매출로 이어질까?' 흥미를 느낀 그는 곧바로 실험을 실시했다.

각각 24종류, 6종류의 잼 시식 코너를 준비했다.

24종류 코너에는 손님 중 60퍼센트가 다가왔지만, 대부분 10분가량 망설이다 빈손으로 떠났다. 잼을 구입한 사람은 시식 고객 중 3퍼센드에 불과했다.

반면 6종류 코너에는 손님의 40퍼센트가 다가왔다. 하지만 1분 만에 구입할 제품을 골랐다. 잼을 구입한 사람은 시식 고객 중 30퍼센트였다. 제품 가짓수가 적은 쪽이 6배나 더 많이 판 것이다.

사람은 선택지가 7개 이상일 때, 그 차이를 식별하기 힘들어하며 선택에 어려움을 느낀다.

다만 조건이 있다. 아마존 같은 곳은 방대한 서적을 확보한다. 희귀본도 많다. 이처럼 책이나 CD 등 가짓수가 많아도 각각 차

잼 실험: 선택할 게 적은 쪽이 더 잘 팔린다

6종류의 잼

24종류의 잼

100명 중 12명이 구입

100명 중 2명이 구입

6종류 쪽의 매출이 6배 높다

※《나는 후회하는 삶을 그만두기로 했다》를 바탕으로 필자가 작성

이가 명확한 제품군에선 선택지가 많으면 많을수록 좋다. 반면 구매자가 제품 각각의 차이를 인식하지 못할 때, 신택지가 너무 많으면 오히려 불리하다.

P&G는 26종류나 되던 비듬 방지 샴푸 중 매출이 적은 걸 없애고 15종류로 압축했다. 그랬더니 매출이 10퍼센트 증가했다.

선택에 따른 죄의식을 흡수하는 장치

위독한 상태의 조산아. 연명 치료를 하면 생존 확률은 60퍼센트지만, 살아남아도 평생 누워서 살아야 하며 의사소통도 불가능하다. 치료를 중단하면 아기는 죽는다.

아이엔가는 프랑스와 미국에서 이런 상황에 놓인 부모들을 조사했는데, 대부분 치료를 중단했다. 프랑스에서는 부모가 이의를 제기하지 않으면 의사가 연명 치료 여부를 판단해 결정한다. 부모들 역시 방법이 없었다는 데 동의하며 그렇게라도 아기가 찾아와준 데 감사했다. 의사나 스스로를 책망하는 사람은 거의 없었다. 반면 미국에서는 부모가 모든 것을 결정한다. 이들은 선택을 내린 후에도 '다른 방법은 없었을까?' 끊임없이 스스로 자책한다.

우리는 '선택할 수 있는 삶만이 행복하다!'고 굳게 믿고 선택이라는 자유를 포기하지 않으려 애쓴다. 하지만 어떤 선택을 내리든 고통이 따르는 상황에서는 선택을 다른 이에게 미루는 것도 검토할 필요가 있다고 아이엔거는 말한다.

우리 삶은 '선택'과 '우연'과 '운명'으로 구성되어 있다. 현재의 나는 지금까지 내가 내린 수많은 선택의 결과다. 그러므로 선택에는 반드시 불확실성과 모순이 동반된다는 사실을 이해할 필요가 있다.

POINT 선택은 환경에 따라 그 방법이 달라진다. 선택이 가져올 영향과 그것이 만들어낼 미래에 대해 숙고하라

BOOK.48

설득의 심리학

상대를 무방비로 만들어
넘어오게 하는
6가지 설득 무기

《Influence: Science and
Practice》

로버트 B. 치알디니
Robert B. Cialdini

애리조나 주립대학 심리마케팅학과 석좌교수. 설득
과 순응, 협상 분야의 전문가로 국제적인 명성을 얻
으며, '설득의 대부'로 추앙 받고 있다. 컨설팅 회사
인플루언스앳워크(Influence at Work) 설립자이자
대표이사이기도 하다.

우리는 스스로가 온전히 내 의지로
생각한다고 자신한다. 그런데 실제
로는 엄청난 타인들의 영향 하에 살
아간다.
이 책은 그 원리를 꿰뚫으면서 어떻
게 하면 타인에게 휘둘리지 않으며,
거꾸로 타인들을 설득할지 그 비결을 다룬다.
저자 치알디니는 미국을 대표하는 사회심리학자로, 이 책에는
세일즈부터 모금에 이르기까지 여러 현장에 실제 잠입해 경험
한 것을 바탕으로 이론을 도출했다. 그래서 더 설득력이 있다.

사고의 지름길
_ 남들에게 악용당하지 마라

누구나 편리하게 '사고의 지름길(Mental Shortcut)'을 사용한다. 모든 것에 대해 오래 숙고한다면, 누구라도 금세 지칠 것이다. 그래서 우리 모두는 생각의 특정한 영역을 생략한 일종의 간편 사고법을 사용한다. 마치 스위치를 켜듯이, 이 모드가 시작되면 나도 모르는 사이 말도 안 되는 결정을 내리게 된다.

문제는 이러한 사고의 지름길을 악용해 누군가로부터 예스(Yes)를 끌어내는 사람들이 존재한다는 점이다. 심리학 원리에 입각해, 이러한 설득 무기들을 6가지로 분류해본다.

설득 무기 1
상호성의 법칙 _ '빚을 지면 갚아야지'

가끔 가는 백화점 지하 식품코너에서 만면에 웃음을 띤 직원이 친절하게 음식을 권한다. 먹어보면 분명 맛있는 것도 있다. 문제는 일단 먹으면 대개 사게 된다는 것이다. 직원과 대화라도 나누게 된다면, 100퍼센트다.

이것이 바로 '상호성(Reciprocity)의 법칙'이다. 누구라도 빚을 지면 불편한 마음이 든다. 일단 아주 작은 빚이라도 만들어놓으면, 상대는 그 이상을 갚아야 마음이 편안해진다. 책에는 응용 방법이 소개되어 있다. 암웨이(Amway)가 극비로 여기는 세일즈 매뉴얼 중 '고객 집에 무료 샘플 꾸러미를 가져다주고 사흘 동안 마음껏 쓰게 하라. 사흘 후에 샘플 꾸러미를 회수하고 주문을 받으라.'라는 내용이 있다. 그렇게 하면 믿기 힘들 만큼 잘 팔린다고 한다.

파티에 침입한 강도에게 손님이 와인과 치즈를 권하자 '미안하다'고 하며 그대로 떠났다는 이야기도 있다. 강도도 호의를 받기만 하는 건 부담스러운 것이다.

'상호성'은 그 위력이 대단하지만, 효과적인 방어법이 있다. 처음부터 '이것이 호의인가 판매 전술인가?' 간파하려 노력하는 것이다. 마음에 드는 게 아니라면 애초에 시식은 하지 않는다. 아내 역시 마음 약한 필자를 잘 알기에 '먹지 말라'고 제지하곤 한다.

설득 무기 2
일관성의 법칙 _ '결정했으니 지켜야지'

처음 결정한 것을 일관성 있게 반복하면, 이것저것 생각할 필요가 없다. 인간에게는 '결정이나 약속을 지키고 싶다', '내 선택이 옳다고 믿고 싶다'는 욕구가 있는데, 그 덕택에 집단을 이뤄 살면서 사회를 발전시킬 수 있었다. 일관성(Consistency)은 인류의 큰 자산이다.

한편 사이비 종교에 빠진 사람들이 상식 밖의 행동을 하는 것
도 이 때문이다. 주위 사람들이 아무리 말려도 '내 선택은 옳다'
고 믿으며 더욱 빠져든다. '내 판단이 틀려서는 안 된다'고 여기
기 때문이다.

이를 악용하는 사람들은 어디에나 있다. 가령 이런 식이다. 자
동차 대리점에서 아주 싼 가격을 제시하며 계약을 성사시킨다.
서류도 작성하고 시승도 시켜준다. 이러는 사이, 고객은 '싸게
잘 샀다'며 뿌듯해한다. 그러다가 '죄송하지만 옵션 가격이 누락
됐습니다.' 등의 핑계를 대며 슬그머니 가격을 올린다. 결국 별
로 싸게 사는 게 아니지만, 구매를 결정한 고객이 계약을 철회
하는 일은 거의 없다. 이것이 '승낙 선취(Advance Acceptance) 기
법'이다. 일단 구매를 약속하면 나중에 조건이 나빠져도 철회하
기 어렵다. 시기니 다름없는 수법이다.

여기에도 방어책은 있다. 본래 일관성은 좋은 것이다. 그러나
불필요한 일관성도 있다. '뭔가 이상하다'는 느낌이 든 순간, 더
늦기 전에 발을 빼야 한다.

설득 무기3
사회적 증명 _ '다들 하니까 옳겠지'

코미디 방송에는 반드시 녹음된 웃음소리가 들어간다. 웃음소

리 덕에 시청자가 웃는 횟수와 시간이 늘어나며, 코미디를 더욱 재미있게 느끼게 한다. 여럿이 특정 행동을 하면, 옳은 행동이라고 판단하기 때문이다. 사회적 증명(Social Proof)은 군중심리를 이용한 설득 무기다.

한 세일즈 컨설턴트가 신입 영업 담당들에게 말한다.

"뭘 살지 스스로 결정할 수 있는 사람은 100명 중 5명밖에 없어. 나머지 95명은 다른 사람을 따라 할 뿐이야. 논리적인 설득도 다른 사람의 행동만큼 강력하지 못해."

'베스트셀러', '매진 임박' 같은 광고는 이런 인간의 특징을 이용한 것이다. 사람은 특히 자신과 비슷한 사람을 흉내 내려 든다. 일반인이 등장하는 사용 후기 같은 광고는 이런 심리를 이용한 것이다.

이것을 방어하려면 의도적인 왜곡을 눈치 채야 한다. 코미디 방송의 웃음소리는 녹음된 것이며, 일반인이 구매자인 듯 나오는 광고는 실제가 아니란 걸 알아채야 한다. 그렇게 함으로써 '사고의 지름길'이라는 스위치를 해제할 수 있다.

설득 무기 4
호감 _ '마음에 드니까 좋은 사람일 거야'

취조실에서 형사 둘이 용의자를 신문한다. 한 명이 마구 윽박지

른다. 강한 어조로 사실대로 자백하라라며 몰아붙인다. 그 형사가 씩씩거리며 나가고 나면, 이번엔 상냥한 형사가 다가온다. 커피나 음료를 권하면서, 자신은 내 편이고 지금이라도 죄를 인정하면 선처하도록 돕겠다고 친구처럼 나선다.

형사 드라마에서 흔히 보는 굿캅 배드캅(Good Cop Bad Cop) 전략이다. 사람은 호감(Liking)을 느끼는 대상에게 잘 넘어간다.

흔히 영업 직원을 만나면, '집이 어디냐', '학교는 어디를 다녔느냐' 등을 물으며 공통점을 찾으려 한다. 이것 역시 호감과 친근감을 갖게 해 물건을 사게 만드는 작전의 일환이다. 고객과 유사점을 찾도록 대화법을 훈련하는 회사도 있다.

이 기술을 방어하려면, '상대가 말하는 내용'과 '상대방'을 분리해서 생각하는 습관을 들일 필요가 있다. '다른 사람이 팔아도 살까?' 생각해보면 냉정하게 판단할 수 있다.

설득 무기 5
권위 _ '저런 대단한 사람이 틀릴 리 없어'

심리학자 스탠리 밀그램(Stanley Milgram)은 '타인에게 얼마까지 고통을 줄 수 있는가?'에 대한 유명한 실험을 실시했다. 두 사람이 각각 '교사'와 '학생' 역할을 맡는다. '교사' 역할을 맡은 사람은 학생이 퀴즈의 답을 틀리면 전기 충격기 스위치를 눌러야 한다. 전압은 서서히 높아지는데, 최고 단계는 기절 직전으로 설정되어 있다. 물론 이 실험에서 교사를 제외한 나머지 설정은 모두 가짜다. 학생은 전기 충격을 받아 실신 직전까지 간 것처럼 연기한다.

실험 주관자들은 '최고 단계까지 스위치를 누를 사람은 1~2퍼센트에 불과할 것'이라 예상했다. 그런데 실제로 무려 2/3가 최고 단계까지 스위치를 눌렀다. 미국 이외의 국가에서도 결과는 같았다. 참가자 성격이 잔혹했느냐 하면 그것도 아니었다. 교사 역할을 맡은 참가자는 '제발 실험을 멈춰 달라'고 애원하면서도 지시를 어기지 못하고 계속 스위치를 눌렀다.

사람은 권위(Authority)에 약하다. 권위의 영향력은 매우 막강하다. 이는 권위에 복종하며 발전을 이뤄온 인간 역사의 결과물이다. 권위는 직함(사장, 교수 등), 복장(흰 가운, 양복 등), 부가장치(자동차, 명품 등)를 기준으로 설정된다.

우리는 권위에 무방비가 되기 십상이지만, 두 가지 질문으로 그런 트릭을 방어할 수 있다.

'이 사람이 진짜로 전문가인가?', 즉 직함이나 외모 등의 요소를 제외하고 권위를 증명하는 근거가 있는지 짚어본다.

'이걸로 상대는 무엇을 얻는가?' 즉 나를 권위로 압박함으로써 상대에게는 어떤 금전적 이득이 생기는지 짚어본다. 그렇게 하면 속을 가능성이 줄어든다.

설득 무기 6
희소성 _ '얻기 어려우니 좋은 물건일 거야'

우리는 '손에 넣기 어려운 것은 좋은 것'이라고 흔히 생각한다. 이는 '자유'와 관계가 있다. 손에 넣을 기회가 줄어든다는 것은 '손에 넣을 자유'를 박탈당한다는 것이다. 우리는 자유를 빼앗기는 걸 싫어한다. 그래서 희소성(Scarcity)이라는 가치 앞에 쉽사리 무너진다. '10개 한정 판매' 같은 말을 듣는 순간, 스위치가 켜져 무턱대고 사고 싶어진다.

방어책은 '희소한 게 반드시 좋은 것은 아니라는 것'을 깨닫는 것이다. 정말 필요해서가 아니라 단순히 소유하고 싶은 욕망 때문에 사고 싶어진다. 사고의 지름길로부터 벗어나고 나면, 희소성이라는 게 아무것도 아니었다는 걸 깨닫게 된다.

이 책은 심리를 악용해 네 등을 치려 하는 세력에 대항하는 법을 다룬다. 특히 비즈니스 세계에서 이런 기법은 협상과 설득의 기제로 자주 활용된다. 상대의 공격 패턴을 이해하고 교섭을 더욱 유리하게 이끄는 데 큰 도움이 될 것이다.

> **POINT**
> 사고의 지름길을 악용한 6가지 설득 무기의 위력은 가공할 만하다. 속기 쉬운 설득 전술을 제대로 이해해 소중한 이익을 지켜내라

BOOK.49

위대한
나의 발견
강점혁명

약점 극복 따위는
잊어버리고, 강점에만
집중해 키워나가라

《Strength Finder 2.0》

톰 래스
Tom Rath

뛰어난 비즈니스 사상가이자 베스트셀러 작가. 미시건 대학과 펜실베이니아 대학에서 학위를 취득했으며, 비즈니스 분야 리더들과 미디어로부터 위대한 사상가이자 논픽션 작가로 평가 받고 있다.

어린 시절부터 '약점을 극복하라'는 말을 귀가 따갑도록 들어오지 않았는가? 운동에 전혀 소질이 없는 필자는 아무리 노력해도 운동을 잘할 수 없었다. 약점을 극복하려 노력할 때마다 패배감만 맛볼 뿐이었다. 약점을 극복하기 위해 죽어라 노력해도, 고작 평범한 수준밖에는 안 된다. 반면 약점 따위는 잊어버리고 강점을 더 키우는 데 노력을 집중하면, 독보적인 강점으로 만들 수 있다.

이 책은 당신이 가진 강점의 원석을 찾아내준다. 도널드 클리프턴(Donald O. Clifton)의 '인간의 강점' 연구를 바탕으로 개발된 '스트렝스 파인더(Strength Finder)'라는 도구를 소개한다. 저자인 톰 래스는 이 도구를 제공하는 갤럽의 책임자다. 2017년 현재 누계 1,500만 명이 스트렝스 파인더를 실시했다고 한다.

클리프턴은 미국 심리학계에서 '긍정 심리학의 아버지'로 불린다. 긍정 심리학이란 강점이나 장점을 연구하는 심리학의 분야다. [Book 43]의 에드워드 데시나 [Book 44]의 미하이 칙센트미하이도 그의 영향을 받았다.

34가지 재능 중 당신만의 강점을 찾아라

세상에는 '노력으로 결점을 극복했다'는 미담이 넘쳐난다. 물론 노력 자체는 훌륭하며 존경해마지 않는다. 하지만 그런 엄청난 노력을 강점에 쏟아 부었다면 더 대단한 일을 할 수 있지 않을까 아쉬운 마음이 든다. 자신이 없는 것은 다른 전문가에게 맡기고, 내가 가진 강점에 집중해야 한다.

'세계 최고의 신발을 만든다.'는 명인이 있었다. 일주일에 수백 켤레를 만들 수 있었지만, 그는 30켤레밖에 만들지 못했다. 잘하지도 못하는 판매와 수금에 많은 시간을 허비한 까닭이다. 이후 판매 전문가를 영입하고 나서, 전보다 신발을 3배 이상 많이 만들 수 있게 되었다. 수입도 엄청나게 늘었다.

'강점에 집중해야 한다'는 자명한 진실은 숫자로도 증명된다. 한 조사에 따르면, 매일 강점에 집중하는 사람은 그렇지 않은 사람보다 6배나 의욕적이고 생산적으로 일에 몰두한다. 게다가 '삶의 질이 매우 높다'는 답변이 3배 이상 높았다.

강점에 주목하는 상사는 직장을 좋게 만든다. 직원의 약점에 주목하는 상사는 직장에 악영향(22퍼센트)을 미치고 무기력이나 분노, 불만 같은 부정적인 감정이 생겨나게 한다. 반면 강점에 주목하는 상사가 직장에 악영향을 미치는 비율은 불과 1퍼센트라고 한다. 강점에 주목하면 직장은 쾌적해지며 실적도 좋아진다.

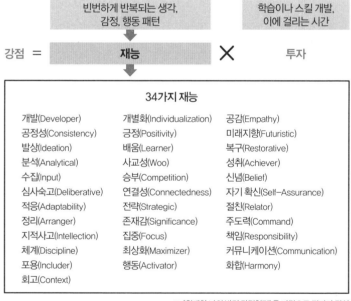

나의 강점 구조에 대해 제대로 이해하자!

빈번하게 반복되는 생각, 감정, 행동 패턴

학습이나 스킬 개발, 이에 걸리는 시간

강점 = 재능 X 투자

34가지 재능

개발(Developer)	개별화(Individualization)	공감(Empathy)
공정성(Consistency)	긍정(Positivity)	미래지향(Futuristic)
발상(Ideation)	배움(Learner)	복구(Restorative)
분석(Analytical)	사교성(Woo)	성취(Achiever)
수집(Input)	승부(Competition)	신념(Belief)
심사숙고(Deliberative)	연결성(Connectedness)	자기 확신(Self-Assurance)
적응(Adaptability)	전략(Strategic)	절친(Relator)
정리(Arranger)	존재감(Significance)	주도력(Command)
지적사고(Intellection)	집중(Focus)	책임(Responsibility)
체계(Discipline)	최상화(Maximizer)	커뮤니케이션(Communication)
포용(Includer)	행동(Activator)	화합(Harmony)
회고(Context)		

※《위대한 나의 발견 강점혁명》을 바탕으로 필자가 작성

스트렝스 파인더는 강점의 원천이 되는 '재능'을 특정해주는 도구다. 강점은 재능에 투자를 곱한 것이다. 당신의 재능을 찾아낸 다음 공을 들여서 키워내면, 그것이 당신의 강점이 된다.

재능에는 34가지가 있다. 재능은 어디까지나 성질일 뿐, 좋고 나쁨 혹은 우월함 따위는 없다. '신념'이라는 재능은 일관된 강한 가치관을 갖게 해주지만, 완고해져서 타인의 가치관과 융화되지 않을 경우 갈등의 원인이 된다. 요컨대 재능을 어떻게 활용하느냐는 당신에게 달려 있다.

책에는 34가지 재능에 대한 설명과 활용법이 상세히 소개되어 있다. 또한 부록으로 고유 접속 코드가 있어, 웹사이트에 접속해 200개가량의 문항에 답함으로써 자신의 재능 중 상위 5개를 알 수 있다.

필자 역시 재능 체크를 해봤는데, 첫째가 '배움'이었다. 배움은 '아무것도 모르는 상태'에서 '무엇인가를 몸에 익힌 상태'로 이행하는 것을 견딜 수 없을 만큼 즐거워한다는 뜻이다. 다만 자칫하면 성과를 완전히 등한시할 위험성이 있다.

필자도 조사에 열중한 나머지 원래 할 일을 잊어버려 동료로부터 핀잔을 들은 적이 종종 있다. 그래서 배운 것을 결과물로 만들려고 의식적으로 노력한다. 이 책 역시 장기간의 배움의 축적을 정리한 성과다.

재능은 다이아몬드의 원석과 같다. 갈고닦는 것은 오롯이 당신의 몫이다. 당신의 재능을 알았다면 주위 사람들에게도 권해보자. 새로운 발견이 있을 것이다. '인간은 모두 다르다'는 사실을 실감할 수 있을 것이다. 필자의 아내 역시 검사를 해보았는데, 나와는 완전히 다른 재능들이 나왔다.

'요나요나 에일'이라는 맥주로 유명한 야호 브루잉(YOHO Brewing)은 전사적으로 스트렝스 파인더를 활용한다. 직원들이 서로의 재능을 이해하고 개인의 강점을 업무에 활용함으로써 팀 전체의 성과를 높인다.

[Book 7]에서 자사만이 가진 강점을 '핵심 역량'이라고 소개했다. 당신의 재능을 갈고닦는다면 그것은 당신의 핵심 역량이 되며, 동료의 재능을 활용한다면 팀의 핵심 역량도 만들어갈 수 있을 것이다.

POINT 약점을 극복하려 애쓰지 말고 강점을 키워 더 강하게 만드는 데 집중하라. 누구나 갖고 있는 강점의 구조를 이해해 재능을 적극 활용하라

BOOK.50

사회 관계망에
대한 이해

연결이 중요한 시대, 사람들이
관계 맺는 방식을 이해하라

《Essays On Social Networks》

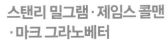

스탠리 밀그램·제임스 콜맨
·마크 그라노베터

Stanley Milgram·James Coleman·Mark Granovetter

스탠리 밀그램(위)은 작은 세상 실험과 권위에 대한 복종 실험 등을 실시한 20세기에 가장 저명한 심리학자 중 하나다. 제임스 콜맨(오른쪽)은 미국 사회학회 회장 등을 역임한 사회 과학자이며, 마크 그라노베터(왼쪽)는 스탠퍼드 대학 사회학부 교수로 '약한 연결의 강한 힘'에 관한 연구로 유명하다.

오늘날 사람들은 페이스북, 트위터, 인스타그램 등 소셜 미디어를 통해 많은 사람과 연결하게 되었다. 해외에서는 50년도 훨씬 전부터 사람들 간의 연결, 즉 관계망에 대한 연구가 활발한데 그런 연구가 활발히 소개되지 못한 것이 현실이다. 이들 이론을 '소셜 네트워크 이론(Social Network Theory)'이라고 한다. 이 책은 이에 관한 해외 주요 논문 7편을 엮어 만든 일본어 번역서다. 소셜 네트워크 이론은 오늘날 이른바 4차 산업혁명 시대에 등장할 새로운 기업 형태와 비즈니스 양상을 이해하기 위해 필수적이기에, 여기서는 그중 특히 중요한 3편을 골라 개요를 소개한다.

'작은 세상' 실험

처음 만난 사람과 이야기를 나누다가, 공통된 지인을 갖고 있다는 걸 알게 되어 놀란 경험이 없는가? 세상은 의외로 좁다. 밀그램은 이 주제를 연구해서 일찍이 1967년에 '작은 세상 문제(The Small World Problem)'라는 제목으로 발표했다. 그는 '세상이 얼마나 좁은가?'를 검증하기 위해 미국인 2억 명 중 전혀 면식이 없는 둘을 골라, 지인을 몇 명 경유하면 서로에게 도달하는지 실제로 조사했다. 그랬더니 평균 5명을 거쳐 도달했다고 한다. '세상 참 좁구나!'라는 통념을 세계 최초로 실험을 통해 검증한 것이다.

이 실험을 바탕으로 나온 법칙이 바로 '케빈 베이컨의 6단계 법칙(The Six Degrees of Kevin Bacon)'이다. 같이 영화를 찍지 않았어도 할리우드 배우들이 영화배우 케빈 베이컨과 연결되는 데는 최대 6단계만 거치면 된다는 사실을 밝혀내 사회 관계망이 얼마나 밀접하게 연결되어 있는지 알게 해준 이론이다.

제임스 콜맨
'사회적 자본' 개념

흔히 비즈니스를 하려면, 사람·물건·돈이 필요하다고들 한다.

그런데 현실에서는 사람과의 인연만으로 일이 진행될 때도 많다. 당신도 '그 사람 부탁이라면 어떻게든 해봐야지.' 하고 생각한 적이 있을 것이다.

이렇듯 사람 간의 선의의 연결을 통해 탄생하는 자본이 바로 사회적 자본(Social Capital)이다. 사람·물건·돈에 이은 제4의 자본으로서 콜맨이 1988년에 제창했다. 사람·물건·돈은 반드시 소유자가 있다. 그러나 사회적 자본은 사회 전체의 소유다. 풍부한 사회적 자본은 구성원 모두에게 이익을 가져다준다. 사회적 자본의 기본 단위는 개인과 개인의 관계다. 서로 신뢰하는 개인이 강한 연결로 이어진 집단은 그렇지 않은 집단보다 풍부한 사회적 자본을 보유한다. 뉴욕의 다이아몬드 도매상은 유대인들이 독점하고 있으며, 이들은 서로 혼맥(婚脈)으로 연결되어 있다. 품질 감정도 하지 않고 주머니째 다이아몬드를 주고받지만, 가짜로 바꿔치기 당하는 일은 일어나지 않는다고 한다. 서로 강한 신뢰로 연결되어 있기 때문이다.

이탈리아계 마피아 콜레오네 가문의 영광과 몰락을 그린 영화 '대부'는 장의사가 대부에게 "폭행당한 딸의 복수를 해주십시오."라고 부탁하는 장면으로 시작한다. 패밀리에 깊은 애정을 품고 자신의 일처럼 철저하게 돌봐주는 대부는 장의사의 부탁을 들어준다. 그 후 장의사는 대부의 비합법적인 의뢰를 처리해준다. 이탈리아계 마피아 패밀리는 서로를 가족처럼 신뢰하며,

상호 방대한 호의를 축적한다. 물론 엄격한 규율도 있고 배신했을 때는 죽음으로 갚아야 한다. 이렇듯 폐쇄적인 커뮤니티에는 행동에 대한 불문율이 존재하며, 그것을 깨면 강한 제재가 기다린다. 그러나 패밀리 안에서 규칙대로 행동하면 부와 권력을 나눠가질 수 있다.

사회적 자본은 커뮤니티에 소속된 모든 사람에게 이익을 가져다준다. 그러나 과제도 있다. 정해진 일원끼리 강하게 결속되어 있기에, 세상의 변화에 둔감해지기 쉽다. 새로운 것을 만들어내는 데도 서툴며 외부에 정보를 발신하는 힘도 약하다. 이럴 때 위력을 발휘하는 것이 다음에 나오는 '약한 연결'이다.

마크 그라노베터
'약한 연결의 강력한 힘'

약한 연결이란 보통은 거의 만나지 않지만 세미나 등에서 알게 되어 느슨하게 연결되어 있는 관계들을 가리킨다. '그런 인간관계는 전혀 도움이 안 된다'고 생각하기 쉽지만, 실제로는 그렇지 않다. '약한 연결의 강력한 힘(Strength of Weak Ties)'은 그라노베터가 1973년에 제창한 이론이다.

약한 연결은 강한 연결보다 쉽게 만들 수 있으므로 폭넓은 사람들과 연결되어 여러 새로운 지식을 얻는 데 용이하다. 또한 약한 연결은 확대되기 쉬우므로 정보를 멀리까지 전달할 수 있다. 그라노베터가 지인을 통해 새로운 일자리를 구한 54명을 대상으로 그 지인과 어느 정도 빈도로 만나고 있었는지 조사했더니, '약한 연결'인 지인을 경유해 일자리를 구한 사람이 압도적으로 많았다. 빈번하게 만나는 '강한 연결'인 지인을 통해 일자리를 구한 사람이 9명(17퍼센트)인데 반해, 나머지 45명(83퍼센트)은 거의 만나지 않는 '약한 연결'의 지인을 통해 일자리를 구했다. 강한 연결의 지인이 가진 정보는 자신도 알고 있는 경우가 많아, 이직에 도움이 되지 않았던 것이다.

이처럼 약한 연결은 새로운 아이디어를 얻는 데 적합하다.

한 회사에서 오래 몸담은 직장인일수록, 같은 회사 동료들과 뭉쳐 지내는 시간이 압도적으로 많다. 그래서는 새로운 정보를 접할 기회가 적다. 설령 새로운 것을 만들어도 동료들 사이에만 머무를 뿐 사회로 확산되지 못한다. 이런 기업의 특성은 정체 현상을 강화시킨다. 특히 연공서열에 따라 승진하며 정년이 보장된 안정된 기업이나 조직일수록, 내부에서는 패밀리 같은 강한 결속이 중심이 되기 쉽다. 그런 결과 변화에 민첩하지 못하고, 혁신의 목소리가 나오지 못한다.

최근 기업들은 오픈 이노베이션(Open Innovation) 등을 통해 기업 밖 커뮤니티와의 약한 연결을 늘림으로써 자신들이 미처 발견하지 못한 새로운 식견을 탐색하고 도입한다. 이를 통해 새로운 비즈니스를 창조하는 데 활용하고, 기업 밖으로 적극적으로 정보를 발신하는 데도 힘쓴다.

여기 소개한 논문들은 모두 소셜 미디어가 등장하기 훨씬 전인 1960년대부터 1980년대에 발표된 것들이다. 기술력의 변화에도 불구하고 오늘날 사람들이 관계를 맺는 기본적인 방식은 그다지 변하지 않았다. 이들 이론을 이해하고 소셜 미디어 시대 커뮤니케이션의 바람직한 모습을 궁리해나간다면 더욱 깊은 통찰을 할 수 있을 것이다.

POINT

사람과 사람 간의 관계망에 대해 이해하고, 협력과 통합의 가치를 높이면서도 변화와 혁신에 취약하지 않은 조직을 만들기 위해 궁리하라 당신의 시간은 한정돼 있다.
그러니 다른 누군가의 삶을 사느라
그걸 허비하지 마라

Your time is limited, so don't waste it living someone else's life

– 스티브 잡스 *Steve Jobs*

대다수의 사람들이 허투루 보시만
소수의 사람을 부자로 만들어줄,
아주 작고 간단한 것에 집중하라

Paying attention to simple little things
that most men neglect makes a few men rich

– 헨리 포드 *Henry Ford*

옮긴이 김정환

건국대학교 토목공학과를 졸업하고 일본외국어전문학교 일한통번역과를 수료했다. 21세기가 시작
되던 해에 우연히 서점에서 발견한 책 한 권에 흥미를 느끼고 번역 세계에 발을 들였다. 현재 번역
에이전시 엔터스코리아 출판기획자 및 일본어 전문 번역가로 활동하고 있다.

경력이 쌓일수록 번역의 오묘함과 어려움을 느끼면서 항상 다음 책에서는 더 나은 번역, 자신에게
부끄럽지 않은 번역을 하기 위해 노력 중이다. 공대 출신 번역가로서 논리성을 살리면서도 문과적
감성을 접목하는 것이 목표다. 야구를 좋아해 한때 iMBC스포츠(imbcsports.com)에서 일본 야구 칼
럼을 연재하기도 했다. 번역 도서로는 《이익을 내는 사장들의 12가지 특징》, 《회사 개조》, 《버려야
채워진다》 외 다수가 있다.

사장을 위한 MBA 필독서 50

초판 1쇄 발행 2020년 3월 30일
초판 11쇄 발행 2023년 3월 13일

지은이 나가이 다카히사
펴낸이 정덕식, 김재현
펴낸곳 (주)센시오

출판등록 2009년 10월 14일 제300-2009-126호
주소 서울특별시 마포구 성암로 189, 1711호
전화 02-734-0981
팩스 02-333-0081
메일 sensio@sensiobook.com

책임편집 이은정
편집 이미순
디자인 Design IF

ISBN 979-11-90356-29-9 03320

이 도서의 국립중앙도서관 출판예정도서목록(CIP)은 서지정보유통지원시스템 홈페이지(http://seoji.nl.go.kr)와
국가자료공동목록시스템(http://www.nl.go.kr/kolisnet)에서 이용하실 수 있습니다. (CIP제어번호 : CIP2020005887)

잘못된 책은 구입하신 곳에서 바꾸어드립니다.

소중한 원고를 기다립니다. sensio@sensiobook.com